让 我 们 主 同 义 一 起 追 寻

ラスト・バタリオン
蒋介石と日本軍人たち

最后的大队
蒋介石与日本军人

〔日〕野岛刚 著
（Nojima Tsuyoshi）

芦荻 译

社会科学文献出版社
SOCIAL SCIENCES ACADEMIC PRESS (CHINA)

出版说明

　　本书是一部研究"白团"历史的专著，是作者在挖掘史料、查询档案、采访当事人（或家属与知情者）的基础上，经多年研究而成，对深入研究国民党历史有一定参考价值。

　　受作者立场的限制，书中不可避免地存在一些在我们看来认识偏颇、观点错误的问题。对于这些问题，编者做了少量删改。此外，书中所引蒋介石日记内容均系译自本书日文原版。以上问题，请读者阅读时注意。

【凡例】

*本书有关年代的记述主要采用公历纪年，至于相应的日本年号，则视情况以括号的方式加以标注。

*书中登场人物的年龄，原则上皆以周岁为主。

*书中所引用的原文（中文）资料，除有特殊需要外，皆以作者本人的日译为主。

*引用文献中的汉字，一律采用新字体；也有些地方会以假名替换汉字或汉字替换假名。假名的使用原则上以现代假名遣①为主，不过视情况会对片假名部分进行平假名标注、浊音标记、语助词标音、换行以及注音等处理方式。数字标记在原则上则采用统一形式。

*对于人物的敬称，原则上加以省略。

*关于中文人名的标音，原则上以日文读音为主。

---

① 日语使用的假名分为三种，历史假名遣、现代假名遣、字音假名遣，在现代假名遣中，假名与实际发音一致，历史假名遣则反之，假名与实际发音不同。（本书脚注均为译者注）

我中国同胞们须知"不念旧恶"及"与人为善"，为我民族传统至高至贵的德性。我们一贯声言，只认日本黩武的军阀为敌，不以日本的人民为敌。今后敌军已被我们盟邦共同打倒了，我们当然要严密责成他忠实执行所有的投降条款，但是我们并不要企图报复。更不可对无辜人民加以污辱，我们只有对他们为他们纳粹军阀所愚弄所驱迫而表示怜悯，使他们能自拔于错误与罪恶，要知道如果以暴行答复敌人从前的暴行，以侮辱答复他们从前错误的优越感，则冤冤相报，永无终止，决不是我们仁义之师的目的。

一九四五年八月十五日^①　蒋介石

"以德报怨"演说

---

　　①　原书作"十四日"，经查应为八月十五日。

目　录

目录

中文版序

日本人与蒋介石。

自从在大陆和台湾的近代史中寻找相关材料以来，我就始终在思考这个问题。《最后的大队》这一纪实文学作品就是这一思考的成果。

主人公是被称为"白团"的日本军事顾问团，共有83人。1949年之后，他们穿过驻日盟军总司令（GHQ）的封锁，从日本潜赴中国台湾。在台湾"国防部"下设的日本教官学校中，他们培养了众多军官，还为蒋介石的台湾防卫与"反攻大陆"计划出谋划策。

这是在日本和中国台湾之间存在了20多年的秘史。

本书于2014年在日本问世，之后繁体字版在中国台湾出版，能够在中国大陆上市令我十分欣喜，毕竟蒋介石是生于斯，长于斯的政治领导人。当然，作为作者，我也一直十分期望有一天中国的读者能够读到此书的中文译本。

本书的有趣之处还是交由各位读者自行判断。在这里，我冒昧地透露一下我最想强调的要点，那就是中国的近代化与日本之间的联系。

在国民党即将失去大陆时，蒋介石为何要借日本军人的力量尝试扭转战局？这是因为他非常信任他们。对蒋介石来说，日本军人曾是交战过的敌人，他憎恨日本对中国的侵略，在日记中频频使用了"倭寇""日寇"等蔑称。但另一方面，留学日本并在军校接受训练是蒋介石军旅生涯中非常重要的经历。像当时的很多中国年轻军人一样，蒋介石很早就前往日本留学，学习日语并进入陆军，接触了走在亚洲最前端的日本。面临失去大陆，在人生中最大的危急时刻，他还是选择了依靠日本人。蒋介石曾试图通过学习日本来实现中国的近代化，我认为，这也是他的必然选择。

然而，学习日本绝不等于崇拜日本。蒋介石的想法并不是把日本军人放在军队中当干部，而是把日本军事的精髓传授给腐败不堪并输掉战争的国民党军队中的每一位军人。这也是一次"学习日本、超越日本"的尝试。通过白团重建国民党军队的计划，可以说是他试图通过学习日本来实现近代化的人生理念的一种再现。

因此，我在本书中把蒋介石利用白团的行为命名为"学习与克服"。为了实现近代化而吸收外部的技术与智慧，并实现超越——在中国的近代化过程中，日本与西方国家一百年来都是中国人的学习对象。直至今日，中国人的努力仍在持续。

若读者能从这本《最后的大队》中感受到这个贯穿整个中国近代史的课题，我将深感荣幸。本书是我的第七部作品，也是在中国大陆发行的第三部作品。最后，真诚感谢社会科学文献出版社的段其刚先生在本书完稿的过程中所付出的努力，也衷心希望本书能为增进中国读者对于蒋介石与日本这一问题的理解勉尽微薄之力。

2016 年 7 月 25 日　野岛刚

序 言

病榻上的前陆军参谋糸贺公一

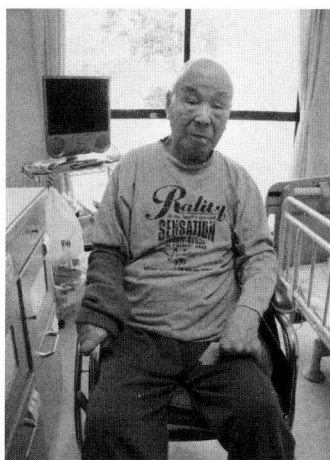

糸贺公一（作者拍摄）

最后的大队： 蒋介石与日本军人

在东京都国立市老人疗养院的一张白色病床上，这位前陆军参谋正等着我的到来。

仿佛正在评断眼前对象般的视线，紧紧缠绕着我：这大概是经常在衡量某些事物的人所常有的习癖吧！

那是 2009 年的某个傍晚。当时，糸贺公一 98 岁，我 40 岁。

　　年号或是数字之类的，老实说我记不太起来了……

我和糸贺的访谈，就从这句话开始了。

糸贺在台湾被称为"贺公吉"。这是他的假名，用中文来说叫作"化名"，若是翻译成英语，也可以称为"代号"，而在本书中，我则希望以"中文姓名"这样的词来加以称呼。

二战过后大约 20 年，在台湾曾经出现过以旧日本帝国军人为主，大规模且具组织性的军事支持活动。这些参与对台军事支持的前日本军人，通常被统称为"白团"，而此一命名的由来，乃是源自该集团的领导者、前陆军少将富田直亮的中文姓名——"白鸿亮"。

第二次世界大战，日本最后遭遇了战败的命运；在接受日本投降的盟军当中，也包括了以蒋介石为最高领导者的中华民国国民政府。在这之后，作为国民政府主体的国民党在与共产党的内战中惨遭败北，撤退到台湾。而白团则为了帮助国民党和拯救蒋介石，渡海来到了台湾。

构成白团的前日本军人几乎都毕业于日本陆军的精英训练机构——陆军士官学校，其中甚至也不乏曾在陆军大学求学的优秀参谋人员。正因如此，相较于实战部队，白团所处的地位更接近参谋团或顾问团的层级。

白团是于蒋介石从大陆撤退到台湾前夕的 1949 年 7 月组成，并自同年秋天起，陆续秘密抵达台湾。

白团在台湾，不只是为了重建"国民政府"军而展开军事教育，也负责拟定"反攻大陆"计划、建立模范精锐部队；与此同时，他们也将日本战前的总动员体制移植到了台湾。虽然他们最后没能帮助蒋介石实现"反攻大陆"的梦想，但毫无疑问，在从毛泽东率领的中国共产党手中"守住"台湾这方面，他们确实扮演了相当重要的角色。

只是，在已脱离日本殖民统治且已将大部分日本人驱逐出境的战后台湾，光是有日本人出现在岛上，就已经可能会引起诸多风波了，更何况他们还是曾与国民政府交战的敌人——日本帝国的旧军人。尽管如此，台湾当局还是为这些人准备了中文姓名的护照和身份证，而这些人即使在同为日本人的团体当中，似乎也都是以中文姓名彼此称呼。

参谋的共同点

糸贺的中文姓氏"贺"，正如所见，是由他的本姓"糸贺"中取一字而来；而富田的中文姓名"白鸿亮"，也同样是来自他的名字"直亮"。其他大多数白团成员，他们的中文姓名也都和本名有一到两个字重复（参见白团人员总表），不过也有些人的中文名字，是和原姓名完全无关的。

在和糸贺见面之前，我因为能够第一次和如今仍在世的白团成员见面，而感到相当兴奋；然而，在谈话的过程中，仿佛被糸贺那冷静而透彻的语调感染，我的热血也开始逐渐冷却下来。我开始清楚地认识到，若是想在极其有限的会面时间内尽可能从糸贺这里获得大量情报，那我就非得彻彻底底地理解这个人不可。

另外，我从糸贺的家人那里得知，他的健康情况非常糟糕；因此，鉴于过去曾经有过的沉痛教训，对于此次见面，我也非得抱着"绝无下次机会"的心态才行：事实上，在我与其见面两年之后，辗转病榻始终未曾康复的糸贺，便撒手人寰了。

对于我所询问的问题，糸贺都能做出正确的回答，然而对于问题之外的情报，他也绝对不会自行透露。这是他相当高超的谈话术：一方面，可以严密排除可能因饶舌产生的失言；另一方面，也不会有所失礼。

在军队这样的组织中，身为参谋的人似乎都有一个共同点，那就是在与人接触的时候，始终会保持一种距离感。参谋因为要兼任搜集情报的职责，所以在和人接触或是谈话的时候，基本上总是客客气气的，有时甚至给人一种社交往来的客套印象。然而，就算反复跟他们进行对话，要抓住他们的真意，仍然是件很不容易的事，纵使已经逼近核心，也会马上被转移到另一片朦胧与混沌之中。

就其性质而言，参谋这个职位基本上是在军队指挥官辖下，担任支援与辅佐的任务。这样的职务，在古时候被称为"军师"。战争形式迈入近代之后，军队内部开始设有参谋本部，而适合成为参谋的优秀人才，也会从年轻时便开始受到重点培养。过去的战争是腕力的竞争，是剑、枪与弓矢的竞争，近代战争却是知性与战略的竞逐占据了重要地位。因此，参谋便逐渐成为战争中主要的角色。

以日本来说，日俄战争的"满洲军"总参谋长儿玉源太郎、日本海海战的第一舰队首席参谋秋山真之、柳条沟事件的关东军作战主任参谋石原莞尔，以及太平洋战争的大本营陆军参谋濑岛龙三①等名参谋，都是在历史上比实战指挥官更加著名的人物。

同时，在将国家导往错误方向这一方面，日本军的参谋们所犯下的罪也是相当大的。举例来说，在日本扩大对美和对华战争规模的过程中，面对国内不甚支持的消极论点，陆军参谋本部却做出了"德意志一定会在欧洲获胜"的判断；不只如此，他们还提出了相当乐观的观察结论，认为若是苏联和英国屈服于德意志的话，那么日本和美国的战争也不会演变成长期的全面战争。然而，他们的观点，事后被证明完全是错误的。

---

① 日本著名的军人兼实业家，战后一度被苏联拘禁，脱离俘虏之身后成为大商社伊藤忠的掌权者，山崎丰子的《不毛地带》即以濑岛龙三的生平为蓝本写成。

白团人员总表

原姓名	中文姓名	旧日本军阶级	经历	停留台湾期间	负责科目、职务
富田直亮	白鸿亮	陆军少将	陆士32期	1949~1968	团长
荒武国光	林 光	陆军大尉	陆军中野学校	1949~1951	团长辅佐、情报
杉田敏三	邹敏三	海军大佐	海军兵学校54期	1949~1952	海军
本乡健	范 健	陆军中佐	陆士36期	1949~？	战史教育
酒井忠雄	郑 忠	陆军中佐	陆士42期	1949~1964	战术、情报
河野太郎	陈松生	陆军少佐	陆士49期	1949~1953	空军战术
内藤进	曹士达	陆军中佐	陆士32期	1949~1950	空军
守田正之	曹正之	陆军大佐	陆士37期	1949~1950	教官
藤本冶毅	黄冶毅	陆军大佐	陆士34期	1949~1950	后勤
坂牛哲	张金先	陆军中佐	陆士43期	1949~1950	炮兵
佐佐木伊吉郎	林吉新	陆军大佐	陆士33期	1949~1952	情报、战术
铃木勇雄	王雄民	陆军大佐	陆士36期	1949~1952	空军
伊井又正	郑又正	陆军少佐	陆士49期	1949~1952	战车战术
酒卷益次郎	谢人春	陆军少佐	陆士49期	1949~1952	炮兵
岩上三郎	李德三	陆军中佐	陆士43期	1949~1951	战术、演习
冈本觉次郎	温 星	陆军大佐	陆士32期	1949~1952	通讯
市板信义	周祖荫	陆军中佐	陆士43期	1949~1952	海军

续表

原姓名	中文姓名	旧日本军阶级	经历	停留台湾期间	负责科目、职务
松崎义森	杜盛	海军机关中佐	海军机关学校56期	1950~1953	海军
汉口清直	吴念	陆军少佐	陆士47期	1950~1963	登陆战术
市川治平	何守道	陆军大佐	陆士37期	1950~1953	战术
堀田正英	赵理达	陆军大佐	陆士37期	1950~1952	高阶军官训练
萱沼洋	夏葆国	海军机关少佐	海军机关学校65期	1950~1952	海军
服部高景	甘勇生	陆军大佐	陆士36期	1950~1952	工兵教育
后藤友三郎	孟成	陆军中佐	陆士44期	1950~1952	工兵教育
笠原信义	黄聊成	陆军大佐	陆士36期	1950~1952	后勤
野町瑞穗	柯仁胜	陆军少佐	陆士46期	1950~1952	情报
松元秀志	左海兴	海军大佐	海军兵学校52期	1950~1962	海军
今井秋次郎	鲍必中	海军中佐	海军兵学校54期	1951~1962	海军
大塚清	杨廉	陆军中佐	陆士40期	1951~1962	情报
濑能醇一	赖达明	陆军少佐	陆士48期	1951~1952	第32师训练
美浓部浩次	蔡浩	陆军少佐	陆士48期	1951~1952	第32师训练
都甲诚一	任俊明	陆军中佐	陆士42期	1951~1952	第32师训练
春山善良	朱健	陆军少佐	陆士48期	1951~1952	第32师训练
新田次郎	简新良	陆军少佐	陆士46期	1951~1952	第32师训练

续表

原姓名	中文姓名	旧日本军阶级	经历	停留台湾期间	负责科目，职务
弘光佐	邵 博	陆军少佐	陆士49期	1951～1952	登陆战术
固武二郎	曾固武	陆军少佐	陆士48期	1951～1952	第32师师训练
松尾岩雄	马松荣	陆军少佐	陆士48期	1951～1952	第32师师训练
岩坪博秀	江秀坪	陆军中佐	陆士42期	1951～1968	战术
糸贺公一	贺公吉	陆军中佐	陆士44期	1951～1968	军需,动员
大桥策郎	乔 本	陆军中佐	陆士44期	1951～1968	战术
立山一男	楚立三	陆军少佐	陆士48期	1951～1968	战术
佐藤忠彦	诸葛忠	陆军中佐	陆士43期	1951～1964	战车战术
村中德一	孙 明	陆军中佐	陆士45期	1951～1964	动员
富田正一郎	徐正昌	陆军少佐	陆士45期	1951～1964	动员
山下耕	易作仁	陆军中佐	陆士44期	1951～1964	战术,军制
中岛纯雄	秦纯雄	陆军少佐	陆士46期	1951～1964	战术
戸梶金次郎	钟大钧	陆军少佐	陆士47期	1951～1964	战术
池田智仁	池步先	陆军少佐	陆士49期	1951～1953	第32师师训练
伊藤常男	常士先	陆军少佐	陆士47期	1951～1953	第32师师训练
福田五郎	彭博山	陆军少佐	陆士47期	1951～1953	空军教官
山本茂男	林 飞	陆军少佐	陆士49期	1951～1953	战术

续表

原姓名	中文姓名	旧日本军阶级	经历	停留台湾期间	负责科目、职务
中尾裕象	邓智正	陆军中佐	陆士 42 期	1951～1953	第 32 师训练
井上正规	潘　兴	陆军少佐	陆士 47 期	1951～1953	第 32 师训练
西村春彦	刘启胜	海军中佐	海军兵学校 55 期	1951～1953	海军
高桥胜一	桂通海	海军大佐	海军兵学校 54 期	1951～1953	海军
中山幸男	张　干	陆军少佐	陆士 46 期	1951～1953	第 32 师训练
佐藤正义	齐士善	陆军少佐	陆士 47 期	1951～1953	第 32 师训练
土屋季道	钱明道	陆军中佐	陆士 45 期	1951～1953	第 32 师训练
篠田正治	麦　义	陆军少佐	陆士 47 期	1951～1953	通讯、动员
川田一郎	萧通赞	陆军少佐	陆士 47 期	1951～1953	情报
村川文男	文奇赞	陆军中佐	陆士 48 期	1951～1953	战术
小杉文男	谷宪理	陆军中佐	陆士 40 期	1951～1953	第 32 师训练
黑田弥兵郎	关　亮	陆军中佐	陆士 45 期	1951～1953	战术
三上宪次	陆南光	陆军中佐	陆士 44 期	1951～1952	第 32 师训练
藤村甚一	丁建正	陆军中佐	陆士 41 期	1951～1952	第 32 师训练
小针通	冈　进	陆军少佐	陆士 48 期	1951～1952	第 32 师训练
大津俊雄	纪军和	陆军少佐	陆士 47 期	1951～1952	第 32 师训练
进藤太彦	钮彦士	陆军中佐	陆士 44 期	1951～1952	第 32 师训练

续表

原姓名	中文姓名	旧日本军阶级	经历	停留台湾期间	负责科目，职务
宫濑素	汪 政	陆军少佐	陆士 47 期	1951~1952	第 32 师训练
御手洗正夫	宫成柄	陆军少佐	陆士 49 期	1951~1952	第 32 师训练
村木哲雄	蔡哲雄	陆军中佐	陆士 44 期	1951~1952	第 32 师训练
杉本清士	宋 岳	陆军少佐	陆士 48 期	1951~1952	第 32 师训练
川野刚一	梅新一	陆军少佐	陆士 47 期	1951~1952	战术
市川芳人	石 刚	陆军少佐	陆士 46 期	1951~1952	战术
神野敏夫	沈 重	陆军中佐	陆士 41 期	1951~1953	第 32 师训练
川田治正	金明新	陆军少佐	陆士 47 期	1951~1953	后勤
山藤吉郎	冯运利	陆军中佐	陆士 44 期	1951~1952	军官教育
石川赖夫	鲁大川	陆军中佐	陆士 44 期	1951~1953	空军教官
土肥一夫	屠航远	海军中佐	海军兵学校 54 期	1951~1961	海军
泷山和	周名和	陆军少佐	陆士 49 期	1951~1959	空军教官
山口盛义	雷振宇	海军中佐	海军兵学校 54 期	1951~1962	海军
山本亲雄	师本源	海军少将	海军兵学校 46 期	1952~1953	副团长
小岛俊治	阮志诚	陆军少佐	陆士 48 期	1952~1953	第 32 师训练
冈村宁次	甘老师	陆军大将	陆士 16 期	东京	富士俱乐部
小笠原清	萧立元	陆军少佐	陆士 43 期	东京	富士俱乐部

糸贺正是在这个参谋的全盛时代被培养出来可谓日本军支柱的参谋成员之一。

面临战败的 34 岁

糸贺公一于 1911 年出生在出云大社附近的岛根县簸川郡多伎町（现出云市），是家里 11 个兄弟姐妹中的长子。他的父亲是农会的会长，在地方上是相当知名的人物。

根据糸贺的长子——前富士银行常务董事糸贺俊一所述，糸贺家原本是和歌山地方的乡野武士，当时家族的姓是"糸我"。后来在南北朝时期随同南朝作战，转战于山阴一带，最后辗转来到出云地区落脚，在这过程中才改姓为"糸贺"。

糸贺公一中学毕业之后，通过了陆军士官学校预科的考试，从此开始踏上成为陆军精英的道路。1930 年（昭和五年），他以陆军士官学校第 44 期学员的身份入学，并于 1937 年（昭和十二年）自陆军士官学校毕业。因为他的身体有一阵子出了问题，所以在陆军士官学校担任了两年的战术教官；在太平洋战争爆发的 1941 年（昭和十六年），糸贺升任大本营陆军参谋，并于第二年被派遣到中国东北地区，配属在自马来亚返回的山下奉文大将麾下，担任对苏作战的第一方面军参谋。

可是，随着南方战线的情势日趋不稳，糸贺的任务也变了调：

"满洲"的兵器渐渐被抽调走，"满洲"的陆军也被抽掉了骨干，对苏联作战已经变成了不可能之事。于是我先是转任到参谋本部，接着又被派到新加坡。

糸贺的陆军生涯是以新加坡的第七方面军参谋身份画上句号的。当时第七方面军的司令官，是在东京大审判中作为 A 级战犯被判处死刑的板垣征四郎。1945 年（昭和二十年）3 月他升任中佐，8 月战争便结束了。

之后，糸贺在新加坡负责与回归当地的英军斡旋，在樟宜收容所和战犯们一起度过了两年。据俊一先生所述，糸贺几乎不曾提过他在新加坡的这段经历。不过让俊一先生至今记忆犹新的是，父亲曾经有过这样的感想："英军那些家伙的脑袋很好，也相当好说话，但是也有很多地方让人无法掉以轻心，因此必须时时保持警惕才行。"

复员之后，37 岁的糸贺回到了故乡岛根县，也回到了带着 4 个幼子一直等待他回来的妻子身边。旧日本军的解体以及公职追放①，让糸贺半生积累的专业瞬间化为泡影。

"有份想要拜托你的工作"

接下来该怎么生活才好？糸贺的心中一片晦暗。

"军队没了，国家也没了，再就职也不可能；要赚点钱的话，到底该怎么做才好，真是头大啊！……算了，就先从农夫

---

① GHQ 的统治政策之一，禁止战犯、旧日本军人、军国主义者等人士从事公职。

开始做起，耕种自己的田地，想办法努力活下去吧！"

身为长子的糸贺，肩负着担起一家生计的重责大任。不只是妻儿，他的弟弟妹妹们也都跟儿子俊一的年纪相差不多。

虽然之前几乎没有任何种田的经验，不过糸贺生来就是热心研究的性子，于是，只见他不知从哪里弄来了当地特产无花果的新种子，接着便一头扎进农业之中，最后总算维持了一家人的生计。

当糸贺在陆军的学长小笠原清捎来信息表示"希望你能到东京一趟，有份想要拜托你的工作"时，已经是糸贺回到故乡的第3年，也就是1950年（昭和二十五年）的夏天。

小笠原清，正是日后以白团日本方面事务局长的身份活跃一时的人物。他以最后的中国派遣军总司令——冈村宁次大将心腹中的心腹自居。日本战败之后，冈村停留在南京安排日本军民的归国，小笠原也寸步不离追随在侧，将一丝希望寄托在中国；冈村回国之后，和蒋介石携手共同推动白团的组成，而小笠原也作为冈村的股肱，为了白团的运作而尽力奔走。

对这个时候的糸贺来说，不管是什么样的工作，只要有工作就谢天谢地了。于是他搭上了夜车，一路赶到东京和小笠原见面，而他从小笠原那里听到的，是这样一个模模糊糊、细节不清的工作内容：

希望你能前往台湾，帮助蒋介石和共产党作战。报酬当然相当优渥，只不过，这可能是份得赌上性命的工

最后的大队： 蒋介石与日本军人

作唷！

当时，已经有许多八卦周刊在报道所谓"台湾义勇军"的话题。为了帮助蒋介石而前往台湾的前日本军人——这样一个如痴人说梦般的计划，居然会和自己扯上关系？糸贺实在完全无法想象。

虽然糸贺之前曾在中国东北服役，但是严格说来，他并不是那种通晓中国事务的所谓"中国通"。尽管如此，面对小笠原的邀请，糸贺只简简单单地回了两个字："我做！"

诚如小笠原话中的暗示，这份工作的报酬之丰厚想必超乎一般，而其中所蕴含的风险，糸贺自己也能清楚想象得到。然而，这些都不是他之所以如此简单应允的主因。

据糸贺自己的估算，接下这份工作，一定能够充分支应岛根老家亲人的生活所需。然而，比家人的生计更重要的是，他现在正值身为军人活力最旺盛的年纪，而这份工作，正是可以使其竭尽半生所学的知识与经验重新发光发热的最佳舞台。这种强烈的诱惑与魅力，才是让他当时如此斩钉截铁回应的最大理由。

糸贺是拟定作战计划的专家。来到台湾之后，他在蒋介石的指示下，密切参与了以夺回大陆为目标的"反攻大陆计划"的制订。同时他也是白团于1968年解散时，最后留在台湾的五人之一。不过，这些都是后话了。

在这个时期，有数百名陆海军人员分别接受了小笠原以及其他白团发起人的征询——是否愿意渡海前往台湾。其中最后接受邀约的大约有 100 人，实际混在货轮里面、偷渡到台湾的总人数为 83 人。

在战后亚洲混乱的国际情势中，绽放独特异彩的地下军事顾问团——白团，就这样开始了它的行动。

驱策他们前进的动力是什么？

然而，若是仔细想想，这些日本人明明与蒋介石在战争期间相互厮杀了长达 8 年之久，为什么在这个时候，却又甘冒诸多风险，渡海协助蒋介石呢？是什么样的理由，让他们非做出这样的抉择不可呢？反过来说，蒋介石又是因为什么要邀请日本人助阵，并将这样的念头转化成实际层面的白团招聘呢？

要是让作为反共作战的一环、为了军事援助而前来台湾的美国人发现白团存在的话，他们铁定会大为惊愕、无法理解，并且会做出激烈的反应，要求蒋介石把这些人驱逐出去吧！正因如此，至少在日本为美军所占领的这段时间，以及战后的很长一段时间里，白团的存在一直都是极机密的事项。这也是理所当然的。

那么，白团之所以持续这样的地下活动超过 20 年，其理由究竟何在呢？

有一种说法是，"为了报答蒋介石'总统'的恩义"。

日本投降当天，蒋介石发表了"以德报怨"演说；在演说中，他呼吁中国人民和日本人民和解，要善待日本人民，而后来在处理日本问题的时候，他也力倡所谓的"宽大政策"。

最后的大队： 蒋介石与日本军人

　　蒋介石的"宽大政策"，包括了维持天皇制、放弃战争赔偿，让日本军民在平和的状态下离开大陆等。正因为有感于蒋介石的恩义，所以这些燃烧着"正义之魂"的军人才纷纷渡海来到台湾——这个简单易懂的故事，被大家当成了真正的白团故事，并且一直流传了下来。

　　然而，追根究底，战争也好，军人也好，真的都只是照着这么单纯的心情与准则在行事吗？这样的故事，简直就跟那些以纵横中国东北地区的马贼与浪人为题材的电影所描述的内容没什么两样，不是吗？自从 2008 年我在公之于世的蒋介石日记中，发现众多有关白团的记述之后，这个疑问便始终盘旋在我的脑海中，挥之不去。

　　人类社会是由表面的原则，以及内在真实的想法所共同构成的。没有表面的存在，则人也将无法继续生存下去。世间一般将这种显露于表面、冠冕堂皇的原则，称为"大义"。我并不打算否认"报答恩义"这种使命感，是白团之所以采取如此大胆行动的原动力之一；但是，作为以调查事实为职志的新闻记者，经常思考"事情是否并非只是如此呢？"可以说是一种习惯。为此，我不仅想观察白团强调"大义"的表面，更想挖掘出隐藏在这种表面之下的"真心"。

　　这本书，正是在过去 7 年间埋首探寻蒋介石的"真心"以及白团真实身影的我将自身探寻的经历归纳汇整的结果。

第一章
蒋介石是什么样的人？

正在写日记的蒋介石

一 空前绝后的日记

与日记格斗的"快感"

阅读日记这项工作，虽然一方面是为了研究与取材，但另一方面，当从中探寻出"过去从未发现的事物"时，那样的快感也是难以言喻的；或许也可以说，那就是一种得窥庐山真面目的喜悦吧！

日记，是以"不被他人所察觉"为前提书写而成的作品。在那当中，隐含的是不愿为他人所知的"真实的告白"。当然，在这世上也有所谓的"交换日记"，但尽管如此，大体上而言，日记仍然是一种除了自己，别无他人得见的写作体裁。

然而，因为日记也是整体历史的一部分，所以人类的好奇心自然不会轻易地放过它。日记不只是生活在那个时代的人们"真实的告白"，其身为史料的价值也是弥足珍贵。如果这本日记的作者乃是历史上的重要人物，那么它所代表的意义，就更加非同寻常了。

正因如此，在历史学中，政治家的日记被视为一手史料，相当受重视。

以日本的情况来说，政治人物撰写日记的开端，最早可以追溯到平安时代贵族所撰写的日记。当时的贵族们，会透过日记将每天的工作状况记录下来；由于当时是贵族体系正在迈向定型化的时代，贵族子弟通常会承袭父亲担任同样的工作，因此透过日记，将自己的工作内容传承给子弟，就变成了贵族们需要做的事。

明治维新以降，也有许多政治家撰写个人日记，其中最著名的就是横跨明治、大正时期的政治家原敬①的日记。而在战后的日本，也有佐藤荣作和岸信介等人的日记被公开刊载。

另外，在近代中华世界众多政治人物的日记中，展现出无与伦比存在感的，莫过于蒋介石的日记了。我之所以开始撰写本书，也是源自和蒋介石日记之间的"格斗"。

横跨 57 年的记述

蒋介石从 1915 年，也就是日本的大正四年，开始撰写他的日记；那年，他 28 岁。57 年后的 1972 年（昭和四十七年）8 月，当时已 85 岁高龄的蒋介石，停止了日记的撰写，那是他在 1975 年（昭和五十年）过世前 3 年的事。这时，蒋介石的身体由于数年前遭逢车祸而严重萎缩，因此已经无法继续提笔写作。这部跨越 57 年、持续写作而成的日记，可以说是一部空前绝后的日记。

在蒋介石撰写日记的这半个多世纪间，他一步步踏上中国政治的中心，而且几乎不曾离开过这个圈子的核心，可以说他是极其罕见的人物；我们甚至可以说，一部中国近代史，就是围绕着孙文、蒋介石和毛泽东 3 人而形成的历史。正因如此，这部浓缩了蒋介石一生的日记，以日记的价值而言，可以说是

---

① 原敬，日本著名的平民政治家，曾任首相，后来遭到暗杀。

真正的无价之宝。

在这 57 年的日记当中，有 4 年的日记目前处于佚失状态。1915 年、1916 年、1917 年三年的日记，在蒋介石于 1918 年在福建作战遭到奇袭仅以身免、仓皇逃命之际丧失殆尽，最后只有 1915 年共计 13 天的日记残存下来。至于 1917 年的记述，虽然后来蒋介石以回忆录的形式加以撰写留存，但严格说来并不能称为"日记"。

除了这三年之外，蒋介石另外佚失的一年日记，是 1924 年的日记。这年的日记佚失的原因，至今仍然不甚清楚，只知当 1930 年时任蒋介石贴身秘书的毛思诚为蒋介石誊录日记时，该年份的日记就已经不存在了。

总而言之，蒋介石现存于世的日记共计 53 年份，册数共达 63 册。

中国研究蒋介石的第一人——杨天石先生的评论，足以清楚表现出蒋介石日记的价值和意义：

> 不只是中国，就算综览全世界的政治家，横跨如此长时间、包含如此丰富内容的日记，可以说是绝无仅有的。

蒋介石成为"日记魔"的理由

那么，蒋介石为什么会成为这种执着于撰写日记的"日记魔"呢？关于这方面的理由，可以从众多方面加以解析。

蒋介石在日记的开端，曾经强烈表达过自己对于清朝末年的军人政治家——曾国藩的崇敬之情。蒋介石常在有意无意间模仿曾国藩的处世行事。而身为文人，文采也相当优秀的曾国藩，也曾留下一套"曾文正公手书日记"——内容相当详尽的日记集。

蒋介石在 1913 年国民党为了打倒袁世凯而发动的"二次革命"失败之后，逃亡到东京，和孙文建立了深厚的友谊，同时加入了中华革命党，投身于革命事业。在那段逃亡日本的时间中，蒋介石曾经拼命阅读曾国藩的著作。

支撑起衰退中的清朝，成为国家栋梁的汉人政治家曾国藩，对于青年蒋介石的价值观，有着相当重要的影响。

蒋介石在日记中，也会记下每天的天气、温度和当天是星期几。他记载星期几的方式，是日本式的"火曜日"、"水曜日"，然而一般中国人并不会使用"曜日"，而是以"星期一"（月曜日）、"星期三"（水曜日）的方式进行记录。因此也有人推测，蒋介石撰写日记的习惯源自他在日本就读军校时所受到的影响。

从小接受严格儒教训练的蒋介石，在修身养性方面有着相当强烈的自我要求。对他而言，日记是一种备忘录的替代品，可以让自己在日后阅读时深刻自省，并且激励自身更加奋发向上。同时，日记也有对子孙进行家教的作用，蒋介石就经常要求儿子蒋经国阅读自己的日记。

蒋介石撰写日记的时间并非晚间就寝前，而是早晨。身为台湾国民党重要干部、"外交部部长"的蒋介石之孙蒋孝严，

最后的大队： 蒋介石与日本军人

幼年时期就经常见到祖父撰写日记的身影：

> 每天早上，祖父（蒋介石）都会一大早便起床书写日记。他总是用毛笔，一字一字仔细地写着，家里的人们，常常可以看到他这样书写的身影。每天确实书写着日记的祖父，这就是我脑海中对蒋介石的印象。对家人而言，祖父撰写日记的模样，可以说完全就是一幅熟悉到不能再熟悉的景象。（摘自我对蒋孝严本人的访谈）

蒋介石个人的性格倾向也和日记这一表达形式有着若干程度的吻合。若是以德国心理学家克雷奇默（Ernst Kretschmer）[①]的分类来看，蒋介石大概就是属于"黏着质型"与"偏执质型"的组合吧！

黏着质型（N型）的人异常顽固，坚持自己的意志，绝不容他人阻挠。这种人虽然有不易通融的一面，但相当踏实努力，一旦投身某种事业，就会坚忍不拔地坚持到底。至于所谓的"偏执质型"，则是以坚定的信念和自信为基础，相当自我中心的一种性格。这种人可以发挥出相当强烈的领导能力，但是在待人接物以及理解他人心情上，则显得相当困难。蒋介石正是这两种性格的结合体。

若要用一个词让人清楚理解蒋介石这个人，那么最恰当的

---

① 德国心理学家，试图将人的体质与人格特征结合起来分析。

词就是"执念"两字。

朝着自己认定的唯一目标迈进，透过强烈的耐力与毅力，实现所追求的目标。

8 年抗战期间，面对具有压倒性优势的日军，蒋介石通过将敌军钉死在中国内地、顽强的抵抗方式，不断造成日本军的消耗；即使当他被共产党击败，撤退到台湾，也能重新成功建立起自己在"军队"和"国家"中的权威。

对这样的蒋介石而言，日记正是表露自我、省视自我的一种习惯性体现；日复一日、不曾停歇地撰写日记的蒋介石，将这样的事情当成了自己每天应尽的义务。

极高的真实性

关于日记内容的真实性如何，虽然至今仍有相当大的争议，不过一般而言，研究者普遍认为，日记是属于具有"高度真实性"的史料。当然，日记说到底，也只不过是当事人本身零碎记忆所组成的记述，如果不配合历史上客观的史料加以验证，就无法建构起有血有肉的架构。但即使如此，蒋介石日记乃是有关亚洲近代史珍贵的一级史料，这点仍然是为全世界所共同认可的。

追本溯源，日记可分为两种形式。其一，是以让他人看见为前提而撰写的日记，例如目前保存在台北档案馆的蒋介石的政敌阎锡山的日记。这部日记通篇都是格言与古籍内容的引用；很明显，阎锡山是希望通过这样的日记，让人看见自己伟大的一面，但这样的日记，并不具备任何史料价值。我原本希

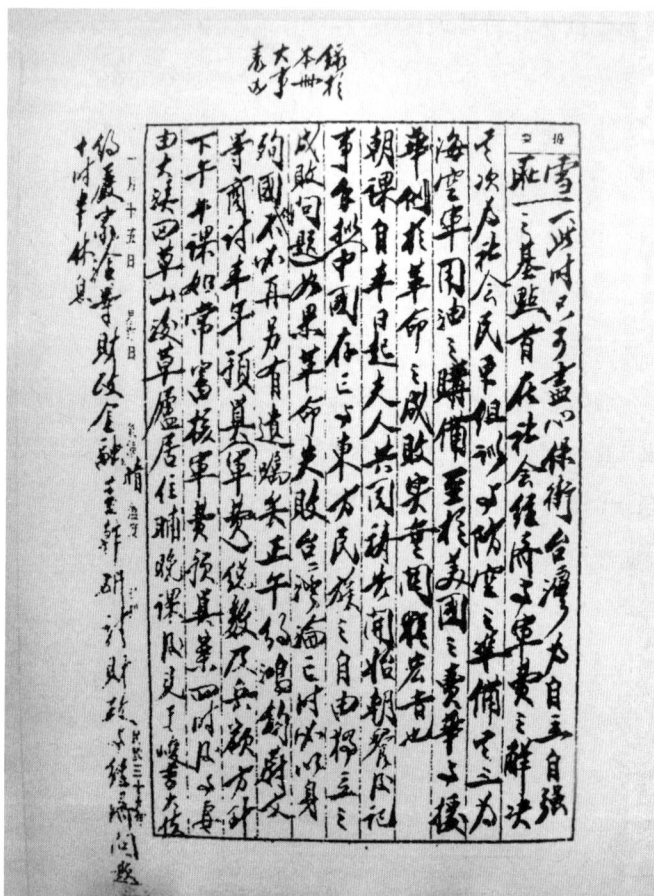

蒋介石日记中的一页（作者拍摄）

望通过阅读这本日记，了解被阎锡山留用的日本兵的状况，但我没有发现任何值得参考的内容，只是徒添失望而已。

另一种日记，则是只为了自己而写的日记。在这样的日记中，作者投入了感情、记载了自己的交友情况，同时也留下了自己身边所发生种种事情的记录。蒋介石的日记，基本上属于这一类型。

蒋介石年轻的时候，曾经有过一段生活糜烂、嗜赌好色、和无赖流氓群聚为伍的岁月；那个时候，在他的日记中充满着"真想死"或是"真讨厌"这种带有强烈个人感情的内容。

尔后，随着蒋介石在国民党中的地位日渐上升，他眼中所见的世界为之一变，同时也逐渐开始以严格的道德标准要求自己，因此日记中自省的记述也随之增加。蒋介石把坐禅审视内心当成每天必做的日课，从他的日记中，也可以一窥他在"修身"这方面的体验。尽管蒋介石一定意识到自己的日记会暴露在秘书或家族等亲近之人的眼中，但对于后半生都处于绝对权力掌控者地位的他而言，为此虚饰自己的行为，其必要性可以说相当低。

再者，蒋介石身为国家的指导者，其日记内容自然充斥着有关政治、军事、党务等重要事务的记述；在这方面，蒋介石似乎也有为了避免对过去发生的事情记忆模糊而特地将它记录下来的意味。在这种情况下，蒋介石就很有必要保持自己日记的真实度。当然，随着这样的发展，他年轻时那种个人书写式的日记也逐渐减少，转而以国家大事的记述为中心。

在蒋介石的日记中，经常包含了像是"今后几日的预定事项""应当注意的事情""本日发生的事件""前周的反省""本周的工作预定表""本月的反省录""本月的重要事项"之类的分类。从蒋介石身为领导者的角度来看，日记在这里扮演的是协助他将所思考的事项网罗其中，一种类似于随身笔记本的角色。当然，在蒋介石日记中也会有未曾记录的事项，如对政敌的放逐与监视、军队或警察的残酷行动等，在日记中从未被提及。尽管如此，蒋介石日记所具备的真实性，仍然是不容否定的。

围绕日记的骨肉之争

这部日记在蒋介石还活着的时候，是由他本人保管；而在他死后，则是由长子蒋经国以"总统"身份，承继了它的保管任务。当蒋经国在 1988 年亡故之后，这部日记被托付到他的三子蒋孝勇手中；而当蒋孝勇在 1996 年病故之后，日记便由其遗孀蒋方智怡来保管。蒋介石的日记乃是蒋家秘中之秘，基本上一次也不曾暴露在外界面前。

然而，台湾政局的变化，改变了这部日记的命运。

2000 年，击败国民党上台的民进党"总统"陈水扁开始推动"去蒋介石"、"去个人崇拜"的政治运动。原本设置在机关学校里的蒋介石铜像陆续被撤去，并且其中许多遭到了销毁。

面对这种情况，日记的保管者蒋方智怡女士产生了深刻的危机感。由于担心日记落入民进党之手，蒋方智怡以 50 年为期，将蒋介石日记交给了斯坦福大学的胡佛研究所保管。当时，原本保管在加拿大与美国的日记，被统一移交给了胡佛研究所负责该日记保管暨公开的郭岱君研究员①手中。

———————————

① 历史学家，曾继马英九之后担任蒋经国的新闻秘书。

在将日记交由胡佛研究所托管之际，以向一般大众公开为前提，蒋家提出了但书，要求对日记进行修复并加以微胶卷化。蒋介石撰写日记的时候，使用的大多是商务印书馆出品的"国民日记"这种日记本；其中一部分日记距今已百年之久，纸张的腐蚀、黄化自是不可避免。2004 年日记的委托契约正式完成后，胡佛研究所立刻开始修复工作，有关日记的微胶卷化也同步开始进行。

蒋家的成员以及亲近蒋家的研究者，对于日记中不适宜公开的部分进行了检查，并在微胶卷上做了涂黑处理。不过，隐藏的部分被限定仅止于有关家族隐私的事项。

就在这项工作接近尾声之际，2006 年 3 月，1918 年至 1931 年的蒋介石日记首先获得公开，接着在 2007 年 4 月，又公开了截至 1945 年的部分。在我造访胡佛研究所的 2008 年夏天，截至 1955 年的日记也已陆续公开发表，而时至今日，截至 1972 年的所有日记，业已完全公开。

对关注蒋介石的人而言，不论日记的公开地点是美国还是中国台湾，对于能够接触这样的一手史料，他们都一致表示非常欢迎。然而，在蒋家成员当中，对于透过胡佛研究所公开日记一事感到不快者，仍然大有人在。

这个问题浮上台面是 2010 年围绕蒋介石日记的出版引发的蒋家"内争"。

胡佛研究所虽然已经公开发表了截至 1972 年的完整蒋介石日记，但对研究者而言，若非远赴斯坦福大学，无法得窥日记的面貌。因此基于现实考虑，要求蒋介石日记除了在美国公开发表之外，也应更进一步让蒋介石曾经统治过的台湾人阅读的声浪，也自然而然地高涨起来。

斯坦福大学胡佛研究所（作者拍摄）

顺应这股声浪，蒋介石日记在台湾的"中研院"近代史研究所出版的前期准备也在进行中，并获得了将蒋介石日记存放在胡佛研究所的蒋方智怡女士的同意。不仅众多的研究者，很多热衷历史的人也同样期待出版之日的到来。

然而就在 2010 年底，蒋介石的曾孙女蒋友梅①女士发表声明，对于日记的出版明确表示反对。此举在台湾学术界引发了一场轩然大波。

蒋友梅的主张是，自己是蒋介石与蒋经国日记的法定继承人之一；在将日记委托给胡佛研究所乃至于出版时，理应得到所有法定继承人的签约同意才行。蒋方智怡女士对于此一长时间的托管与让渡契约，并没有做出善意的响应，因此她下定决心，发表公开声明。

蒋友梅表示，"若是对方没有做出'积极的响应'，不排除采取法律行动"；换句话说，这封公开信就是一份态度强硬的"最后通牒"。

据我所知，当蒋方智怡决定将蒋介石日记委托胡佛研究所保管 50 年的时候，只有极少数蒋家人得知了她的这个决定；因此，"为什么要刻意把家族重要的日记特地交给远在美国的研究机关保管"？她的这一一举动在蒋家人之间点燃了不满的火种。

前面提到的蒋孝严，也曾特地针对日记公开发表一事，向我表示了以下的看法：

---

① 蒋经国长子蒋孝文与蒋徐乃锦的独生女，亦为蒋经国的长孙女。

最后的大队： 蒋介石与日本军人

> 我并不赞成将日记送往美国，而我事前对此也一无所知，其他的蒋家人对此也同样并不知情。日记应当是归于国家和国民党的所有物，虽然她（蒋方智怡）说，自己当时是出于对民进党可能毁坏日记一事感到忧惧，但事实上这样的担心纯属多余。她是否对于台湾的政治太过信心不足了呢？

由于蒋介石和蒋经国都和不止一位女性生下子女，所以蒋家的家庭状况相当复杂，当中关系不睦者也不在少数。

根据蒋友梅的声明，日记继承权的拥有者，应为目前在世的这9人：蒋孝章（蒋介石的孙女、蒋经国的女儿），蒋蔡惠媚①，蒋方智怡，蒋友梅，蒋友兰（蒋介石的曾孙女、蒋经国的孙女），蒋友松（蒋介石的长曾孙、蒋经国的长孙），蒋友柏（蒋介石的曾孙、蒋经国的孙子），蒋友常（蒋介石的曾孙、蒋经国的孙子），蒋友青（蒋介石的曾孙、蒋经国的孙子）。蒋友梅坚称，蒋方智怡不过是9位继承人当中的一位，却在没有获得其他当事人同意的情况下，自行与胡佛研究所签订契约，此举已经严重侵害了其他继承人的权利。

的确，将日记视为继承遗产的一部分，这样的主张不是不能理解，只是对蒋介石本人来说，一部根本称不上有任何资产价值的日记，竟然会引发家中如此大的纷争，这恐怕是

---

① 蒋孝武的第二任妻子，为蒋家第一位本省籍媳妇。

他完全料想不到的吧！2013 年春天我进行本书相关取材工作的时候，"中研院"的负责人露出一副忧郁的表情对我说："一旦获得许可，我们下个月就可以马上印刷好并在书店上市，可是……"目前日记的印行问世，只能寄望于蒋家内部的协调能够顺利进行，然而在本书即将出版的时候，日记的出版仍然遥遥无期。

蒋方智怡女士（作者拍摄）

若是把蒋家的这种内斗看成政治花絮的话，是件相当有趣的事情，不过话说回来，这或许也是蒋介石日记直至现在依然不断散发出的磁石般魅力所引发的"事件"吧！

这不只是"历史背后的一格画面"

我开始想要以在东渡台湾的蒋介石身边协助他进行军事训练、由旧日本军人所组成的军事顾问团"白团"为主题进行写作，是 2008 年夏天的事。

当时，胡佛研究所刚刚公布了 1945～1954 年的蒋介石日记。从国共内战到败退台湾，再到朝鲜战争的爆发，这段时期不管对中国近代史还是亚洲的近代史，都是一段重要的时期；于是，为了阅读蒋介石日记，我以新闻社特派员的身份，从台北前往美国。

令我惊讶的是，当我阅读到 1948 年后半年的日记时，有关"白团""富田""白鸿亮""日籍教官"等和白团相关的记述，突然开始暴增了起来。虽然我对于白团的事也略有所知，但对它的理解程度，也不过就是"历史背后的一格画面"罢了；事实上，当我刚开始进行蒋介石日记的相关取材工作时，根本没有计划要叙述有关白团的问题。

然而，1949～1950 年，蒋介石在日记中几乎是连续不断地提及白团。在此期间，蒋介石本人为了招募前日本军人而和部下反复协商，煞费苦心地和美国派来的军事顾问进行协调，同时自身也相当热情地参与了白团的军事教育课程。

我越阅读蒋介石的日记，就越发确信，白团并不只是"历史背后的一格画面"，而是左右"国家"命运的一大关键。

重新评价白团的趋势

当我在美国进行取材工作的时候，原本是想针对蒋介石日记进行整体相关的企划，而有关白团的内容只是在其中一部分记述中稍微提及而已。但我越是深入，就越觉得对于白团，不该只是用这样寥寥数页的篇幅描述；那种未完成的感觉，就像是利刃一样不断刺痛着我的心。

在我下定决心探讨蒋介石与白团问题的同时，对我产生很大影响的还有我在蒋介石日记的发表地点——胡佛研究所里遇到的来自世界各地的研究者。

蒋介石日记的公开发表，让胡佛研究所一夜之间跃为世界性的研究圣地。若是要阅读日记，就只能直接走访胡佛研究所，而且由于日记禁止影印，所以每位研究者，都只能用自己的手抄下相关的内容。

为了这点，来自日本、中国大陆、中国台湾、韩国，还有美国等地的大量研究者，将胡佛研究所挤得满满的，每个人都将自己的心血投注在对蒋介石日记的抄写之中。

我造访胡佛研究所的时候，日记正好发表到相当重要的时期（国共内战至朝鲜战争）。超乎寻常数量的研究者群集在这里，将仅仅 30 席的阅览室挤得水泄不通，甚至连开设在隔壁房间的临时阅览室里，也是人山人海、热闹非凡。

阅览室早上 8 点半开放，下午 4 点半关门；当研究所关门之后，研究者便会继续转战大学的咖啡厅，相互交流成果。"今天，我发现了这样的记述"、"关于这件事情的记载，大概是这样的含义吧？"诸如此类的讨论不断持续着。对我而言，每天能够参加这样的讨论，让我不禁感受到相当强烈的刺激。

毕竟，这些人都是世界各国、各地区在中国近代史以及蒋介石研究方面，走在最前端的优秀人物。正因如此，在研究所里，不用特地劳心劳力东奔西走，就能尽情聆听许多研究者的讨论，而且也可以了解他们各自对于蒋介石所持的见解。

在进行取材工作的过程中，我强烈地感受到，世界正以现在进行式的积极态度，对蒋介石进行全面的再评价。

台湾蒋介石研究第一人、现任台北档案馆"国史馆"馆长的吕芳上，在胡佛研究所取材时，曾经做过如下表示：

> 日记的公开，带动了对于蒋介石、中华民国史，以及国民党研究的兴盛风气。在过去，得以接触蒋介石相关资料的，仅限于少数与蒋家以及国民党亲近的人士，一般的学者只能带着羡慕的眼光，可望而不可即。然而，随着日记的数字化与全面公开，我辈学者在感怀时代变化的同时，更应铭记，这是为客观评价蒋介石这个人奠定基础的最好时机。

过去，在"统治"台湾的国民党一党专政下，蒋介石被赋予了神化的地位。而在因政党轮替诞生的民进党当局眼中，正如陈水扁对蒋介石的评价"杀人魔王"般，蒋介石被摆到了"镇压民众的冷酷领导者"位子上；说得更明白一点，就是一下子由"神"跌到了"恶魔"的地位。

另外在大陆，由于新中国成立之后，将在台湾持续对抗新政权的蒋介石视为"人民的公敌"，因此直到 20 世纪 80 年代，在大陆几乎找不到任何研究蒋介石的学者。然而，随着两岸关系的改善，和蒋介石有关的言论也获得了相当程度的开放；现在中国出版界正掀起一股"蒋介石热"。

杨天石教授（作者拍摄）

从大陆远道前来胡佛研究所的杨天石，是中国最早开始蒋介石研究的学者之一，回顾过往，他做了如下表示：

只要提到研究蒋介石，就很难找到适当的发表场所，还会遭到种种有形无形的刁难，这样的情况从 10 年前到现在，一直都持续着。然而，现在在中国全国的研究者当中，蒋介石研究已经变成了极其热门的一门显学。在过去，我们大陆的学者完全无法接触保存在台湾的蒋介石相关文献，但如今在美国这里，胡佛研究所不限条件，向所有人发表了可以公开阅读的蒋介石日记，我们因此能够接触第一手的客观史料，在蒋介石研究方面的可信度也骤然提高了许多。

现在杨天石关注的重点是，"蒋介石为何在大陆失败，又为何在台湾成功?"在他看来，找寻出这个问题的答案，对于现在的中国是极具意义的事情。

杨天石是这样说的：

> 蒋介石在1945年迎向了人生的巅峰。然而，仅仅4年之后，他就惨败在共产党的手中，失去一切逃到了台湾。在探讨他失败的原因时，这本日记可以提供相当有用的内容。例如，蒋对于毛泽东的过低评价；1945年蒋介石和毛泽东进行交涉时①，他在日记上写下"毛泽东是个不值一提的对手"；同时，他过于相信自己的力量与权威，最后终于招致失败。然而，蒋介石在抗日战争与建设台湾方面的成功，仍然是我们应当重视的。

龙应台

就在我前往胡佛研究所的时候，在台湾著有多本畅销书的女作家龙应台，也为了一睹蒋介石日记真容，只身来到美国西海岸。这时候，龙应台正在为她的新作《大江大海1949》进行取材工作。这本书之后在台湾成为炙手可热的超级畅销书，并于2012年6月以"台湾海峡1949"为标题，由白水社出版了日文版。当时，龙应台是为了了解1949年前后蒋介石的心理状态来到美国的。

---

① 即重庆会谈。

作家龙应台（作者拍摄）

对于日记，龙应台的看法是这样的：

> 蒋介石的日记可以说相当有意思。它的表现非常真实，在那当中几乎感觉不出虚伪的记述。蒋介石的思想与思维，在当时可以说决定了台湾的一切，而他对于我们这个世代，也带来了不可磨灭的巨大影响。这样的过程透过这本日记，可以获得清楚的了解。

另外，对于日记中所见的蒋介石个性，龙应台也有自己的看法：

> 这本日记，在呈现蒋介石如同日本人般的坚忍，对基

督教的虔信、每日殚精竭虑、反复思考问题等面相的同时，也呈现了优柔寡断、欠缺决断力、不信任他人、欠缺自我反省等决定性的缺点。不管长处或是短处，透过这本日记，我们都能清楚发现一个更加人性化的蒋介石。

即使在日本，蒋介石日记的公开也对近现代史研究者产生了巨大的冲击。2007 年，在日本成立了跨院校的"蒋介石研究会"；担任该会顾问的庆应大学荣誉教授山田辰雄提起蒋介石日记的意义时，是这样说的：

> 一方面，蒋介石是谈及中日关系史时，无可避免一定会触及的人物，另一方面，就有助于更进一步理解中国政治这一特征而言，这本日记的意义也相当重大。今后 10 年，对蒋介石日记的研究，应当会作为一个重要主题浮上台面吧！只是，光就日记本身进行钻研，并不能算是完整的研究；重点是，透过日记提供的线索，我们能够做出怎样的论述？

在蒋介石研究已然细分化的现在，我认为与其全面书写蒋介石这个人物，不如针对特定的主题深入探讨，从而描绘出蒋介石的某一面，这样的做法更适合身为新闻记者的我。于是，我下定决心，将自己接下来预备长时间进行探讨的主题，设定在"白团"上。

二　在因缘的土地上

以德报怨之碑

在所有外国的政治家当中，再也找不到第二个像蒋介石这样终其一生与日本有着极深牵连的人物了。

事实上，我们可以清楚地说，蒋介石与日本的缘分之深厚，远超寻常。

或许有人会说，"除了蒋介石以外还有其他和日本渊源颇深的政治人物，比方说孙文，不是吗？"确实，孙文和日本的关系是很深厚的。孙文自己是在日本孕育出革命的志向，同时他也有许多日本知己。当有必要的时候，孙文总可以得到"来自日本的支援"，而当时的日本人也有那样的度量和思想，足以接纳、响应孙文；对孙文而言，这实在是件相当幸运的事。

从这层意义来看，孙文和日本之间确实有某种缘分。只是，由于目的相当明确，孙文本身与日本社会的牵连，就只彻头彻尾地局限于"革命家与政治家"的范畴当中；换言之，孙文对日本的理解，还是有局限的。

相对于孙文，蒋介石早在还籍籍无名的时候，就已经前往日本学习。在日本，他以军人的身份接受磨炼，而当他的地位逐渐升高之后，则转为政治家，站在与日本对立的一方。被日本深深吸引、与日本作战，然后又利用日本，在蒋介石的整体人格当中，可以清楚看出日本的深刻烙印。而在他87年的生涯里，有一大半深陷在日本的阴影之中，无法自拔。

虽然败退到台湾之后，蒋介石就不曾再踏上过日本的土地，但终战时蒋介石所高唱的"以德报怨"的宽大政策，却让许多日本人油然而生对蒋介石的尊敬与感谢之情；一直到蒋介石去世为止，前来台湾拜访他的日本政治家与知识分子，始终络绎不绝。

这使得蒋介石在日本留下了许多被半神化的"记忆"。存在于日本社会当中的蒋介石形象，若是将之放入"历史人物是以怎样的方式被记忆下来"这个领域加以理解的话，也是一份相当适合我们探讨的素材。

关于这样的"记忆"典型，我们可以在千叶县的外房地区一个平凡无奇的城镇中窥见一斑。

顺着沿海岸线南北纵走的国道 128 号线南下，往左手边望去，可以看见外房海岸绵延不断的九十九里滨；行驶一个半小时之后，便到达了夷隅市①的岬町。在平成年间的市町村合并之前，这里原本的名字叫作"夷隅郡岬町"。

这一地区拥有得天独厚的冬暖夏凉气候，还有着充满白沙与青松的广阔海岸线，因此自古以来即以疗养胜地为众人所喜爱，文豪森鸥外也曾在此建筑夏季别庄。

战前，与孙文交情深厚的梅屋庄吉②的别墅就坐落在这

---

① 位于房总半岛东端九十九里滨终点处的地方城镇，以碘矿著名。

② 日本的大贸易商、实业家，名电影制片人，毕生支持孙文与中国革命事业。

里，中国革命的支援者头山满①、宫崎滔天等，也曾聚集于这栋别墅中商讨大计。梅屋是日活电影公司的创办者。当孙文与宋家三姊妹中的宋庆龄举行结婚典礼时，他们所选择的婚礼场所——位于东京日比谷公园内的餐厅"松元楼"，也与梅屋有着密切的关系。

在岬町江场土的十字路口一角的空地上，有一处被低矮的灌木所包围的地方，在那里，可以看到一块高约两公尺、用黑色花岗岩雕刻而成的气派石碑：

以德报怨之碑

在这块气派的石碑上，用漂亮的字体刻着这几个大字。

石碑背后的说明是这样写的：

岬町乃是与蒋介石"总统"因缘甚深的土地。我等为报答蒋介石"总统"的恩情，特在此设立此以德报怨之碑。在缅怀蒋"总统"遗德之余，我等亦在此立誓，日中将永保和平亲善，直至后世不绝。

日期是昭和六十年四月吉日，立碑者是"蒋介石'总统'

---

① 日本大企业家、民权运动者兼大亚洲主义者，支持中国革命与同盟会的同时，也积极扶持极右派组织黑龙会，一生充满争议。

千叶县夷隅市的"以德报怨之碑"（作者拍摄）

显彰会"。

"日本战败后，善待众多日本人的蒋介石"

为了了解石碑设立的前因后果，我走访了夷隅市公所，但文化部门的有关人员却告诉我："虽然我知道有这块石碑，但到底是由谁建造的，我并不清楚。"于是我回到石碑竖立的场所，再次仔细端详石碑，但上面除了"蒋介石'总统'显彰会"这个名称外，再找不到任何具体的人名或是联络方式。不过，在石碑的背后，刻着"石井石材店"；我向附近的人打听，得知这是一家位于立碑地点 50 公尺左右处的石材店。

"我没记错的话，应该是扶轮社的人做的吧？你可以去千叶水泥打听看看，那家公司是这一带扶轮社的中心唷！"石井石材店的老板这样告诉我。

千叶水泥同样位于岬町内，是一家地方性质的企业。尽管我的造访相当突然，不过社长浅野和夫还是将我迎入会客室，并且亲切地回答了我的问题。

"因为是很久以前的事了，所以我也有点记不清楚了……"浅野一面这样说着，一面绞尽脑汁搜寻自己的记忆，试着回想起当时的状况。据他表示，石碑是由町内一位名叫"清水丰"的乡土史家首先提倡，并获得以浅野为首的扶轮社成员的赞助，最终建造而成的。

因为蒋介石是位在日本战败后仍然善待众多日本人的伟大人物，所以我们一致认为，竖立这块石碑是件有意义的好事。最初我们本来是打算在町有地上建造的，可是共产党人知道之后火冒三丈，破口大骂说"真是岂有此理"，还一状告到町长那里，所以我们最后只好借用私有地的一角来立碑了。石碑揭幕的时候，台湾当局也有人来参加；当它建造完成之后，我们大家还一起去台湾旅游了呢！

最后的大队： 蒋介石与日本军人

浅野像是很怀念似地说着。我看了一下当时的收支明细资料，一股 1 万元①的募款，有超过 200 人响应入股，最后募集到的资金大约是 300 万元左右。

只是，为什么他们非得竖立有关蒋介石的碑不可呢？光是听浅野的话，我还是觉得有什么地方似乎不太对劲，于是我请浅野打了通电话给清水丰；清水的家，在距离千叶水泥公司 1 公里远的住宅街上。

宋美龄也来过这里？

这时候，清水已经是 89 岁高龄的老翁了。尽管他的重听程度相当严重，但记忆力却好得让人吃惊。一开始他以"听力不好"为由，对访谈持排斥的态度，但当他打开话匣子之后，蒋介石、孙文、宋美龄等名人便以岬町这个舞台为中心，陆续在他的故事中登场。

根据清水所言，蒋介石在 20 岁出头留学日本时，经常会到岬町的梅屋别庄享受休闲时光。透过孙文的引荐，蒋介石认识了梅屋庄吉，并且如同仰慕母亲一般仰慕着庄吉的妻子阿德。每次蒋介石来这里时，阿德都会帮他烧洗澡水、准备餐点、洗衣服，简直就是把他当成亲生儿子在疼爱。即使在成为中国的军事领袖之后，蒋介石也还是会不时前来此地拜访。

　　蒋介石往返于东京和岬町之间的时候，据说偶尔也会

---

① 如无其他说明，均指日元。——编者注

带着宋美龄一起在岬町的街头散步。虽然他们两人在此停留是极端机密之事，但我曾经从一位担任过蒋介石司机的人士以及其他友人那里，详细听过当时的情况。那个时候，蒋介石正处于既失势又失意的人生谷底，他心中充满了迷惑，不断思索着是不是该和宋美龄一起逃往美国。这时候，梅屋先生对蒋介石大声怒吼道："孙先生视你为后继者，将革命的未来托付给了你；明知如此你还要逃到美国去，你这样子还算是个男人吗？"遭到梅屋先生这样怒喝后，蒋介石便打消了前往美国的念头！

清水眉飞色舞地讲着这段关于蒋介石的逸闻，不过在这故事当中却有不少值得怀疑之处。毕竟，目前并没有宋美龄曾经来过日本的记录，所以究竟是那位司机搞错了呢，还是她真的曾在极机密的状态下入境日本呢？这点实在很难说。不过，后半段蒋介石与梅屋的对话若真实存在，那的确是相当令人感兴趣的一件事。

在故事发生的时点之后，梅屋曾经应蒋介石之邀，以中华民国国宾的身份前往中国。1932年爆发上海事变（一·二八事变）时，对于中日关系未来发展深感忧心的梅屋，也曾经写信给蒋介石，呼吁保持日中亲善。1934年（昭和九年），广田弘毅外相敦请身为日本与国民政府领袖（即蒋介石）之间沟通桥梁的梅屋出山，为改善中日关系斡旋。于是梅屋强撑着老迈的身体，从岬町的别庄准备动身前往中国；然而，就在他要

为建碑奔走的清水丰先生（作者拍摄）

搭乘外房线列车的时候，却在站台上昏倒，一个星期之后便逝世了。举行葬礼时，蒋介石致赠的花圈摆放在现场。据说他下葬的时候，棺木上还覆盖着青天白日满地红的中华民国国旗。

清水相当自豪地说：

虽然我不曾直接见过蒋介石，但蒋介石与我父亲同样是出生在明治二十年（1887年），所以我一直很关心蒋介石。那块石碑，是为了将蒋介石与这个城镇的深厚牵连透过历史记忆的形式加以保存而兴建的。碑文的题字是我拜托千叶有名的书法家写的，至于后面的解说，则是我自己撰写的。

这是对蒋介石多么朴实的敬仰啊！在日本这个国度里，有着像清水这样毫无其他企图，只是纯粹表达对蒋介石的感谢之意的人，这是真真切切的事实。

"横扫千军"墨宝

有关蒋介石的"记忆"，也透过书法的形式在日本留存下来。

台北的地标之一是坐落在市中心、向来往人们展露其威严面貌的中正纪念堂。"中正"是蒋介石的名（"介石"则是字）。为了缅怀父亲，蒋经国建造了这栋纯白的巨大建筑物。建筑物主体的前面有着宽阔的广场，两侧则并立着仿中式宫殿建筑的台北剧院与台北音乐厅。

陈水扁时代，中正纪念堂是台湾政争的焦点。强烈批判蒋介石个人崇拜的陈水扁，企图将这座被他视为权威主义象征的建筑强行"改名"。此举遭到在野的国民党强烈反对；改名计划最后并没有实现，但还是将中正纪念堂前广场正门上悬挂的"大中至正"横额给拆了下来，换成了"自由广场"四个字。"大中至正"这句成语的意思是"不论做什么事都要保持中庸，方为正道"；它在作为蒋介石座右铭的同时，也包含了他的名字"中正"。在为了彰显蒋介石而设立的中正纪念堂里，这是一句最具象征意义的标语。

在中正纪念堂的一楼有间展示室，里面摆放着与蒋介石有关的种种物品。在展示室的墙上挂着一幅墨宝，上面写着这样四个字：

横扫千军

收藏于台北市中正纪念堂的蒋介石墨宝
"横扫千军"（作者拍摄）

没多少人知道，这幅墨宝在蒋介石的生涯当中其实具有重大意义，可以说是相当于纪念碑般的存在。

"横扫千军"是蒋介石旅居日本三大温泉之一——有马温泉的时候,亲笔题下的字。

1927 年(昭和二年)9 月 28 日清晨,蒋介石搭上了从上海开往长崎的定期客轮"上海丸",随行人员包括蒋的亲信张群在内,一共有 9 人。蒋介石一行人住在船上的 101 号客舱。当他在客舱内短暂休息并接受船长的邀请当场挥毫之后,又应同船的日本新闻记者请求,和对方进行了一次访谈。

当时,从上海到长崎得花上超过 24 小时以上的时间,可以说是一段相当漫长的航程。古今中外,记者感兴趣的东西一向大同小异。通常,他们会使用所谓"搭便车"的手法获得新闻内容,也就是当取材对象要前往某个地点时,跟着他一同顺道前往,然后再利用路途中的空档,从空闲下来的采访对象口中,小心翼翼地套出自己想了解的内容。

在这次访谈中,蒋介石表示,自己的这趟访日之行,"并没有任何政治意味"。然而,这次走访日本,却让蒋介石迎来了人生的重大转机。事实上,就在蒋介石访日之前不久,《字林西报》(*North China Daily News*)① 以"好事将近"为主题,报道了当时蔚为话题、有关蒋介石与宋美龄婚事的发展。报道指出,蒋宋两人的婚事已经渐入佳境。当日本记者问到有关此

---

① 1850 年创立于上海,为上海境内第一份近代意义上的报纸,同时也是当地最有影响力、历史最悠久的报纸之一。

事的实际情况时，蒋介石的回应是"大致上算是事实吧"，等于变相承认了确有此事。

在有马温泉定下婚约

对于与浙江财阀宋家的三女宋美龄结婚一事，蒋介石心中其实始终抱持着一丝不安。

让他不安的原因是，到这时为止，他还没有取得宋美龄的母亲倪桂珍的同意。不管在哪个国家，母亲的意见对于婚姻都是相当重要的，而且宋家一直以来就是属于女性较强势的家族。因此，蒋介石这趟日本行另一个隐藏的目的，就是要与正在日本疗养的倪桂珍见面，并设法说服她点头答应这门婚事。不过，在日本记者的面前，他当然是不会明白把这些话说出口的。

蒋介石所期盼的，是借由这桩婚事，设法接近掌握中国经济的宋家。蒋介石自己也是浙江人；虽然他已经掌握了中国的军权，但是他在党内的基础并不稳定，时常处于政敌环伺的状况之中。之所以会如此，主要原因之一就在于他除了军队之外，在政经各界并没有属于自己的嫡系，所以在党内的政治斗争中，经常会被逼到极其不利的苦境。事实上，就在这次访日之前不久，他才因为国民党的内部对立，被迫辞去国民革命军总司令一职。

若是要培养自己的嫡系，那就需要金钱。纵使在战场上总能展现出其他军人望尘莫及的魅力与作战能力，蒋介石在国民党内的政争中，还是经常处于劣势。军人不及文人的现实，让蒋介石不断苦思，究竟该用什么方法，才能打破这种困局？

为了巩固地位，蒋介石无论如何都希望能够争取到资金雄厚的宋家作为自己的后盾。另外，宋美龄也相当欣赏蒋介石身为军人领袖的强烈个性，那种个性是那些围绕在她身边、出身良好的财经界求婚者身上所见不到的。众所周知，蒋介石的性格相当急躁火爆，不过这火爆个性到了宋美龄口中，反而变成了"男人不都是这副德行吗？比起毫无霸气，这样子还比较好呢！"这种赞赏之词。仔细想想，被后世史学家评为"热爱权力的女人"的宋美龄，会有这种男性观也是很正常的吧！

虽然蒋介石信誓旦旦地向宋美龄保证会和妻子离婚，不过面对这个已婚男人的追求，宋美龄一开始似乎显得有些不知所措。不过，后来她还是渐渐被蒋介石的热情所打动，最后终于开出一个条件："只要我母亲同意的话，我们就结婚。"然而，倪桂珍是位严格的基督教徒，而且她不仅知道蒋介石已婚，而且知道他年轻的时候，曾经过着流连花丛的浪荡生活；正因如此，要说服她接受女儿与蒋介石结婚，可以说是件相当困难的任务。

对蒋介石来说，最后的难关毫无疑问就是倪桂珍这关。

倪桂珍因为足疾，前往日本进行温泉疗养。最初她原本是在云仙温泉，但因为并没有显著的疗效，又转到别府温泉，只是还是一样没有好转。于是，接下来她又转移到神户，在有马温泉的有马旅馆暂居下来。据说有马旅馆因为没有温泉的泉头，所以它的温泉水全都是用人力步行的方式运送过来的。

最后的大队： 蒋介石与日本军人

从上海到达长崎，再转抵神户的蒋介石，只说了声"我去兜兜风"，便在没带随从的情况下，于10月3日与宋美龄的哥哥宋子文一同前往有马旅馆。

经营有马旅馆的增田家子孙、现在在有马当地经营企业的增田晏之是这样说的：

> 我听我父亲说，倪桂珍女士住进有马旅馆大约一星期后，蒋介石先生便从神户来到了这里；第二天，似乎因为自己的婚事得到了认可，蒋介石先生显得十分高兴，于是便提笔写下了整整五幅墨宝。

蒋介石当着倪桂珍的面，将要送给宋美龄的结婚戒指与腕表托给了她；倪桂珍结束疗养回到上海之后，便将这份礼物交给了宋美龄。想必她是被特意跑来有马温泉的蒋介石的那份热忱给打动了吧！

长久以来一直渴望的与宋美龄之间的婚事，如今终于尘埃落定，喜上眉梢的蒋介石，当场就给了有马旅馆的女老板300元的小费；在那个住宿一晚只要3元的时代，突然收到这样一笔丰厚的小费，女老板不禁大吃一惊。

接着，蒋介石还亲笔题下了"千客万来""横扫千军""平等""平和""革命"这五幅墨宝，送给了经营有马旅馆的增田家。

现在这五幅墨宝，除了"横扫千军"以及"平等"外，

**1927 年蒋介石摄于有马温泉，
现藏于台北市中正纪念堂（作者翻拍）**

其他三幅都已经佚失了。

　　"横扫千军"原本是由增田家保管，不过之后在台湾举行
蒋介石纪念活动时，增田家慨然将之出借，后来更直接将它赠

收藏于有马县极乐寺的蒋介石墨宝"平等"（作者拍摄）

予台湾。如前所述，这幅墨宝现在正在台北的中正纪念堂展示。

剩下的另一幅墨宝"平等"，现在被保管在同样位于有马的极乐寺当中。我造访极乐寺时，曾经亲眼见过这幅墨宝的实物。仿佛充分体现出和宋美龄的婚事终获认可、整个人满溢着喜悦与兴奋的蒋介石当时的心情般，这幅"平等"笔力遒劲、气势十足，让人一眼看到便留下深刻印象。极乐寺一般不会向参客展示这幅墨宝，必须透过事先联络才能得以一睹风采。

"开运鉴定团"认定价值两百万元的墨宝

透过书法流传在日本的有关蒋介石的"记忆"，除了有马温泉之外，也存在于其他地方。2011 年 12 月 6 日，在东京电视台的人气节目《开运鉴定团》中，出现了一幅希望鉴定师鉴定的墨宝。最后，专家给出的鉴定金额高达 200 万元，远超当事人预计的 50 万元，会场顿时响起了一片惊叹与欢呼声。

那幅墨宝的题字，是这样四个字：

无量寿者

"无量寿佛"是佛教用语，也就是阿弥陀如来的梵名"Amitabha"的汉译，其意指"超越时间与空间的限制，无所不在的佛"，而题下这幅字的人物，应该是刻意将无量寿佛的"佛"换成"者"，以表示对于致赠对象的敬意吧！

这幅题字的落款，前面写的是"水野同志"，末尾则是"介石"两字。

据说，"水野同志"指的是生于明治年间的佛教徒水野梅晓，而"介石"则正是蒋介石。也就是说，这是蒋介石赠予水野梅晓的墨宝。

"开运鉴定团"的鉴定师，给了这幅墨宝当天节目的最高估价金额——200 万元。鉴定师所持的理由是这样的：

> 水野与蒋介石之间的交流是有文献可证的；不只如此，蒋介石为了水野写下这幅墨宝，这样的由来也可以说相当明确。

收藏于埼玉县饭能市鸟居文库的蒋介石墨宝
"无量寿者"（作者拍摄）

水野梅晓

水野梅晓这个人，并不只是一位佛教徒而已。他 13 岁出家，前往位于上海的东亚同文书院就学。在接下来的大混乱期间，他在日本与中国之间四处奔走，相当活跃。他的活跃并不只限于佛教方面的事务，同时他也以新闻记者的身份，向日本报道中国的信息；除此之外，他也致力于伪满洲国的日满文化协会的创立。

在水野生涯中最为人所知的插曲，就是他以日本佛教联合会成员的身份，促成了中国允许日本将侵占南京时偶然发现的玄奘法师遗骨带回国内。虽然水野与蒋介石之间的会面并没有留下详细记录，不过透过他的斡旋，原本在玄奘法师遗骨问题上态度相当强硬的南京国民政府最后终于软化，同意遗骨由日中双方各持一半。

被带回日本的玄奘法师遗骨，一部分被收纳在位于埼玉县饭能市名栗地方的鸟居观音。我在 2012 年春天造访了当地。名栗是秩父山脉的登山口之一，溪流潺潺、绿意盎然。鸟居观音就位于当地白云山的山腹、一片占地 30 万平方米的广阔土地上。

向《开运鉴定团》提供蒋介石墨宝的鸟居观音主管川口泰斗，带着我前往鸟居观音内的资料馆"鸟居文库"，"无量寿者"的墨宝就在那里展示。鸟居文库除了收藏水野的遗物外，也有水野的友人——鸟居观音的创办者平沼弥太郎所留下的珍藏品，其中不乏来自中国的贵重文物。

据川口表示，他们两位所留下的数量庞大的遗物，由于缺乏整理，长年以来一直处于放置状态；直到最近川口就任主管，才开始针对这些遗物列出清单。结果在其中发现了蒋介石的墨宝，这时候《开运鉴定团》刚好来到饭能这里进行出差鉴定，于是他就想到把这幅墨宝提交给鉴定师去鉴定。

水野在辛亥革命前后，据说与革命人士有着相当密切的交流；我想，他大概就是在那样的过程之中，认识蒋介石的吧！

只是，蒋介石挥毫时，落款一般都是署名"中正"，因此也有不少人质疑，这幅墨宝是否真的就是蒋介石的亲笔？

不过话又说回来，墨宝的真伪与否，对我而言或许并不是那么重要；令我深感兴趣的是，蒋介石与日本之间的故事，直至今日，事实上已经在日本这块土地上深深扎下了根。

在日本某些地方，蒋介石也被当成"神"来加以奉祀。爱知县幸田町是个相当典型的农村，在远离城镇中心的一隅，那里有座以"蒋中正"为名的"中正神社"。我在 2013 年夏天走访了当地。据神社的说明书所述，这座神社是为了感谢蒋介石"以德报怨"的宽大政策而设立的。不过当我问起神社设立的来龙去脉时，当地的文化部门人员的说法也跟之前在千叶的人一样，"我虽然知道有这件事，但是详细的经过，我完全不清楚"。神社当地也没有留下任何蛛丝马迹，只有神社入口的"永怀蒋公"广告牌，在夏日午后的滂沱大雨中闪烁着雨滴的反光。

浙江省奉化市溪口镇

蒋介石的故乡，是中国浙江省奉化市的溪口镇。在中国，很难找到像这样山清水秀的地方；清澈的河水潺潺流过，低矮的小山微微耸立着，在山腹间可以看见美丽的瀑布飞溅而下。天空一片清朗，整座城镇沿着河川伸展开来。

我于 2009 年造访了溪口镇。这里确实是个好地方，蒋介石每次遇到麻烦的时候，总会选择"隐退"到老家溪口镇；当我踏上这块土地后，似乎也能明白他为什么这样做了。

现在的溪口镇，已经变成了类似蒋介石主题乐园的观光景点。蒋介石的故居至今仍然保持着当时的旧貌。在蒋家故居的前面，有一位看起来神似晚年蒋介石的秃头大叔坐在那里，招揽观光客和他一起拍摄纪念照。我也和他合照了一张，正当我想起身离去的时候，这位冒牌蒋介石对我大喊了一声："10元①！"当地的纪念品商店里，摆满了中国出版的蒋介石的相关书籍。

蒋家的家谱，据说可以上溯到西周的周公。传说中，周公三子伯龄的子孙，在元朝的时候移居溪口镇，后来就成为蒋家的先祖。

不过，就像所有过去中国的掌权者一样，蒋介石也是在确立地位之后，为了"证明"自己的祖先体内流着伟大人物的血液，而创造了这样一份蒋家家谱；至于这份家谱里到底有多少真实成分，大概只有天知道了。

蒋介石的先祖世世代代在溪口镇以务农为生。他的祖父蒋玉标似乎是位很有经商才干的人物。蒋玉标从农业出发，将事业扩展到制茶业与制盐业，并因此积累了相当丰厚的财富。蒋介石的父亲名叫蒋肃庵，当他的前两任妻子先后亡故之后，蒋肃庵便与一名为王采玉的女性再婚；王采玉，就是蒋介石的生母。

蒋介石的乳名叫瑞元。他小的时候绝对不是什么聪慧的神

---

① 指人民币。——编者注

童，只是一个普通的孩子。据说他小的时候，曾经为了测量自己的嘴有多深，将筷子伸进自己的喉咙，结果拿不出来，差点送了命。从这个小故事中，可以窥见蒋介石好奇心强烈的一面。

蒋介石 8 岁的时候，祖父便过世了，第二年他的父亲也随之而去，从此他便由王夫人一手拉扯大。此时制盐业也不景气，因此蒋家的生活过得相当辛苦，但蒋介石还是在母亲的督促下，打下了相当坚实的学问基础。对王夫人来说，她最期望的应该就是蒋介石有一天能够科举及第吧！正因如此，蒋介石在 10 岁左右，就已经读遍了四书五经等相关典籍。

对母亲的强烈思慕

在母亲呵护下长大的蒋介石，终其一生都对母亲抱着异常强烈的思慕之情。

在台湾的观光名胜日月潭，有一座蒋介石为了纪念母亲而建立的塔。有如台湾的肚脐一般，日月潭位于整座岛屿正中心的位置，是日本统治时期为了治水事业而建造的人工湖。① 苍翠群山环绕的湖面景色，一向被公认为难得一见的美景。

来到台湾之后的蒋介石，很喜欢到日月潭放松身心。他在靠近湖畔的高地上，建起了一座名为"涵碧楼"的别庄。隔三岔五，他便会到那里眺望整座湖泊的景色。在涵碧楼正对面

---

① 此处似有争议，日月潭应为天然湖泊，日治时期在当地进行了水力发电工程，因此究竟该算天然湖或人工湖，各界一直有所疑问。

的山上，蒋介石则盖起了另一栋建筑——"慈恩塔"。慈恩塔同样也是在能够俯瞰日月潭湖光山色的绝佳位置上；当我第一次沿山攀上五层塔顶端时，整个人几乎累到快要虚脱过去，但第二次登塔的时候，我便确实感受到了那种将湖畔美景尽收眼底的畅快与喜悦。

在故乡的山上，蒋介石也为母亲营造了一所名为"慈庵"的陵墓，并邀请孙文为母亲撰写墓志铭。当他成为国民政府主席之后，又屡屡扩张陵墓的规模，将自己的恋母情结发挥到了极致。然而，这座慈庵却在"文化大革命"中遭到红卫兵的爆破摧毁，当时身处台湾的蒋介石对此全然无能为力，只能愤怒地震颤不已。

虽然王夫人对蒋介石相当慈爱温柔，不过她基本上还是属于那种对儿子干预颇多、个性保守的传统女性。为了能早点传下蒋家的香火，蒋介石15岁的时候便在母亲的要求之下与同样出身溪口镇的毛福梅结了婚；换句话说，蒋介石前往日本的时候，其实早已经有了家室。蒋介石与毛福梅生下了蒋经国，也就是日后蒋家的继承人。但是他和毛福梅之间的婚姻并不是很平顺，两人的争吵始终持续不断，就连蒋介石自己在提及这段婚姻时，也是用相当苦恼的语气表示，"这是我一生中最后悔的事"。最后，就在蒋介石要与宋美龄结婚之际，两人终于以协议离婚的方式，让这段婚姻相当和平地画上了句号。

对海外留学的憧憬

当蒋介石在保守的中国式家庭中长大的时候，时代巨变的风浪也向他袭来。

17 岁那年，蒋介石进入了一个名叫凤麓学堂的小学校就学。在那里他学到了英语和算术等学问，但是后来因为一些小事和学校起了冲突，所以就中途退学了。在那之后，他进入一位名叫顾清廉的学者开办的学校①；蒋介石在学堂里很受顾清廉的疼爱，而他在那里也第一次接触了所谓"革命思想"。

当时的中国面临西欧列强的侵略、甲午战争的失败、义和团之乱等种种忧患，清朝统治的根基受到了剧烈冲击，摇摇欲坠。

和同时代的中国青年一样，必须打倒清朝、建立新政府的革命意识，在蒋介石的心中逐渐萌芽。蒋介石之所以会有革命意识，一部分原因似乎是他对海外留学的向往，不过蒋家的家业不振、生活艰苦，地方官吏还欺凌孤儿寡母，乘机侵吞他们家的土地，这些事实都让蒋介石心中充满了对清朝的憎恶。

蒋介石要前往日本留学的事情，遭到了蒋家亲族的反对。在和中国其他地方同样处于封建习俗下的溪口镇，要前往海外留学根本是天方夜谭；不只如此，他还受了革命意识启发，想要成为军人，要是把这点明白讲出来的话，恐怕大家全都会吓得发抖吧！

尽管如此，蒋介石想要前往日本的意志还是相当坚定，所以最后王夫人还是勉强筹措了一笔旅费，将蒋介石送往日本留学。

---

① 名为"箭金学堂"，位于今日的宁波。

三 两次日本体验

19 岁初次来日

1906 年（明治三十九年）4 月，19 岁的蒋介石头一次踏上日本土地。来到日本之后，他做的第一件事就是学习日语。

在来日本之前，据说蒋介石将自己的辫子一把剪了下来。辫子是清朝，或者说满族文化的象征，满族入关之后，将这样的习俗强加在汉民族头上，时间超过两百年。蒋介石剪掉辫子的行为，意味着他这时候已经萌生了打倒清朝的志向，同时，毫无疑问也象征着下定重大的决心。不过也有一部分证言指出，蒋介石剪掉辫子，其实是更后来的事情了。只是不管怎样，对当时的中国人来说，剪掉辫子就是表明决心，要向古老的中国告别。

不过，蒋介石第一次在日本停留，只有 8 个月的时间。他原本是为了学习军事而前往日本留学的，没想到，如果没有母国，也就是清朝陆军部的推荐，是不能进入日本相关军事院校就读的。而蒋介石在来到日本之前，对此似乎一无所知。对这名几乎从未踏出过浙江省境的乡下青年来说，这次不得其门而入的经验，可以说是人生最初的挫折。

据台湾当局的资料记载，蒋介石这时在日本就读的学校是"清华语言学校"；只是，清华语言学校似乎并不能算是纯粹的"语言学校"。

最后的大队： 蒋介石与日本军人

清华语言学校的前身是 1899 年由梁启超所创立的"东京高等大同学校"。"东京高等大同学校"设立之后，因为财政困难改名为"东亚商业学校"，但经营仍旧不见起色，最后移交给了清国驻日公使，校名也改为"清华语言学校"。

据说，蒋介石就是在这所学校学习日语。不过，这所"清华语言学校"基本上是一所供华侨子弟就学的学校，所以里面虽然或许有日本语的授课，但其实所学的东西，应该不只是语言而已。

就在蒋介石旅居日本的这段时间，日本发生了一件中国革命史上相当重要的大事。

那就是"中国同盟会"（中国革命同盟会）的成立。中国同盟会日后演变成国民党，同时也是辛亥革命的组织领导者。

蒋介石前往日本的时候，中国的革命运动正处于派系林立的状态；各团体在彼此互通声息的同时，也为了各自的革命事业不断奔走。

以孙文为中心成立的"兴中会"，在广州起义失败之后吸收了廖仲恺、汪兆铭、胡汉民等人。由黄兴、宋教仁领导的"华兴会"则在长沙揭起义旗。起义失败之后，他们也逃亡到了东京。另外还有上海的章炳麟、蔡元培所成立的"光复会"，也到东京发展革命事业。

各革命团体之间的主张虽然有着微妙的差异，不过在发起"灭满兴汉"的革命，强调汉民族主义这方面，基本上都是一致的。另外，有别于前三者，戊戌政变后被迫亡命的梁启超所建立的"保皇党"则不主张革命，而是以提倡体制内改革为主要方针。

陈其美与孙文

整个东京简直就像是被点燃沸腾了一般，到处都充满着炙热的革命气息。在那里，当时还不满 20 岁的蒋介石，也飞身投入这股热潮当中。想必是革命的热情火焰，同样点燃了隐藏在蒋介石内心之中的火苗吧！

可是，蒋介石当时还是太年轻了一点。就在孙文抵达日本的 8 月，各个分散的革命团体统合在一起，结成了日后中国国民党的前身——同盟会。但在这时候，蒋介石还没有资格参与其中。

不过就在这时，蒋介石结识了自己的同乡革命志士陈其美，两人后来还成为结义兄弟。拜陈其美所赐，蒋介石得到孙文的引荐，从而踏入革命运动的中枢，这不能不说是相当幸运的一件事。

陈其美出生于 1878 年，也是浙江省人。日后的蒋介石大举重用浙江人，形成属于他自己的亲信集团；不过在陌生的异国受到同乡人的庇护，这样的经验对年轻的他而言，应该还是头一遭吧！

在历史上，陈其美可以说是扮演了蒋介石革命领路人的重要角色。然而，他并不只是单纯的革命志士，而是更接近于黑帮或者流氓之类的人物。没错，他的另一重身份，正是中国有名的秘密结社"青帮"的干部。蒋介石本人据说也曾加入青

帮；他很喜欢与别人义结金兰，从这个习惯之中，也可以隐约
窥见青帮对他的影响。

关于这段 20 岁左右青春时期的日本体验，蒋介石自己在
1917 年开始撰写的日记当中，曾经有过这样的总结：

> 我原本是立志前来修习陆军，但是日本陆军的入学限
> 制非常严格，若是没有本国陆军部的推荐，是不可能获得
> 陆军学校入学许可的。就在这年，我在宫崎（滔天）的
> 家中，经由陈英士（其美）的引荐认识了孙总理。此后，
> 我与旅居东京的革命志士多有交流，对于民族的感情也日
> 渐深厚，同时心中对于"驱逐鞑虏、恢复中华"的渴望，
> 也愈发无可抑止。

阅读这段文字可以清楚发现，这短暂的第一次访日，对于
以复兴中华民族为毕生职志的"政治家蒋介石"的诞生，可
以说有着极其重大的意义。

只是，有关当时孙文与宫崎滔天、陈其美等人在日本的交
流，其实充斥着诸多彼此矛盾的记述。因此，当时还相当年轻
的蒋介石究竟是何时开始以革命志士的身份参与行动，和这些
革命前辈又是在哪里产生交集，至今仍然没有一个定论。

不过，我们可以确定的是，当时的日本确实是对清朝古老
政治体制失望的年轻人云集成群、蠢蠢欲动、蓄积力量，并且
彼此碰撞出火花的大舞台。在这当中，蒋介石虽然没能达成他

当初的目标，也就是学习日本近代的军事教育以推翻清朝，但是他却受到了"革命"的强烈启发，而这对他日后的人生产生了重大而深远的影响。

入学"振武学校"

蒋介石的第二次访日，出乎意料地很快就实现了。回国之后，蒋介石进入了清朝设立的"北洋陆军速成武备学校"（即后来的保定陆军军官学校）就学。这是步调慢半拍的清朝为了对抗革命派，聘请诸多外籍教官进行近代军事教育授课的一所教育机构。蒋介石当然不是清朝的同路人。只是为了以军人身份前往日本留学，他才以保定军官学校当作跳板。蒋介石的努力确实收到了效果，在 62 个前往日本留学的军校生名额当中，他获选为其中之一。1908 年，蒋介石从大连搭船前往日本，在那里就读日本陆军为中国学生专门设立的教育机构"振武学校"。

1903 年创立的"振武学校"，它的旧址位于东京都新宿区（当时的牛込区市之谷河田町），现在是东京女子医大的校园所在地。我曾经为了追寻振武学校的旧迹而试着来到当地确认，但是什么也没有发现。

振武学校的地位，相当于为了进入陆军士官学校而设立的预备校。当然学生需要自己付学费，不过其他方面的经费则是由日本外务省与陆军省来负担。清朝在学校设立时也提供了20000 元的资金。现在的留学生在国内的时候就已经受过严格的外语训练，而当时振武学校的留学生几乎都没有上过日语课程，因此授课基本上都是以中文进行。

根据对蒋介石与日本之间的关系着力甚深的台湾研究者黄自进的说法，振武学校的主要运作都是由日本陆军的现填平役干部负责。在三年的学习中，学生必须学习军事课程（典礼教范、体操），以及普通课程（日语、历史、地理、数学、物理、科学、博学、图画）等。

在这些课程当中，日语教学占的比例尤其大。在 3 年总共 4365 小时的授课时数中，日语教学就占了 1734 小时，总计约 40% 的时间，也就是说每天至少有 1 小时的日语课程，就训练而言可以说相当扎实。

蒋介石的日语能力

关于蒋介石的日语能力，一向众说纷纭。有人认为蒋介石可以用流利的日语进行表达，但也有人认为他的日语口语其实并没有那么好，只是环视大陆和台湾，几乎找不到任何人在关注这方面的议题；大部分人都只是理所当然地认定，"既然蒋介石曾在日本留学，那他的日语表达能力应该不错吧!"毕竟，按照一般常理想来，念过 8 个月语言课程，又受过 3 年的密集日语教育，能够流畅地用日语表达自己的意思，想必也不足为奇才是。

只是，作家兼评论家保阪正康在其著作《蒋介石》（文春新书）中，曾经这样提及："蒋介石在听方面没有任何问题，但要使用日语进行会话，却显得相当困难。"

自蒋介石在 20 世纪 30 年代成为中国政坛领袖，到他去世为止，他和日本访客的对谈，基本上都是透过翻译以中文进行。

20世纪70年代前期，曾以自民党访问团一员造访台湾的森喜朗①，回忆起当时与蒋介石见面的情况，是这样说的："蒋在会谈的时候都是使用中文，但在个别问候成员的时候，则是使用日本语来表达问候之意。"

事实上，不只是保阪，几乎所有对于蒋介石有深入了解的研究者都一致认定，蒋介石的日语会话能力，其实并不是很好。

不过，当蒋介石后来访问日本的时候，日本报纸却以"能以流畅的日语对话"来形容蒋介石的日语程度。不过仔细想想，日本人只要看到外国人能够用稍微流利的日语进行日常对话，就会相当敬佩，但事实上这人是否真能讲出复杂且难度很高的日语，那就大有疑问了。

或许是性格使然，又或许是能力问题，总之蒋介石在使用日语、让日本人感到平易近人的同时，并没有很积极地提升自己的日语能力。

不过从另一个角度来说，当时日本人与中国人之间要进行沟通，笔谈是相当普遍的方式；毕竟我们别忘了，若要传达抽象的概念，笔谈是比口说更加有利的。

不只是蒋介石，当时中国的革命志士要与日本人交流，笔谈是非常有力的方法。日本的知识分子自从江户时代以来就有

---

① 日本政治家，历任大臣、首相。

接受汉学教育的传统，也普遍都曾阅读过中文的典籍。因此，蒋介石用中文书写的文章，日本人几乎都能理解，而当时日本人所书写的、使用汉字比现在更多的文章，阅读起来似乎也不是那么困难。

正因如此，蒋介石或许并没有那么迫切的需要，去进一步磨炼自己的会话能力。

保阪批评说，蒋介石之所以如此，是因为担心"使用日本语，会招致中国人的反感"。确实，自与日本对立日益加深的 20 世纪 30 年代以来，在中国"反日""抗日"的声浪便不断增强。

同时，对于自己日语会话能力不佳这件事，蒋介石其实也很有可能终其一生都怀有相当强烈的自卑感。蒋介石的自尊心高到非比寻常的程度，因此他很可能并不希望日本宾客或是自己的部下，察觉到自己虽然长期旅居日本，却连日本话都说不好的事实。或许，他表面上虽然是以自己的信念做包装，坚持不使用日本语，但实际在某种层面上，却是为了巧妙掩饰自己说不好日本话而做出的伪装。

高田连队

对蒋介石而言最为深刻的"日本体验"，毫无疑问应该就是他在新潟县的高田作为一名士兵的这段经验吧！

虽然蒋在高田的时间不过短短一年，但这是他军人生涯的原点。同时，这段经历也对他此后一生的行动模式产生了极大的影响。例如白团的诞生，其导火线正是源于蒋介石对于日本军人以及日本军事教育的信赖。

蒋介石自振武学校毕业后，于 1910 年（明治四十三年）12 月 5 日被派任到驻屯于现在新潟县上越市高田的陆军第 13 师团野战炮兵 19 连队第二大队第五中队。第 13 师团以日本第一支正式引进滑雪装置的部队而闻名，当时的师团长是在日俄战争关键的 203 高地争夺战中立下赫赫军功的长冈外史。之后，继承了该师团一部分的驻地——如今在高田这里，仍然有陆上自卫队第五施设群①以及第二普通科连队大约 1000 人规模的自卫队员驻屯。

我造访高田的时间，是 2014 年 1 月。那天刚好遇上入冬以来最强烈的冷气团南下，今天日本首屈一指的降雪地带——上越地区，降下整年难得一见的大雪。

在高田驻屯地，有一栋用明治时期老建筑物改造而成的"乡土纪念馆"，馆中设有"蒋介石专区"。专区内的展示品包括与蒋介石有关的照片和日记，墙壁上还贴着"以德报怨演说"的中日文全文。不过最令我感兴趣的，则是一幅由蒋介石在高田当兵时所拍下的照片以及他在战后赠送给长冈外史②的墨宝——"不负师教"的照片共同组合而成的巨大挂轴。

---

① 自卫队所谓的"施设群"，亦即其他国家俗称的"工兵部队"。第五施设群是陆上自卫队唯一靠日本海的工兵部队，善用其工程技术，活跃于各种重大灾难的救助之中。值得一提的是，该部队的吉祥物，正是留着夸张大胡子的长冈外史将军。

② 长冈外史死于 1933 年，所以这幅"不负师教"墨宝，应该是赠给长冈将军的家族的。

刚进入高田连队的蒋介石 （作者翻拍）

据驻屯地的人员表示，对于致赠这幅挂轴的人物究竟是谁，他们这里并没有留下明确的记录。

挂轴的致赠者在上面署名"国民党党史委员会主任委员秦孝仪"，以及"国民党文工会主任宋楚瑜"。秦孝仪担任党史委员会主任委员的时间从 1976 年一直持续到 1991 年，因此要确定明确的时间相当困难。但宋楚瑜则不同，他担任文工会主任的时间是 1984～1987 年，因此可以很清楚地知道，这幅挂轴送到这里的时间点大概就在这几年之间,而这时蒋介石早已是故人了。

根据同样来自高田驻屯地的资料记载,蒋介石是作为"清国留学生队"的一员,以一等兵的身份搭乘军用列车自东京来到高田的。当时蒋介石所使用的名字,是他的学名"蒋志清"。同期的中国毕业生,有 15 人被配属到高田这边。蒋介石在 1911 年(明治四十四年)6 月升任上等兵,同年 8 月升任伍长,但到了同年 10 月,所有其他的同期士兵都已经升任军曹了,却只有他一个人还没能升职。事实上,蒋介石在这段时期的成绩也绝对称不上优秀,在 19 连队的所有中国学生当中,他的成绩总是排在倒数几名。

不进陆军士官学校,而是投身革命

然而,这种苦恼的日子没持续多久,蒋介石在高田的军事生涯就随着 1911 年 10 月爆发的辛亥革命,突然画下了句号。

当时,以蒋介石为首,有好几位留学生表达了归国的意愿,并与长冈师团长直接展开了交涉。不过长冈却劝这些学生"在日本好好锻炼成优秀的军官再回国,不是比较好吗?"没有答应他们自动退役的请求。退役既然不被许可,蒋介石便假借休假偷溜出了连队,动身前往中国。他在 10 月 8 日到达上海,正好赶上参与革命。另外,日本当时的记录上则写着,蒋介石于 1911 年 11 月 11 日,"因为事故而退队"。从蒋介石明明逃亡却没有其他人遭到连坐处分这点看来,当时的日本人还算是宽宏大量的……

最后的大队： 蒋介石与日本军人

蒋介石原本一心期盼着能够进入陆军士官学校就读。进入陆军士官学校就读，是当时中国所有年轻军人最向往的一件事，也是他们冲破种种难关前往日本留学最大的理由。如果蒋介石没在此时选择回国的话，他应该会以第一种学生（有意成为各兵科军官者）的身份，在1911年高田连队的训练期间结束后，进入陆军士官学校就读吧！

然而，蒋介石却选择了参加革命这条路。这样选择的结果是，蒋介石在日本的军事资历比其他人都要差，却因为参加革命的缘故，获得了一张踏上中国政治舞台、闪耀光辉的通行证。对于想出人头地的蒋介石来说，比起留在日本，投身革命明显更有意义；这也就是说，在1911年这个极端重要的时刻，蒋介石被迫做出的这个人生重大决定，就结果而言可以说是相当正确的！

只是，对当时的中国军人而言，日本陆军士官学校毕业可以说是一种品牌保证的标志，简单说就是所谓的"最高学历"。日后成为有力将领的阎锡山与孙传芳，是陆军士官学校6期的毕业生；蒋介石的部下张群是陆军士官学校10期的毕业生，何应钦、谷正伦则是11期的毕业生；如同群星闪耀般的人才，都云集在陆军士官学校的课堂之中。

那么，究竟有多少中国学生在陆军士官学校就读呢？根据我发现于日本国会图书馆、1975年于台湾发行的《日本陆军士官学校中华民国留学生名簿》（文海出版社）显示，1899～1942年的43年间，一共有1638名中国学生曾在陆军士官学校就读。清朝的灭亡是 1912 年，所以这当中自然也包括了清朝时期的留学生。这本书是以名簿的形式，按照学生的名字与期别加以编排而成。在它的卷末，有这样一段话："这些学生在中国的军事上担负起了重大的责任，然而，中国出版界却完全没有这方面的资料。这本书是首次对于这方面的内容完整加以汇集的一部作品。"

可是，在台湾的资料中，却屡屡可以见到"蒋介石曾在陆军士官学校就读"这样的记述。就连蒋介石身份证上的"教育程度"这一栏，填的也是"日本士官学校"。蒋介石诈称陆军士官学校毕业这件事，虽然在他还活着的时候，就已经是某些知情者心照不宣的秘密，但在国民党一党独大的时代，没有人敢针对这件事情大声批判。从学历这件事情，也可以窥见蒋介石自尊高傲甚至到了虚荣的一面。

当时在高田担任 19 连队连队长的飞松宽吾，在 1936 年（昭和十一年）的《朝日新闻》一篇以"高田的青年蒋介石"为题的报道当中，对于当时的蒋介石有着这样的回忆：

> 蒋与张君等 14 名同学一起来到我的队上，投入到严格的营内生活中；大概因为蒋在众人之中年纪最长的缘故吧，他很自然就成为同学之中的领袖。现在回想起来，或许从那时候开始，蒋介石就已经隐隐展现出他作为领导者能力的一面了吧！

只是，关于蒋介石的日语能力，飞松的评价却相当严厉：

> 明明同样是在东京学习日语，和张君（张群）的流
> 畅比起来，蒋介石简直可以说是糟糕透顶。
>
> 当时，学生每隔两三天，就要轮流把打饭的容器摆到
> 连队长的面前，这是军训方法的一环，然而，因为蒋介石
> 一向无法用言语好好表达，所以遇到这件事情时，他总是
> 显得相当困苦。

和停留在日本的长时间相比，蒋介石的日语实在是相当不
流利；飞田的证言，赤裸裸地指出了这个事实。

他究竟学到了什么？

那么回过头来说，蒋介石在高田，究竟学到了些什么呢？

蒋介石自己对于这段生活，曾经有过这样的记述："那完
全就是士兵的生活，极端单调而严肃"，"那一年的士兵生活
与训练，可以说确立了我这一生持续至今的革命意志与精神的
基础，同时也培养了我无所畏惧、勇往直前的性格"。

据说，当时蒋介石曾经因为没把马匹照料好，在牵马回到
马厩的时候，遭到长官强烈的斥责，甚至一度被禁止骑马。当
时的战场上，骑兵仍然是主要的战力，马的价值也非常高，在
军队里甚至有"士官、下士官、马、兵卒"这样的说法。

另外，在谈到自己在高田的寒冬体验时，蒋介石是这样说
的："像那样的大雪，即使在中国北方也是很少见的"，"不管

**陆上自卫队高田驻地的乡土纪念馆一角展示着
蒋介石资料（作者拍摄）**

天气有多寒冷，也不管雪有多大，我们都得在每天早上 5 点不
到就起床，然后端着自己的脸盆到水井前面，用水井里的冷水
洗脸"。"比起谈论若是要复兴民族、报仇雪恨，该怎样获得
武器之类的话题，我们最优先的事情，就是用冷水洗脸，然后
沉默不语。如果连这点小事都无法胜过日本人的话，那其他的
就根本不用提了。"经过上述的体验之后，蒋介石总结出了这
样一个强烈的教训。

对蒋介石而言，寒冬用冷水洗脸这样的行为，正象征着日
本的道德观与精神性，同时也意味着他所理解的最根本的
"日本经验"。即使称呼侵略中国的日本为"倭寇"，并在抗日

战争中和日本死战到底，蒋介石也没有失去对于日本军人的尊敬；究其根底，毫无疑问应该就是来自他在高田的体验吧。

日本这种家长式的严格教育，虽然可以追溯到中国儒家的阳明学派，不过对于在清朝末年的保守家庭中长大、受儒家教育熏陶的蒋介石来说，应该在某种程度上也是心有戚戚焉吧！

彻彻底底属于"外部"的日本

和继蒋介石与蒋经国之后成为台湾"总统"的李登辉相比，蒋介石对于日本的看法可以说截然不同，关于这一点也是可以清楚理解的。

李登辉是在日本统治下的台湾长大，直到 1945 年以京都帝大学生身份迎接终战为止，他都一直是所谓的"日本人"，李登辉自己也曾经反复提及这一点。对李登辉而言，他完全没有必要对日本人的习惯感到震惊、敬佩，乃至于激愤。毕竟，作为一个"日本人"，这些都可以看成是普遍内在化的习惯了。李登辉对日本的理解，比蒋介石更加全面；日本人听他说话，在心里完全不会产生任何违和感，而且可以毫无障碍地理解与接受。

蒋介石谈及日本时，则是彻头彻尾将自己置于"外国人"的位置上，从"外国人"的角度去看日本这个国家；换言之，他的视野是一种不存在内在化、属于"外部"的视野。这是那个时代的中国人，对于日本共同的观察角度。在钦羡、赞赏比中国更早一步踏入近代化的日本的同时，他们也在思考着该如何超越日本。透过在高田的经验，蒋介石将这个"学习与克服"的课题深深烙印在脑海中，并且直面它的存在。

如今，在高田这里，除了陆上自卫队的驻屯地以外，已经找不到任何蒋介石当年曾经踏足的场所了。军队的伙食基本上是一汤一菜，因此远离了中餐的蒋介石，每到不需要待在营区的时候，总会跑到一家菜品很丰富、专卖当时在日本还是很新颖的洋食如炸猪排等的餐馆"三合一洋食店"去打牙祭。据说经营那家店的家族，还保留着蒋介石赠送的墨宝，但是店已经关闭了，而知道当时状况的家人也已届高龄，身体相当不好，因此我并无缘得见与蒋介石相关的事物。

书籍当中的蒋介石

讨论蒋介石与日本关系的书籍，在战前可以举出的，包括古庄国雄的《蒋介石》（金星堂，1929），吉冈文六的《蒋介石与现代支那》（东白堂书房，1936），石丸藤太的《蒋介石》（春秋社，1937），别院一郎的《蒋介石》（教材社，1938），白须贺六郎的《苦闷的蒋介石》（宫越太阳堂书房，1940）等作品。

战后，有关蒋介石的书籍减少了；或许是因为他变成了中国内战的"败者"，所以日本人对他的关心也跟着减弱了吧！不过，在这当中有一部特别值得一书的作品，那就是产经新闻社于1975～1977年间出版的《蒋"总统"秘录》。为了更进一步了解状况，我向参与本书执笔、取材的当年的年轻记者，同时也是对于这部《蒋"总统"秘录》出版经过知之甚详的前产经新闻社社长住田良能提出请求，希望能对他进行采访，而住田先生也当下便做出允诺，要在 2012 年的秋天接受我的专访。但是在那之后，他的身体状况急剧恶化，于 2013 年逝世。

《蒋"总统"秘录》之后，有关蒋介石的出版物在日本一时之间成为绝响。这中间很大的原因是，由于蒋介石在 1975 年死去，紧接着日本与中国建立了正常的外交关系，日本社会关注的重点因此转向了大陆，而与台湾之间的关系开始变得疏远。

然而，随着冷战结束，以及台湾的民主化进程，日本对于蒋介石的关注也重新开始高涨。黄仁宇的《从大历史的角度读蒋介石日记》（东方书店，1997 年），野村浩一的《蒋介石与毛泽东》等相当坚实的著作陆续出版，1999 年刊行的保阪正康的《蒋介石》，则将重点聚焦于蒋介石的政治家生涯上。

2011 年，着重讨论蒋介石与日本关系的作品，如黄自进的《蒋介石与日本：在敌友的夹缝之间》（武田 Random House Japan）、关荣次的《蒋介石所爱的日本》（PHP 新书）等书也出版了。另外，段瑞聪的《蒋介石与新生活运动》（庆应义塾大学出版会，2006）、家近亮子的《蒋介石的外交战略与中日战争》（岩波书店，2012 年）等优秀的蒋介石研究作品，也陆陆续续出版。

在这当中最受瞩目的，应该是 2013 年 4 月出版、由山田辰雄与松重充浩编撰的《蒋介石研究——政治·战争·日本》（东方书店）。这部可以说是集日本的中国近代史研究者数年心血结晶的作品，收录了许多水平相当高且层次十分整齐的论文；就当今的日本来说，没有其他任何研究性书籍能够超越这本书。

不过，若是放眼台湾和大陆，认真处理蒋介石与日本关系此一议题的著作，基本上等于零。一般而言，大陆方面对于中国伟人前往日本留学、与日本人交流这件事，一向都保持着过度低估其影响力甚至是嫌恶的态度。虽然反过来说，或许日本这边也有高估这种影响力的情况，但中国所谓的革命史观，对于新中国的领导者多数曾有在"日本"这个国家留学的经历，尤其感到芒刺在背，这也是不争的事实。另外，台湾在民主化之前，深入研究蒋介石与日本的关系，也是一件政治风险相当大的事情。

超越"爱恨交加"这个陈腐解释

所有讨论蒋介石与日本关系的作品大概都会有一个共同点，那就是认为蒋介石日后以飞黄腾达的政治家身份所做的关于日本的发言，都是立足于他的日本观之上。

因此，这便使得以下的解释广为流传："蒋介石对日本，其实是怀着某种矛盾的感情，或者也可以说是'爱恨交加'吧！"

确实，蒋介石对日本的善意常常被拿出来加以强调，而他在中日战争期间也的确是一直扮演着与日本敌对、和日本不断交战的角色。

可是，我认为，所谓蒋介石的"对日爱恨论"，未必就能正确地反映出蒋介石的对日观。

最后的大队： 蒋介石与日本军人

"爱恨交加"这个词，很容易给人一种仿佛男女关系般，爱恨纠结、缠绕不清的感觉。可是，蒋介石对于日本的评价与批判，很明显是经过仔细梳理后的论述，因此，在这一点上，我们几乎无法感觉出蒋介石的内心之中，有任何对于日本的"爱恨"所产生的纠葛存在。

面对当时的动荡局势，蒋介石先后投身上述的清华语言学校、振武学校，以及高田第19连队；据他自己宣称，当时在日本的艰苦生活，不只奠定了他日后成为政治家与军人的基础，同时也让他变得更加坚强。

根据研究中国近代史的大师——庆应大学荣誉教授山田辰雄的说法，蒋介石"似乎希望从留日的记忆中，找寻出日本人乃至日军强大的根源。从这当中，他体认到了中国的弱小，并从而展现出一种期盼中国变得更强的情感。"

换句话说，蒋介石的日本体验在他心中，是被转换成一种"中国非得学习日军的强悍，以及日本民族的优点不可"的论点而存在的。

正如前面的介绍，蒋介石在日本发现了"灭满兴汉"的思想，并且展开了他作为革命军人的事业起点。对蒋介石而言，最优先的目标就是洗雪中国因为近代化过程落后惨遭欧美以及日本蹂躏的"耻辱"，达成中华民族的复兴大业。在这层意义下，学习抢先一步迈入近代化之林的邻国日本，自是理所当然的选择。

的确，蒋介石并不讨厌日本的食物及风俗，但是，他并不属于在台湾同样常被提及、以李登辉为代表的日据世代台湾人，那种将日本习惯完全内在化的"亲日派"。相反，他是把自己放置在一个所谓"知日派"的位置上。

撇开好恶的问题，蒋介石的一生可以说是与日本有着切也切不断的"缘分"。这并不只是限定于蒋介石个人，而是生在那个时代的中国人不管愿不愿意都无法不去面对、时时刻刻来自邻国日本的"时代的邀请"。

在蒋介石的人生当中，可以特别清楚地看出当时日本与中国关系的显著投影；因此，我认为，研究蒋介石与日本的关系，也就等于是探索中国与日本之间的关系。

而在这当中，最能特别体现出横跨在蒋介石与日本之间、名为"学习与克服"这一桥梁的事物，正是本书所要探讨的主题——由日本人组成的军事顾问团，白团。

第二章

冈村宁次为何获判无罪？

冈村宁次

一　身为"中国通"军人的冈村宁次

对黄金的执念

蒋介石在败给共产党的时候，几乎是尽可能地将整个"中华民国"搬到了台湾。

在历史上，因为战争失败而舍弃国家首都逃亡的例子并不罕见，然而，像蒋介石这样"逃亡"得如此漂亮的国家领导人，几乎是绝无仅有的。

有台湾这样一个于中国可以说是"边境"的地区，对蒋介石而言可以说是上天的庇佑。

台湾是隔台湾海峡与大陆遥遥相望、独自浮在太平洋上的一个远海孤岛，在防守上具有相当优越的地理环境。它的面积与日本九州差不多，当时在岛上共有 800 万居民，以人口密度而言并不算高，日据时代打下的农业与工业基础也相当扎实。

和另一个撤退的候选地点海南岛相比，台湾的压倒性优势就在于它与大陆之间的距离。海南岛和对岸的广东雷州半岛，最近的距离只有 18 公里而已；与之相对，台湾和对岸的福建省，就算最近的距离也要 130 公里，因此对于登陆作战，能够更早一步进行警戒；不只如此，尝试登陆的对手所必须准备的装备与舰船，其间的差异之大更是难以想象。换言之，没有比台湾更加合适的逃亡地点了。

最后的大队： 蒋介石与日本军人

在撤退到台湾的时候，蒋介石从大陆带了相当多东西。在这些物品当中显得价值特别高的有两样，一样是黄金，另一样就是故宫的文物。

蒋介石在日记当中，清楚地展现出他对于黄金的执着。

蒋介石虽然是军人政治家，但有一段时间，他为了在上海筹措"革命资金"而热衷于投资股票市场。因此，他在经济方面的观念，也被公认是相当的强。

对于黄金（即金钱）的执念，在他因在与共产党的内战中遭到惨败而有了下野的觉悟，进而于 1948 年 12 月起展开的激烈资金确保行动当中，清楚地传达出来。

根据日记，蒋介石和中央银行总裁俞鸿钧、代理总裁刘攻芸在该年的 12 月 27 日、29 日两天进行了会面，接着又在翌年（1949 年）的 1 月 4 日、5 日、14 日、15 日、18 日和他们会谈。

关于这几次会面的内容，日记中写得相当暧昧而模糊，不过其中一直出现诸如"资金的移动"与"外币及现货（金块）的处理"等字样。黄金首先被运到福建的厦门，接着又陆续被运往台湾。蒋介石于 1949 年 1 月 21 日宣布"下野"，辞去总统职务，不过为了预防继任的代总统李宗仁打这批黄金的主意，他派遣亲信周宏涛①前往中央银行：

---

① 蒋介石所信赖的年轻机要秘书，在 1943 ~ 1958 年间，一直追随在蒋介石左右。著有回忆录《蒋公与我》，为研究蒋介石的重要史料之一。

宏涛刚从上海归来。中央银行的黄金大部分都已经运抵厦门和台湾，剩下的数目不过 20 万两，这让我稍微安心了一点。这些人民的血汗结晶（黄金），必须以适当的方法加以守护，绝不能让后生小辈（李宗仁）轻易浪费掉。（2 月 10 日）

在搬运黄金的人选上，蒋介石任命了自己最信任的长子蒋经国负责此事。

蒋经国在自己的日记上也写道："将中央银行的金银运送到安全地带，是相当重要的任务。"

渡过海峡的故宫文物

和黄金一起被蒋介石拼命运往台湾的还有故宫的文物。

故宫文物原本安置在北京的故宫博物院里。故宫的历史，是伴随着清朝的瓦解开始的；所谓故宫，指的就是"古老的宫殿"。故宫是由清朝的皇宫——紫禁城改造而成的博物馆，当中的收藏品，绝大多数都是清朝皇帝的所有物。

1925 年，故宫博物院在紫禁城诞生，作为"革命的象征"，它吸引了相当多平民百姓前来参观；然而在 1931 年，随着日本称为柳条湖事件、中国称为九一八事变的满铁爆炸事件发生，以及"满洲国"的建立和日本对东北正式展开的侵略，国民政府决定将故宫的文物移往南方。1933 年，故宫文物先被移送上海，接着又被运往南京。

然而，当中日战争爆发后，随着淞沪战事的日趋激烈，南

最后的大队：　蒋介石与日本军人

矗立于台北故宫博物院的蒋介石铜像（作者拍摄）

京也岌岌可危，因此故宫文物又被运往中国西部，存放在四川省等地。战争结束之后，这些文物又再次集结在南京。

蒋介石希望将这批文物运往台湾。

这可不是简简单单一箱两箱的物件而已。为数大约 3000 箱的文物，自 1948 年末至 1949 年 2 月，历经三趟船运陆续抵达台湾。原本预计是 7 趟，也就是还有大量的文物要运过来，但是由于战况的恶化，搬运工作在中途便中断，无法继续进行下去。故宫的职员们将贵重的文物塞进箱子里，一箱一箱运往台湾；这当中有许多都是汇聚了中华文明精髓的珍品，如今，这些珍品不在北京故宫，而在蒋介石于台北建立的"故宫"当中。

蒋介石在战争最激烈的时候，还拼命动员军舰运送这些文物，其背后其实隐藏着政治的理由——事实上，在中国的历史上，权力的继承者，通常也是文物的继承者，而蒋介石对这一点相当清楚。

和日本"万世一系"的天皇制不同，在中国，权力经常处于新兴势力打倒旧势力从而形成新王朝的反复循环之中。新王朝在安定国政的同时首先要采取的行动之一，就是将散佚的前王朝文物，再次汇集于新王朝的手中。在农民出身的统治者或是少数民族统治者不在少数的中国的权力交替中，权力的正统性乃是透过文物确立，这早已深植于中华民族的基因当中。因此我们可以说，蒋介石对于文物的价值，相当敏感。

蒋介石"最后运到台湾的物品"

就结果而言，这批黄金与故宫文物，对于撤退到台湾的蒋介石贡献很大。

根据国民党以及其他相关的资料显示，蒋介石运送到台湾的金块有 227 万两（1 两约为 37.5 克），以现在的价值来说，约为 2500 亿元，而就当时来说，价值则更高。

蒋介石在日记中提及，撤退到台湾之后的 1952 年，台湾当局曾经因为预算不足，"以 10 万两黄金为担保发行（债券）"（1 月 11 日）。共产党强烈指责蒋的行为是"盗窃中国人民的财产"，但对蒋介石来说，这批黄金是他在台湾东山再起所必需的贵重"军资"。

另外，随着 1961 年的赴美展览，以及 1965 年的台北故宫

最后的大队： 蒋介石与日本军人

落成，搬运到台湾的故宫文物，在"守护中华文化的是国民党以及蒋介石'总统'，中国的正统政权不是中国大陆，而是保有中华文物的台湾"这种政治宣传上，也充分发挥了其利用价值。

从这层意义来看，在军队于东北和华北屡屡惨败于共产党军队、首都南京的陷落眼见不可避免，即将要失去一切的1948 年那种严酷状况下，在整个国民党当中，唯独蒋介石一人看透了未来发展，将黄金与文物强行搬运到台湾。他的战略眼光，确实可以说是其他人所远远不能及的。

台湾政治研究者、东京大学教授松田康博，在接受我访问时就明确指出："蒋介石是个经常在思考'失败之后下一步该怎么走'的政治家。这种能力在撤退到台湾这件事情上，发挥得淋漓尽致。"

不过在我想来，蒋介石从大陆带到台湾去的东西，除了黄金与故宫文物之外，应该还要加上另一样东西，那就是"日本军人"。

日本是亚洲最早进入近代化的国家，同时也是唯一能与欧美列强抗衡作战的国家。尽管日军在第二次世界大战中吃了败仗，但在甲午战争、日俄战争、第一次世界大战中都取得了胜利；对于日军的实力，年轻时曾在日本留学的蒋介石，可以说知之甚详。

若是能把日本军人的优秀作战能力与勤勉态度，以及高度的纪律性，透过某种方式移植到国民党军队之中，在将来"反攻大陆"之际，一定能够打败共产党军队吧？当时的蒋介石，想必曾经如此反复思索过。

在政治上来说，日本曾是国民政府的敌人，而中国人民的心中也有着根深蒂固的反日情结；因此，蒋介石不能明目张胆地采取大规模的动作。但是面对战局的不断恶化，生存才是最优先考虑的事项。为此，在撤退的落脚地台湾，获得日本军人的协助，就成了蒋介石秘策之中的秘策。

致"阁下"的一封信

这封信的开头是这样写的：

> 我国的反共同志，对于阁下确保台湾、长期坚持下去，并且在时机到来之际反攻大陆这件事，全都深信不疑，并且深深祈愿着阁下的成功。

信中被称为"阁下"的收信者是蒋介石，当时 62 岁。

写信的人是冈村宁次，当时 65 岁。他是旧帝国陆军大将，同时也是曾任"支那派遣军总司令"，在中国大陆统率百万日军的男人。

信件上的日期是 1949 年 12 月 31 日。据当时报纸的报道，那一天东京降雪了。

对冈村来说，他已经很久没有像这样子，在祖国静静迎接大晦日①的到来了。当他在为幕臣后代子孙所代代相传的四谷

———————

① 一年的最后一天。

自宅内望着庭院里的积雪时，心中或许也正百感交集地想着，"终于平安回到日本了……"吧？

此时，距离日本向盟军无条件投降已经过了 4 年 4 个月，而距离毛泽东在与国民党蒋介石的内战中胜出并在北京宣布成立中华人民共和国也已经过了 3 个月。

在共产党势如破竹的攻势下，广州于 10 月 14 日陷落，"国民政府"于是转移到重庆，但在 11 月 30 日，重庆也落入共产党之手，于是"国民政府"又逃到成都。紧接着，就在 12 月 7 日，"国民政府"完全退出中国大陆，全面撤退到台湾。

"国民政府"现在手中还掌握的领土，除了台湾之外，只剩下海南岛与舟山群岛。可是在解放军的攻势下，这些地方的陷落，也只是时间问题而已。

就在蒋介石以败者身份撤退到台湾之际，他接到了冈村的这封信。虽然冈村的信是以日语写成，不过对于曾服役于日本陆军、身为"留日组"的蒋介石来说，想必不难阅读才对。

冈村以"我等现下的方策"为主轴，向蒋介石提出了设立伪装商社的方案。

陆军为了进行地下工作而使用商社的名义进行掩护，这样的手法即使在中国战线也是屡见不鲜。提到这点，就会令人想起那家设立在上海、事业范围从鸦片到武器，几乎所有危险物资都包含其中的传说中的商社——"昭和商社"。对情报军官出身的冈村而言，这种用商社为地下组织掩护的手法，或许已经是基本常识了吧！

基于"集结反共团体以及亲蒋分子"、"防止日共的破坏活动"、"日后工作的伪装"等目的，由日本和台湾各出资500万元……冈村在这封信中，详述了有关商社设立的具体计划。

冈村这个设立商社的想法提出之后，蒋介石阵营内部对此进行了相关的讨论，但最终并没有将之付诸执行。

只是，曾在中国大陆展开血腥战斗的中日两军最高负责人，如今却彼此通信交流，同为"反共同志"；冈村这名旧陆军的重量级人物，为了支持蒋介石而行动。透过这封信，这些事实极其鲜明地浮现在我们眼前。

这封信，是我于沉眠于台北档案馆"国史馆"的资料中发现的。

败军之将写给蒋介石的信。冈村为什么会向蒋介石提出这样的计划呢？这时，作为本书主角的白团已经开始在台湾活动，那么冈村的"下一步棋"，又是打算怎样走呢？这个巨大的"历史之谜"，此刻正横亘在我们面前。冈村究竟为什么没被追诉为战犯，而是能够平安待在日本，还写信给蒋介石呢？

要解开这个谜，我们就必须从1949年往回追溯5年，也就是自1945年8月15日日本无条件投降当天开始，追寻蒋介石与冈村宁次两人的行动轨迹。

陆军"中国通"的谱系

中国派遣军总司令官。1945年日本战败的这个时点，冈村是所有在中国大陆的日军当中，级别最高的人物。严格说来，在中日战争刚开始的时候，冈村并没有太深入地牵涉其中；然而，显而易见的是，冈村仍然是执行战争的主要人物之一，而且战争结束时仍然身处中国大陆的日本军人当中，也没有人比冈村更该负起战争的责任了。

冈村的命运，照理说就算不接受审判、被送上绞刑台，应该也会被当成战争犯送进监狱囚禁吧。

追本溯源，冈村乃是所谓中国通军人中的一员。

陆军中国通，指的是日本基于对华侵略的必要性而培养出来的擅长搜集、分析中国情报的一群军人。学会了中文以及中国相关知识后，这些人有的驻扎在第一线，致力于情报搜集以及当地人脉的经营，有的则在日本国内负责中国情势的分析。翻开他们的履历，几乎可以说，他们就是一群将生命奉献给对中业务的专家。

专研旧日本陆军的优秀学者户部良一在他的著作《日本陆军与中国》（讲谈社选书）一书中，对于中国通的实力，有着这样的叙述：

　　若是论起在战前的日本，哪个机构对于中国相关情报有最为广泛、最有组织的搜集，并且在情报的质与量上具有足以傲人的压倒性优势，那么除了日本陆军之外再无他想。就算是主张外交一元化，对于军方涉入对中关系相当反感的外务省，在中国情报搜集方面也不敌陆军。正因在对中情报上有着足以压倒外务省的自信，陆军屡屡展开俗称"二重外交"的外交干涉活动，并积极投入其中。

诚如户部所指出的，自明治时代以来，日本陆军不只在军事作战方面，对于中日关系整体的发展也产生了巨大影响。他们设法接近军阀，并且设法操纵那些与日本权益密切相关的军阀。不只如此，他们也试图用谋略去改变中国政治，暗杀张作霖是如此，九一八事变也是如此。

在这群中国通军人当中，属于重量级人物之一的便是冈村。而这群与冈村同样深入中国问题的军人，在 1945 年之后的结局，事实上都相当悲惨。

与冈村同期从陆军士官学校毕业的土肥原贤二、板垣征四郎两人，在东京大审判中被判死刑，在处刑台上结束了生命。

身为关东军司令官、主导九一八事变的本庄繁，在盟军的逮捕令发布之后，于陆军大学内自杀身亡。

指挥香港攻略战的酒井隆，被中国的战犯法庭判处死刑并处死。

被认为是暗杀张作霖主谋的河本大作被中国共产党逮捕，病死在收容所中。

为什么他们和冈村的命运，会有如此天壤之别的差异呢？读史至此，我的脑海里不假思索地自然浮现了这样的疑问。

此外，派遣白团到台湾，不论就当时日本的法令还是驻日盟军总司令部的占领政策而言，都是严重的违法行为，也是风险极高的举动。

那么，在中国通军人中一向被公认为"常识人"的冈村，又为什么会创设白团并且在接下来的将近 20 年间，持续指挥着相关方面的行动呢？

凡此种种谜团，随着我对冈村经历的深入发掘，不仅没有消解，反而似乎变得越发复杂难解了。

二 "以德报怨"演说与协助国民党

花之 16 期

冈村宁次这名军人，在我看来，是位非常难以捉摸的人物。

他出生在四谷的冈村宅邸，可以说是每天听着附近市之谷的陆军士官学校号角声长大的。在日俄战争爆发的 1904 年，冈村进入陆军士官学校就读。毕业之后，他继续进入陆军大学深造，一步步走上典型的陆军精英之路。

冈村思路敏捷、长于交涉，处理事务的能力相当强。然而，他并不属于那种聪明伶俐的参谋类型；相反，他是个老把"我可是个地地道道的江户人哪"这句话挂在嘴上，三杯黄汤下肚后也会为下属流热泪，有着热血一面的男子汉。

在冈村年轻的时候，曾经有过这样一件逸事。

在日本，有一位名叫山中峰太郎[①]的军人作家。这位山中

---

① 日本军人、新闻记者、冒险小说家、侦探小说家兼翻译家，曾经翻译过爱伦坡、柯南道尔等人的作品。

曾经离开陆军大学只身前往中国，参加孙文为打倒袁世凯而发动、最终以失败告终的"二次革命"。在中日战争期间，他也以《朝日新闻》记者的身份从事战场报道。冈村在陆军大学的时候，和同学山中感情相当好。

当时，有位名叫井户川辰三[①]、活跃于甲午和日俄战争中的军人。就读陆军大学一年级的冈村和山中听闻井户川归国的消息后，便联袂前往井户川的家里拜访，向他恳求说："请收我们为弟子，带我们去中国吧！"

据山中的自传所述，当时他们两人热切地向井户川陈述着想要离开陆军大学和他一起前往中国的心意，然而井户川不但不接受，反而勃然大怒地斥责他们说：

> 我过去曾经放弃陆军大学的学业，独自前往英国留学，但就算如此，我还是没能获得理想的职务。如果你们现在放弃陆军大学学业的话，不仅找不到好的职位容身，而且也绝对无法将自己的能力发挥到极致的！你们现在要做的，就是在学校好好读书，然后前往欧美钻研、累积实力，等到准备充分之后，再来谈有关中国的问题，明白了吗！

遭到当头棒喝的冈村，带着山中狼狈逃出了井户川家；最

----

① 日本军人，甲午战争期间曾随近卫师团出征台湾。之后曾经出使清朝，日俄战争期间受命负责特殊任务，活跃于华北和东北地区。

后，他们两人还是乖乖留在了陆军大学念书。

冈村这一期的陆军士官学校毕业生号称"花之 16 期"，集结了众多优秀的人才，其中永田铁山、小畑敏四郎以及冈村三人最为突出，号称"三羽乌"①。另外，包括前面提到的土肥原贤二、板垣征四郎等，在这期毕业生中，有志于中国者相当多。冈村对中国也保持着关心，当他从陆军大学毕业后，立即被分派到一个对他而言具有重大意义的岗位上；1903～1906 年这 3 年间，他一直担任在陆军士官学校留学的中国学生（清国学生队）的教官。

中国有句俗谚，"一日为师，终身为父"。意思就是，担任老师的人，终其一生都会受到学生的尊敬。冈村当时的学生，日后有很多都成为中国军事和政治舞台上的重要人物；对冈村而言，和这些学生的相遇，其意义远远超出单纯的师徒关系。冈村是 1900 年清国学生队制度设立以来第 4 期到第 6 期的教官；在他当时的学生当中，也包括了诸如阎锡山和孙传芳等未来的重要军人。

在这之后，冈村先是执教参谋本部的外语战史课，接着又被派到山东青岛，在那里，他亲眼看到了辛亥革命后中国的混乱。

"常识人"类型

1919 年（大正八年），升任少佐的冈村被派往陆军省新闻

---

① 意指在某一领域特别优秀的三个人。

班。两年之后，他被派往欧洲出差，和驻欧洲各地的武官会面。在这段欧洲之旅中，他和同期的永田、小畑在德国的巴登－巴登①意气相投，并携手在陆军内创立了小团体"一夕会"。一夕会是以陆军大学毕业的佐官为中心，以打倒垄断军队的萨摩、长州两大藩阀为主旨结成的团体，同时也是引发之后二二六事件的母体。

小畑后来加入了高唱皇道主义的"皇道派"；这一派人员受到德意的极权主义影响，主张建设由军部主导的国家总动员体制以及国防国家。另外，从皇道派当中，又分出了主张透过政府机制、以合法手段增强国力的"统制派"，永田则是这一派的领导。在这样的纷争中，冈村和两派都保持着一定的距离，并没有明确依附哪一方；同时，他似乎也为了化解两派的纷争而不断苦苦思索。

1923 年（大正十二年），冈村被派往参谋本部中国班任职，当时同期的土肥原、板垣等人，都已经在那里工作了。随着中国军阀混战的白热化，日本的对中政策及支持的对象一变再变；在这当中，冈村等人所属的中国班也全身心投入谍报和谋略活动之中，而冈村自己也曾一度担任军阀孙传芳的顾问。

虽然冈村是情报军官出身，但他并不曾像土肥原那样指挥谍报以及破坏活动；事实上，身为司令官的他，还曾经下达禁止杀害百姓的命令，并且严厉地要求部下彻底执行。

---

① 德国西南部的温泉旅游胜地。

最后的大队： 蒋介石与日本军人

设置随军慰安妇的构想，也是出自冈村宁次。这件"秘闻"是在冈村过世后的 1971 年，由冈村夫人揭露的。

根据佐藤和正所著的《将军·提督妻子们的太平洋战争》（光人社，1983 年）一书中冈村夫人的访谈内容，据说当时在上海担任派遣军副参谋长的冈村，因为属下部队不断发生奸淫百姓的行为而苦恼不已，于是他便请求长崎县知事，"送一团慰安妇过来"。

关于冈村身为军人的面貌，前述的户部有着这样的说明：

> 就在大部分中国通军人争相与各地特定的军阀结交，并为了秘密工作而不断奔走的同时，冈村却与军阀保持着一定的距离：在当时的中国通军人当中，他可以说是较为罕见的"常识人"类型。

冈村在中国的成就最为人所知者，乃是 1933 年的塘沽协定。

当时，关东军越过万里长城，兵锋直逼北京。在蒋介石的授意下，何应钦将军提出了停战的提议，最后由时任少将的冈村与熊斌中将正式订立了协定。根据这份协议，中国和"满洲国"之间划分了明确的"国境"线，九一八事变以来的纷扰自此画下一个句号。自此之后，日本为了"满洲国"的"建国"而奔走，国民政府则将全部心力投入对共产党的"围剿"当中。

冈村在 1932 年（昭和七年）成为上海派遣军的副参谋长，翌年又成为关东军的副参谋长。1941 年（昭和十六年），他以陆军大将的身份，被任命为华北派遣军总司令，执掌中国战线重大作战的指挥，经历了好几次大规模战役。1944 年（昭和十九年），他升任为中国派遣军总司令。

这样的冈村和蒋介石，不论在战争前还是战争中，几乎都找不出什么特别的交集，顶多就是知道彼此姓名罢了。于是他们两人就这样，以日本投降时的中国最高领袖以及日本方面派遣军的最高指挥官身份，共同面对战后处理的艰巨难题。

"这是对日本的一大开导啊！"

日本正式向联合国表示接受波茨坦公告是 1945 年 8 月 10 日。那天，日本国内完全没有和身为中国派遣军总司令的冈村进行任何联络。

第二天，也就是 8 月 11 日早上，冈村终于从陆军大臣阿南惟几那里得知了日本同意投降的消息。而正好在同一天，冈村也给阿南发出了电报，表明继续进行战争的决心：

> 皇军 700 万将士以及大陆依然健在，派遣军百万精锐，斗魂亦越发奋起……在下确信，此刻正是不为敌之和平攻势以及国内之消极论所惑断然一搏，即令全军玉碎亦不足惜，朝向战争目的之完成勇猛迈进之际……

冈村对周围的部下表示，在最坏的情况下，他将把陆海兵

最后的大队： 蒋介石与日本军人

力集结于山东省东部，形成半独立的占领区域，等待母国最后
的命运到来。就在此时，天皇同意投降的"玉音放送"内容
传到了冈村这里：那是 8 月 15 日早晨的事。

日本母国同时也发报给冈村，向他传达了阿南大臣已经自
尽身亡的消息。得知这个消息后，冈村对自己的命运想必也已
有所觉悟了吧！只是，身为败军之将的他，还有一件令自己感
觉沉重不堪，非得尽心竭力设法处理的未了之事，那就是：究
竟该如何让分布在中国全境、共计 230 多万人的日军以及一般
日籍人民，顺利回到日本？就在冈村走投无路、被灰暗的思绪
缠绕时，忽然有一个宛若救世主般的人物，以极度冲击的形式
出现在他的眼前——那个人，就是蒋介石。

就在 15 日的"玉音放送"之前，蒋介石在南京①发表了
这样的演说：

> 要知道如果以暴行答复敌人从前的暴行，以侮辱答复
> 他们从前错误的优越感，则冤冤相报，永无终止，决不是
> 我们仁义之师的目的。

这便是著名的蒋介石"以德报怨"演说。事实上，蒋介
石在演说当中，并没有明确说出"以德报怨"四个字；这个
词是后来针对这篇演说，将其中要点精简浓缩而成的。

---

① 应为重庆，南京当时仍在日本扶植的汪伪政权手中。

参谋小笠原清将收听到的蒋介石演说抄成文字稿，送到冈村的面前。

当着小笠原的面，冈村默默地阅读了好一阵子。然后，他喃喃地开口说道："这是对于日本的一大开导啊！"小笠原可以清楚地感受到，冈村在说这句话时，对于蒋介石的度量所表现出的那种强烈感动。

根据冈村的日记所述，16 日的时候，他曾经思考过这样的事情：

　　我一直在思考，关于日中之间的关系，究竟该怎样发展下去才是最好？虽然我还没有一个明确的答案，不过我可以很肯定地说，若是要振兴东亚，此时此刻除了寄望中国的强大与繁荣之外，别无他法。对没落的日本而言，这时候能给予中国协助的，大概就只有技术与经验了吧！至于接收等各方面的事宜，也都应当基于此原则，诚实无伪地移交方为正轨。

值得注意的是，我们从这段日记中可以看出，冈村在这时候，已经提出了"技术与经验（的协助）"这个想法；之后将日本军人的技术与经验传递给"国民政府"的白团，他们的活动与此时冈村的想法，可以说是一脉相承的。

六项投降原则

这是台北的"总统府"。在这栋曾经以日本统治时代的台湾总督府之身君临整个台湾的建筑物正后方，悄悄隐藏着台北档案馆——"国史馆"的分馆。由于本馆位于离市中心稍远的新北市郊外，因此我通常都利用交通比较便利的分馆。只不过，有些尚未数字化的数据仍然保存在本馆内，因此我有的时候还是得跑到本馆去才行。

"国史馆"现在正在将蒋介石、蒋经国、李登辉等历代"总统"留下来的庞大文件数字化。在这些资料当中，被视为情报的宝库而备受期待的是 2010 年公开的《蒋中正"总统"文物》（别名"大溪档案"）。"中正"，是蒋介石的别名。

在 2011～2012 年间，我不断走访这间"国史馆"分馆，从中找寻有关"蒋介石与冈村之间联系"的史料。现在回想起来，我在 2007～2010 年间，明明就以朝日新闻社台北特派员的身份待在台湾，却一次也没踏进"国史馆"过，这还真是件不可思议的事。

我聚精会神，仔细查看《蒋中正"总统"文物》中所留存下来的与冈村有关的文件。当我在数据库中敲入"冈村宁次"4 个关键字时，出现的文件一共有 104 件；本章开头介绍的那封有关设立伪装商社的信，即为这批文件当中的一件。

在文件的一开始，冈村是以"敌人"的身份出现的。在中日战争期间，冈村曾经发动数次大规模作战，让蒋介石以及中国军队相当头痛；尽管如此，蒋介石却几乎不曾提及冈村的名字，或者更精确地说，冈村根本还没有资格进入蒋介石的视野。

冈村的名字突然在档案中增加，是 1945 年 8 月日本投降之后的事。

作为中国派遣军的最高指挥官，蒋介石开始对冈村宁次的动向投以强烈的关注目光。8 月 15 日，也就是日本投降的当天，蒋介石对冈村发出了名为"六项投降原则"的指示：

一、日本政府已宣布无条件投降。

二、该指挥官（冈村宁次）应即通令所属日军停止一切军事行动，并派代表至玉山①接受中国陆军总司令何应钦将军之命令。

三、军事行动停止后，日军可暂保有其武装及装备，保持其现有态势，并维持其所在地之秩序及交通，听候中国陆军总司令何应钦将军之命令。

四、所有之飞机及船舰应停留现在地点，但长江内之舰船，应集中于宜昌、沙市。

五、不得破坏任何设备及物资。

六、以上各项命令之执行，该指挥官所属官员均应负责个人之责任，并迅速答复为要！

---

① 指江西玉山机场。

最后的大队： 蒋介石与日本军人

当时，蒋介石心中念兹在兹的，是与共产党之间即将到来的最终决战。

从这个时候起，蒋介石就已经开始深思，要透过吸收日军的装备、弹药以及人才，使自己在不久的将来与愈来愈不可小觑的共产党作战时，能够立于不败之地。

"始终带着笑颜，充满令人感动的温柔敦厚"

冈村全面地接受了蒋介石的指示，并保证会协助国民党。他从蒋介石那里接下了"中国战区徒手官兵善后联络部长官"的任命，担负起让日本200万军民回归本土的任务。

"徒手官兵"，意指手上没有武器的士兵；之所以不将他们视作"俘虏"，是为了保留日方的面子。

国民党对冈村的关照，在1945年9月9日上午9时于南京中央军校大礼堂举行的日军投降仪式中，表现得淋漓尽致。顺带一提，之所以选这个时间，是因为"九"在中国被认为是一个吉祥的数字。

蒋介石指派中国战区中国陆军总司令何应钦为中国方面的受降代表。何应钦也是毕业于日本陆军士官学校，和冈村是旧识。就在投降仪式举行的前两天，何应钦走访了冈村的宿舍，传达了可以让冈村佩带军刀受降的意思；国民政府之所以会做出如此许诺，或许也与冈村在8月18日的时候发表了"对华处理要纲"，通知各地日军接受国民政府解除其武装、全力协助国民政府对武器弹药的接收，并且抵抗共产党接收的举动有关吧。

　　被派来与留在南京的冈村联络的人员，都是国民党军队中的知日派。其中有记录可寻的军官，包括了钮先铭少将[①]、陈昭凯上校、王武上校等人。这些人大部分都是日本陆军士官学校毕业生，不仅精通日语，而且对日本的情况十分熟悉。若是要与冈村等负责战后处理的旧中国派遣军干部心意相通，没有比他们更合适的了。

　　在这些人当中，也包括了一位名叫曹士澄的陆军军官。曹士澄后来成了白团在台湾方面的联络人，特别是在白团设立前后的这一段时间中，可以清楚看见他积极活跃的身影。如此看来，国民党应该是在这个阶段就已经和冈村搭上了线，并且埋下了"利用日本军人进行反共作战"这一策略的种子吧！

　　位于南京的中国派遣军总司令部于 1945 年 11 月受命迁移到附近的旧日本大使馆中，并在年底之前全部搬迁完毕。就在这项迁移行动展开一个多月之后的 1945 年 12 月 23 日早上，冈村突然接到通知说，蒋介石希望与他见一面。虽然这并不是冈村第一次和蒋介石见面，但是两人面对面的对谈还是头一遭。

　　根据这一天冈村的日记所述，两人之间的对话内容是这样的：

　　蒋：身体可好？若有任何不便之处，请不用客气，尽

----

　　① 中国军人、文学家，知名战略学家钮先钟的兄长，曾历经南京大屠杀脱险，二战后一度任职于驻日军事代表团。

量告诉我以及何总司令。

冈：感谢您的好意，我对目前的生活感到相当满足。

蒋：接收工作持续顺利地进行，这样的状况，实在值得我们双方同感欣慰不已。若是留在这里的日本民众有任何不便之处，也请尽管告诉我们。

冈：虽然目前还没有这方面的问题，不过若是真有遇到不便之处，蒙您厚爱，我会尽量告知的。

蒋：我认为，中日两国应当基于孙文先生的遗志，建立相互提携的坚固关系，这是相当紧要的。

冈：我也深有同感。

这次会谈大约不到 15 分钟便结束了。若是扣除掉中日双方通译的时间，以上这些对话的内容，大概就已经包含了两人之间的所有谈话了吧！

虽然就字面上来看，这段对话只是彻头彻尾的礼貌性对谈，但我感觉，此时的蒋介石与冈村，其实并没有继续深谈的必要。关于蒋介石，冈村留下了"始终带着笑颜，充满令人感动的温柔敦厚"这样的记载。不过对蒋介石来说，冈村仍然是旧日本军的最高指挥者，因此要和他建立更加亲密的联系，并且试着拜托他一些事情，或许还是有点困难吧。

在这场会谈之前，冈村和蒋介石之间并没有直接的交集，不过早在 1939 年（昭和十四年），冈村在日记当中就已经为了日本太过轻视蒋介石身为敌手的实力，而感到懊恼不已。那时候，他是这样写的："对于蒋介石这号人物的实力，我们的认知明显产生了错误。"这是冈村对于中国通军人一直以来轻视蒋介石的倾向，所做出的反省。不过，当时他应该做梦也想不到，自己居然会在 6 年后以败者的身份，和胜利者蒋介石见面吧！

在实际上仍然保持战犯身份的同时，冈村对蒋介石和国民党毫无保留地支持与协助的态度，则是始终如一。根据冈村的日记所述，1946 年 5 月 13 日，他写成了一篇名为"自敌阵观察所见的中国军队"的文章，并由作战主任参谋宫崎等人加以校订和补正。

我从还是少佐的时候，便频繁前来中国，对于中国军队的内情可以说相当通晓。另外，在与中国军队不绝如缕的交战当中，我对中国军队的缺点也有着相当清楚的理解；因此，虽然是并不常见的请求，但请容我为了中国军队的改善，以毫无顾忌的方式，提出我的批判。

这里所说的"中国军队"，指的是国民政府军。在这篇文章中，冈村总结了自己对于国民政府军的见解。5 天之后，冈村前往拜访何应钦，将两份《自敌阵观察所见的中国军队》交给了对方。据冈村自己的记载，他一共做了 3 份同样的报告，剩下一份由自己保管，但过了不久，他便将之烧掉了。据说曾经看过这份报告的人，除了蒋介石、何应钦外，就只有另一个身份不详的人而已。

> 由于和我方经常接触的中方参谋全都是日本陆军士官
> 学校出身的亲日家，我们两方这时候的交流显得相当亲
> 密，而他们也不时会将一些内部的情报泄露出来。

这是冈村在 1946 年 5 月 21 日的日记上所写下的话。

免于战犯追诉

表面上看来，冈村似乎安安稳稳地过着日子，但事实上，他的心里却总是笼罩在追究战犯的阴影之中。

在日本陆军当中，冈村并没有牵扯诸如决定开战之类的重大事项。只是，自从中日战争爆发之后，他由师团长、军司令官、方面军司令官，一直到最后成为总司令官，一直都身处中国战场的最前线，因此他自己也有所觉悟，心想"恐怕难以免于极刑了"。

一开始就将冈村指定为战犯的是共产党。共产党对于自始至终一边倒协助国民党的冈村相当愤怒，甚至可以说到了憎恶的地步。

位于延安的共产党总部发表了两万名日本战犯的名单，其中冈村名列榜首。榜上的第二号人物，则是华北方面军司令官多田骏。确实，多田曾是位居东北以及华北日军中枢地位的人物，可是在中日战争爆发后，他便因为主张不扩大对中战线而被解职了。因此，就跟冈村名列首席战犯一样，从日本人的角

度来看，共产党将多田列为第二号战犯这件事，似乎有点不妥。

1946 年 6 月到 7 月这段时间，国民政府内部一直在就"是否应当逮捕冈村，将其作为国际法庭战犯送回日本"这个问题进行讨论。

在会议上，何应钦强烈主张冈村无罪；另外，在询问是否逮捕冈村的行政文件上，蒋介石最终批示了"否"，同时加注了这样的意见：

> 等冈村的任务（作者注：指日人遣返等任务）结束之后，将之逮捕也无妨。只是，这件事必须待厘清国际法庭要求的相关手续之后再开始进行。

若要简单说明这时国民政府的态度，那就是一方面对外表现出要彻底追究冈村身为战犯所负责任的强硬姿态，另一方面却又以"冈村尚有遣返等任务必须完成"为由，不断拖延对他的追诉，同时伺机而动，等待着将他无罪释放的良机。

1946 年 9 月 27 日，国民党的机关报《中央日报》刊登了这样一则报道：

> （政府）何时将拘禁冈村宁次？（记者提问）
> 冈村虽然是日本战犯，但自日本投降以来，他尚有维持南京治安、协助政府接收，以及（善后业务）联络负

责人等相关工作未完成；对于何时将他以战犯身份拘禁并加以审理一事，战犯处理委员会正在慎重考虑研究中。

1946 年 11 月，GHQ 透过中华民国驻日代表部，要求国民政府让冈村以证人身份回到日本，为正在进行的东京大审判做证。①

据《蒋中正"总统"文物》显示，当时外交部已经倾向于同意将冈村引渡回日本，但此方案在最后阶段却遭到了蒋介石的推翻：

> 目前有关日本军民的善后事务尚未完全终了，（若是引渡冈村），恐将徒增任务的困难程度。

蒋介石以遣返任务为挡箭牌，拒绝了 GHQ 引渡冈村的要求。若是冈村回到日本的话，不只是做证，被当作战犯追诉的可能性恐怕也相当高；尽管如此，蒋介石还是决定庇护冈村。

三　如果冈村被判处死刑的话……

为了日本军民遣返任务的顺利推动……

在国民政府全面动员军舰、民间船只以及铁路等运输工具

---

① 东京大审判的时间为 1946 年 5 月至 1948 年 11 月。

的情况下，日本军民的遣返任务，远比想象中更加顺利；当初原本预计整个任务大概需要 3 ~ 4 年，但实际上从战争结束开始仅仅用了 10 个月，到 1946 年夏天便几近大功告成。和被苏联拘禁在西伯利亚的日本人的凄惨状况相比，可以说有着天壤之别。

与此同时，国民政府国防部也安排手续将包括小林浅三郎总参谋长等旧中国派遣军总司令部的大部分核心成员，透过上海遣返日本。

另外，以冈村为首，包括宫崎舜一中佐、小笠原清少佐，以及通译和军医等在内的 14 人仍然留在中国。这些残留人员借用了旧日本大使馆后方一间民宅的二楼，作为他们的住处兼工作场所。

这个残留下来的团队以南京联络班的身份，担负起为各地战犯安排法庭辩护、推动尚未归国者的遣返等相关工作。

只是，也有人清楚察觉到，"为了日本军民遣返任务顺利推动"这个借口，根本不足以作为国民政府不逮捕冈村的理由。因此，在国民政府内部，主张逮捕冈村的声音一直没有停歇。

根据台湾"国史馆"的资料显示，国民政府军队中的实力派——国防部长白崇禧，曾于 1947 年 6 月，向蒋介石提出了一份名为"关于冈村宁次的处理方案"的文件：

冈村是侵略中国的魁首，同时也是被指定为战犯的人物，若是依法对他进行处置，对于国内舆论也可以产生宣传效果。我们可以用对他判处有罪，再以特赦加以减刑的方式，一方面表现守法的态度，同时也展现出中国式的宽大政策，可谓一举两得。

（《蒋中正"总统"文物》）

只是，蒋介石并没有接受白崇禧的提案，冈村担任长官的"中国战区徒手官兵善后联络部"的解散也一路延到了年底。

面对共产党日益激增的以冈村为主题的宣传攻势，焦头烂额的国民党宣传部门想出了一条计策。

1943 年 8 月 17 日，亲国民政府的新闻媒体共同刊登了一则以"毛泽东的卖国行为"为题的报道。这篇报道指出，冈村宁次在山西省和毛泽东联手，一同展开对国民政府军的作战。

虽然这篇纯属捏造的报道后来被撤回，但从这次国民政府策划的反宣传战中可以看出，围绕冈村问题，国共两党之间虚虚实实的宣传工作战越发激烈了。

时间迈入 1947 年，随着遣返任务告一段落，冈村所在的联络班也解散了，一直伴随在他身边的小笠原清等人，也都陆续返回了日本。就在这时，冈村因为罹患肺炎，身体状况严重恶化；获此消息，汤恩伯、曹士澄、陈凯昭等国民政府军人陆续前往探病，这令冈村相当感激。这些人自然都是曾在日本留学的军官。

同时，国民政府对于冈村的处置，也已经到了无法再继续拖延下去的地步。于是，同年秋天，冈村被关进了战犯监狱；不过，据说他在监狱里的待遇，却是非常之好。

得知东京大审判的结果

1947 年 11 月 25 日，东京大审判的最终判决结果，传到了监禁中的冈村耳中。

当天，冈村在日记中这样写道：

> 我得知了土肥原、板垣等人被处死刑的消息。在我青年时代的同期毕业生中，和我一样憧憬大陆、携手一路走来的同志盟友共有 4 人，其中的土肥原、板垣被处死刑，矶谷和我则被囚禁在大陆的战犯监狱里，实在令人感慨万千。今天我和矶谷对坐，谈了谈自己的命运观。

日记中提到的"矶谷"，指的是矶谷廉介①。矶谷在 1947 年 7 月 22 日，被南京军事法庭判处终身监禁并遣返日本，此后在巢鸭监狱一直服刑到 1952 年。

在这之后，冈村因为身体状况恶化，从南京被移送上海，在上海的某处民宅里接受治疗。至于他的疗养场所，则极度保密。在这段时间，国民党的知日派军人依旧持续拜访冈村，听取他对于反共作战的建议。

---

① 日本陆军将领，"中国通"的一员，曾在台儿庄被国民政府军击败。

举例来说，汤恩伯将军于 1947 年 12 月 7 日以"听取有关长江下游地区防备意见"为由，将冈村邀请到自己的宅邸。当天，冈村在日记中写道："我以壮年时期研究过的关于长江下游地区军事地理的知识为基础，陈述了我自己关于'长江该如何防备北敌入侵'的看法。"

不久，国民党与共产党间的内战天平，开始逐渐向对国民党不利的一面倾斜。国民政府内部要求与共产党展开和平谈判，并迫使身为反共强硬派的领袖蒋介石总统下野的声浪日趋高涨，而共产党方面也将"蒋介石下野"作为展开和平谈判的首要条件。

就在新年伊始的 1949 年 1 月 21 日，北京被攻陷；在严酷局面的逼迫下，蒋介石终于表明了辞职下台之意。他表示，将任命副总统李宗仁为代理总统，并且将之后的事情全权委任给代总统。

冈村在日记中提及李宗仁时，是这么写的："后者（李）对我，并不像前者（蒋介石）那般抱持着好意；然而，纵使我遭逢多舛的命运，那只怕也是无可奈何之事吧！"

正如冈村感觉到的那样，随着内战局势的恶化，以及国民政府内部的权力结构变动，他自己的命运也已经到了危险的悬崖边缘。

冈村救援计划

国民政府中受蒋介石影响的知日派团体，在与时间赛跑的紧迫情势下，发动了"救援冈村"的计划。

现在有一份当时留下的盖着"极机密"印鉴的国民政府陆军便笺。

标题是"处理冈村宁次政策之意见"。

这是 1948 年 11 月 28 日，在国民政府国防部召开有关该如何处置冈村的会议时，曹士澄提出的意见书。

"我国最后尚未处理的战犯，就只剩下冈村宁次一人；然而，值此战云密布、共产党渐居上风之际，关于冈村的审理，我想陈述以下意见……"以这句话为开场白，曹士澄陆续分析了共产党之所以企图以战犯处置冈村的理由：

中国共产党不断散布"冈村以我军顾问身份指挥徐蚌会战"的流言，其目的包括以下三点：

1. 在日军投降的时候，冈村服从中央（作者注：指国民党阵营）命令，对抗共党。

2. 进行所谓"国民政府利用战犯"的政治宣传。

3. 升高人民对于国民政府的不满。

最后，曹士澄提议判处冈村无罪。

在这场会议中，除了代表国防部的曹士澄外，司法部、外交部、行政院军法局等单位，也都派出代表与会。

在会议上，认为应判冈村有罪，特别是处死刑或是无期徒刑方为妥当的意见，占了绝大多数。可是，这时曹士澄再次起身，强硬地主张冈村无罪：

最后的大队： 蒋介石与日本军人

冈村宁次在中国的作战指挥，都是遵循着日本大本营的命令而行。在此期间，他不仅不曾下达虐杀的命令，而且曾经严令禁止滥杀无辜。冈村并没有直接参与杀害中国人民，也没有人这样告发过他。不只如此，冈村在战后积极遵从中央政府的命令，不将武器转交给中共，在终战处理方面也颇有功劳，不是吗？

"在政治上，也有应当判处冈村无罪的理由。"曹士澄接着又继续陈述：

众所周知，冈村一向坚守反共立场，若是将他处以死刑，正好称了中共的意。相反，将他释放回日本，则是相当有利的决定；冈村必定会感于这份恩义，在日本继续坚持反共的立场，并且很有可能在将来的反共战争中，成为支持中国的一股力量。

"经过这番陈述之后，出席者的意见便全部转变为支持冈村无罪"，在曹士澄的报告里，如此描述了当天的会议景象。

产生如此戏剧性变化的决定性因素，恐怕就在"政治化"这一部分吧！毫无疑问，不论哪位与会者应该都能清楚察觉到，在这当中隐含着蒋介石以及国防部的意向。在处于战时状态的政府之中，假使有人胆敢做出"政治不正确"的判断，那么这个人的地位也就岌岌可危了。

会议曾经一度中断，接着再由担任战犯处理委员会主任委员的何应钦将军重新召开。在会上，曹士澄重申了自己的主张；在得到会场众人的赞同之后，何应钦宣布讨论结束，并指示曹士澄撰写正式的报告书。曹士澄当天就完成了这份报告，并将之呈给蒋介石裁决。

石美瑜审判长

在上海战犯法庭负责审理冈村的，是一位名为石美瑜的法官。

石美瑜，1908 年出生于福建，在司法考试中，他以第一名的成绩合格，因此得到了"福建才子"的称号。从年轻时代开始，他就以优秀的司法人才之姿，备受众人瞩目。在日军占领上海的时候，他脱离了法庭转入地下；在战争结束之后，他对那些被指认协助日军的中国人，也就是所谓的"汉奸"，进行了彻底而严格的审判。他因此声名鹊起，旋即被拔擢为上海战犯法庭的审判长。

以日本军的残虐行为为中心，石美瑜对酒井隆、谷寿夫、向井敏明、野田毅①等人，陆续下达了包括死刑在内的严厉判决。因此，当石美瑜被任命为冈村一案的审判长时，当时的中国社会舆论普遍都认为他一定会做出相当严厉的判决。

然而，审判的结果却早已决定了。

---

①　谷寿夫，进攻南京的第 6 师团司令官；向井敏明、野田毅，号称在南京举行"百人斩"杀人比赛的日本军官。这三人皆为在南京大屠杀中，被指认犯下战争罪行的战犯。

最后的大队： 蒋介石与日本军人

对冈村的最终审判于 1949 年 1 月 26 日接近中午时分开始。为冈村辩护的共有三名中国律师。在法庭上，检方具体要求对冈村处以死刑。

石：被告对于检察官的主张，有任何要提出的异议之处吗？

冈：辩护人请求庭上同意发言。

石：辩护人请发言。

钱龙生辩护人：辩论已经终结，我认为冈村宁次应获判无罪。

石：被告有什么想说的吗？

冈：对于本法庭的判决，我毫无异议地接受。对于因日本兵犯下的罪行而造成的众多中国国民物质以及精神上的损害，我在此深深地致上歉意。另外，对于因我的健康问题而导致的审判延迟，以及其他诸多困扰之处，也请容我在此一并致歉。

接下来是中午休庭，判决将在午后做出。这时，石美瑜将陆超、林健鹏、叶在增、张身坤 4 位法官叫到审判长室，取出了已经盖上国防部长徐永昌大印，写着"无罪"两字的判决书。

我必须坦白告知各位，这起案件已经由高层决定了。

我对此无能为力，大家现在就在这份判决书上签字吧。

室内的空气一下子凝结了。石美瑜接着又继续说道：

我很清楚大家的心情，因此也无法勉强各位。只是，在隔壁房间里，国防部派来的军法官已经在那边待命了。就算我们不署名，他们也会立刻接手整起案件，结果还是一样的——唯一不同的就只是，接下来我们会被全体带到警备司令部的地下室去而已。

石美瑜讲到这里，所有的法官都默默地拿出笔，在判决书上签下了自己的名字。

这不是"天之声"，而是……

再次开庭之后，石美瑜在法庭上宣布了最后的判决结果：

宣读主文。被告冈村宁次，无罪。

场内一片哗然，巨大的嘈杂声淹没了整个法庭。

被告虽然在民国三十三年十一月二十六日就任中国派遣军司令官，但是包括长沙、徐州会战中日军的暴行，酒井隆在香港的暴行，以及松井石根、谷寿夫在南京大屠杀中的暴行等，皆发生于被告就任之前，与被告并无关系。

另外，被告在日本投降时遵从中央的命令，引导了百万日军放下武器投降。尽管被告在任期间，各地日军仍有些许暴行发生，但既然应负责任者都已受到处罚，那么显然被告并不需要被认定有连带关系。基于以上几点，我们认为被告并无违反战争法以及国际公法之处，故此应获判无罪。

就这样，作为战犯被起诉的冈村，极端异常地获得了无罪判决。

大感意外的欧美各通讯社纷纷拍出紧急电报，法庭内一片骚乱，愤怒的旁听群众争相对审判长发出质问的声音。如前所述，正在和国民党进行内战的中国共产党已经将冈村列为在中国的"头号战犯"。听闻这个消息，他们更是愤怒不已，不只发表了责难的声明，还要求重审。中国内外的舆论，也是清一色的反对声。

尽管大家都认定，就算冈村在日本接受战犯审判，获判死刑的概率也不高，但是作为中日战争结束时日军在中国的最高负责人，他被问罪的可能性还是极高的。可是，这件事却被一手翻盘了，而造成这个结果的，并不是"天之声"，而是"蒋之声"。

至今在中国仍超有名的冈村

在主张冈村有罪的共产党掌握政权的中国，冈村至今仍然算是所谓的"超有名"人物。

不仅中国的历史教科书上记载着冈村的名字，就连我试着询问五六位认识的中国朋友，"你们知道冈村宁次这个人吗？"结果不分年龄，几乎所有被我问到的人都知道这个人。

2002 年的时候，《朝日新闻》和中国社会科学院曾经共同举办过一项民意调查，调查的内容是询问中国民众，"一提到日本人，你最先想到的会是谁？"结果冈村名列第 10 名。

调查结果的第一名是小泉纯一郎，第二名是田中角荣；在旧日本军人当中，冈村的知名度仅次于东条英机（第 4 名）和山本五十六（第 5 名）。另外，2006 年中国的报纸《环球时报》刊载了一篇名为"对近代中国最有影响力的 50 位外国人"的报道；在这份名单中，冈村是入榜的 6 位日本人当中唯一的军人。报道以"指挥侵略战争，带给中国人民巨大的灾难"，严词抨击冈村的罪行。

冈村在中国大陆的知名度，远远高于他在母国日本的知名度，而对冈村的评价，在中日两国也可以说是完全的两极化。

与之相对，协助蒋介石建立白团的冈村，在台湾却几乎没有什么人听过他的名字。历史，有时候真的相当讽刺。

平安无事踏上日本的土地

获判无罪之后，冈村便等待着国民政府安排的归国船只到来。1949 年 1 月 30 日，提前一天潜入船内的冈村，从贴满"别让日本战犯逃掉"小海报的上海动身起航。他所搭乘的船只，是一艘名为"威克斯号"的美国军舰。这是一艘建造于 1944 年，以某位海军出身的美国议员的名字命名的驱逐舰。

船上除了冈村之外，另外还搭载了 260 名战犯。

"威克斯号"于 1949 年 2 月 4 日抵达横滨港。港口高高悬挂着日章旗①；据前来此地、隶属于 GHQ G2（参谋第二处）②的利米中校向冈村表示，"这是我的上司为了将军的到来而特地悬挂的"。

主持有末机关的有末精三，在他的著作《政治、军事与人事》（芙蓉书房，1982 年）中，有过这样一段关于冈村的记述：

> 当时我奉副参谋长威洛比少将之命，前来询问冈村将军"是否有什么想要的东西"。冈村将军看着我，率直地表示："为了将南下的共产党军队阻挡在扬子江一线，希望美军能够派遣两个师到华中地区。"翌日，我向威洛比将军传达了冈村将军的意思，不过威将军表示了拒绝之意："不管他想听到什么样的答案，总之这件事就到此为止了。"威将军要我如此转告冈村将军，同时带一箱美军将官的营养口粮以及少量盘尼西林过去。于是我尽快赶到了若松町第一国立医院，将这些东西放在将军的枕边。

据有末说，冈村听到这个消息之后，在病床上痛苦地长叹

---

① 即日之丸旗，日本的标准国旗。
② 在盟军司令部底下，主管情报、保安、新闻控制的部门。

道："难道就没有拯救蒋介石军队的方法了吗？"

让人相当感兴趣的是有末与冈村间的交集点。有末是陆军士官学校出身的陆军参谋，同时也是战后仍旧活跃于幕后的旧陆军相关人员之一。有末先是担任"涉外委员会委员长"，负责和 GHQ 之间的联系，接着又在 G2 的威洛比少将庇护下，组织了俗称"有末机关"的秘密组织。后来他又以干部身份加入了之后创办的"河边机关"，负责调查旧日本军人以及日本共产党的动向。

为什么 GHQ 会对冈村如此格外地照顾呢？这理由直到现在仍然难以断定。只是，从旧陆军的情报军官在日后曾经一度参与冈村策划的白团组织这点来考量，我们或许可以认定，"GHQ－旧陆军参谋－冈村－蒋介石"之间的反共连线，在这阶段已经隐约发展成型了。

回国之后的冈村因为健康恶化，住进了位于牛込的国立东京第一医院，并且为了白团的成立，和先一步归国的小笠原清等人展开了相关工作。也就是在这间医院的病床上，冈村写下了本章开头的那封信，并将其传达给了蒋介石。

第三章

隐藏在白团幕后的推手

小笠原清

曹士澄

一　曹士澄档案

就算是幕后推手，也有值得自豪之处

在历史上，有这样一群人：他们明明参与了推动时代巨轮的伟大工作，却被湮没在历史深处的阴影之中，被人们遗忘。或许，这可以说是每个人的幸与不幸，各自不同吧？只是，当事人不希望跃上表面舞台的情况，其实也不在少数。这样的人生哲学，大概是他们在工作中体悟出来的吧！这些人，我们称他们为"黑子"①，或者"幕后推手"。

曹士澄与小笠原清。这两位分属中国台湾与日本的军人，在扮演白团诞生中决定性角色的同时，也彻底坚守了身为幕后推手的立场，并以这样的身份终其一生。毫无疑问，正因为有他们这样默默在幕后支撑的人物存在，像白团这样的秘密计划才得以实现，并且在此后20年间持续推动与运行。

曹士澄这个人，在军队中的最高职级仅止于区区少将而已，严格说起来也不算有多飞黄腾达；然而，若是论起在白团诞生过程中功绩最大的人物，中国台湾和日本两地白团的研究者，一定都会提及曹士澄的名字。明明有这么大的功绩，却只以少将终其一生，有点让人难以理解。不过，这或许正是最符

---

①　日本传统戏剧演出中，穿着黑衣，负责舞台布景更换、道具提供等任务的幕后人员。

合幕后推手身份的待遇吧！

然而，就算是幕后推手，必定也有着"若是没有我，这件事就无法成功"的自豪心境存在吧！曹士澄也是如此。怀抱这样的想法，他在 1980 年代末期，突然拜访了国民党内公认的知日派——陈鹏仁。

拥有东京大学博士学位的陈鹏仁，曾任国民党党史委员会主任等职务，也曾在"台北驻日经济文化代表处"任职。

退休之后，陈鹏仁一度在台湾的文化大学担任教授，现在则居住在台北市内，专心写作。迄今为止，他已经在台湾和大陆发行了上百部作品，是广为人知的近代史专家。

2012 年春天，我在陈鹏仁位于西门町闹市区的办公室里见到了他。在一阵初次见面的寒暄之后，陈鹏仁从书桌的抽屉里，拿出了一册档案。

在档案的封面上，写着"偷渡赴台舍命报恩之无名英雄——日本将校团白团"这样的标题。作者是曹士澄；以下提及这份资料时，我希望能统一以"曹士澄档案"来称呼它。

交到我手中的档案

某天，曹士澄突然出现在我的办公室，将这份文件托付给我；当时他对我说，"希望能够将白团的历史流传到后世"。

在这之前，尽管身为台湾著名的知日派历史研究者，对于曹士澄的事迹也或多或少有所耳闻，但陈鹏仁并不认识曹士澄本人。

不过，一听到曹士澄的名字，陈鹏仁的记忆便立刻恢复了。当他在驻日代表处任职时，任务结束回到日本的白团成员会和代表处的干部定期聚会；在那时，他总会从那些成员口中，屡屡听到曹士澄的名字。

整本曹士澄档案，共由 17 个章节以及 5 份附带文件组成。

自第一章"舍命偷渡赴台报恩的无名英雄"开始，直到最后的第十七章，曹士澄以亲笔书写的方式，将白团的全貌、白团成立的背景、白团活动的实际状况，以及种种插曲逸事等，全都详细地记录在这份档案之中。

随着阅读的深入，我仿佛可以清楚感受到曹士澄在每字每句之间所传达出来的深刻执念。

在第十四章"白团的文献与团史"里，曹士澄这样写道：

> 白团的组成、来华的来龙去脉以及工作的状况由于全属机密，因此不曾记载在任何公开文件中。只是，所有团员甘冒生命危险前来台湾报恩的事实，令人不禁为之动容，而他们所留下的不朽成果，除了丰硕之外也再无其他可以形容。然而，直至今日，关于这方面的事情仍旧没有翔实的官方记录，就这样任凭这件重要的史事，以及相关人员的贡献就此埋没不彰，实为憾事。这几年来，虽然在

中日两国有不少人留下了相关记述，但大多是片片断断的部分资料，并没有针对白团的整体来龙去脉进行书写与记录……

无论如何，我都不容许自己一手建立的白团，被埋没在历史的荒烟蔓草当中！

大概正是出于这样的想法，曹士澄才写下了这份报告，并将它托付给陈鹏仁吧。

在这之后，陈鹏仁曾经从档案中撷取部分有关白团的资料加以使用，但是关于整份档案的完整内容，他从未对外公开。

就算对我而言，白团也是个包含了太多秘密的研究课题。特别是我并没有日本方面的资料，因此对于是否要如此轻易地将它公之于世，我感到相当犹豫。因此，我希望身为日本人的你，一定要把这件事情好好写下来。

陈鹏仁这样说完之后，便将档案交到了我手中。

曹士澄档案，是由创立白团的关键人物亲笔书写、毫无疑问的第一手珍贵史料。在本书中，它是和蒋介石日记以及《蒋中正"总统"文物》并列的重要参考资料。

曹士澄的儿子，前石川岛播磨重工副社长

曹士澄已于 1997 年亡故，因此我只能从他的家人那里，试着了解他这个人。我和曹士澄的长子曹道义会面，是在我与

保存曹士澄档案多年的陈鹏仁教授（作者拍摄）

陈鹏仁见面 3 个月后，也就是 2012 年初夏的事。

我听说曹士澄的所有家人都居住在日本，于是想尽办法打听，终于找到了曹道义在东京都港区的住址，可是却没有那边的电话号码。不得已，我只好在没有事先知会的情况下，直接登门拜访。当我按下门铃之后，对讲机那头传来一位女性（应该是曹先生妻子）的声音，向我询问我的身份。"请问这

最后的大队： 蒋介石与日本军人

里是曹道义先生的宅邸吗？突然造访真是不好意思……"我刚这样开口，对方马上给了我当头一棒："门牌上面不是写得清清楚楚的吗？您到底是哪位啊？"听到这句话，我不由得当场面红耳赤。

幸好，当我表明自己是为了取材而前来之后，对方便相当爽快地让我进去；紧接着，我便从曹道义那里，得知了更多有关他的父亲曹士澄的事情。

曹道义的童年时代，是在中国四川省的重庆度过的。当时，国民政府因为中日战争的关系迁都重庆，因此国民党军人的家人也都移居四川；之后，当父亲曹士澄于 1949 年前往日本赴任之后，曹家便举家定居日本。

曹道义在庆应大学工学部毕业之后，进入了石川岛播磨重工①任职。他在锅炉等动力设备的领域累积了众多实绩，最后成为公司的副社长，并于数年前退休。虽然曹先生身上散发着技术专家那种沉默寡言的特质，但他基本上是一位有问必答、有求必应的人物。

> 我父亲曹士澄是上海人，母亲则是湖南人②。我小的
> 时候，因为国民政府在抗日战争中搬迁重庆的关系，所以

---

① 成立于幕末，为日本最具代表性的重工业厂商之一，制造领域横跨了军用、民用船舶，太空火箭，炼钢高炉等众多领域。2007 年公司名称改为缩写的"IHI公司"。
② 曹士澄的妻子贺夫人是湘军将领贺耀祖的女儿。

是在重庆长大的。正因如此，我说的是四川话，直到现在我读中文书的时候，都还是用四川话的发音在朗读。

曹道义的日语和土生土长的日本人几乎没有任何差别，从这里可以隐约窥见"战争使人成长"这句话不容否定的一面。确实，随着动乱造成的流离失所，一蹶不振的人自是所在多有；然而，在这动乱之中，也同样会孕育出具有丰富经验以及语言才能的人物。

在曹道义从壁橱里搬出的资料箱中，满满装载着曹士澄的遗物。在这些遗物当中，我发现了一份深埋在最底下的文件。那份文件是以竖排中文写成，上面全都是密密麻麻的手写字，总共有大概 20 张稿纸左右。

在文件的开头，写着"我的自传"四个字。看到这份文件，就连曹道义也露出不敢置信的眼神说："居然有这样的东西……我在整理父亲遗物的时候，完全没有注意到它的存在。"

阅读这份"我的自传"后，曹士澄的一生仿佛浮现在我眼前。那是一位活在动荡的近代中的人物所留下的关于自己生命的记录。

从上海前往日本留学

曹士澄出生在上海一个富裕的家庭里。当他从专供富家子弟就读的英文商业书院毕业之后，原本打定主意要前往英国伯明翰大学，学习有关土木方面的知识。然而就在这时，他的父亲突然过世了，于是在母亲的强烈恳求下，他决定改变目标，前往距离中国较近的国家留学。

正好就在这时候，他听说有好几位同学为了前往日本留学接受了政府的测试，于是他也去试着应考，结果一试便过关了。就这样，他在意想不到的情况下从原本的第一志愿，转而踏上了军人这条路。

曹家在上海拥有相当多不动产。据说在曹士澄的父亲死后，他的母亲曾经对包括他在内的三个儿子说："你们就算不工作也没关系，母亲会一辈子养你们的。"不过，曹士澄的哥哥当了医生，弟弟则进了银行。后来，共产党解放上海时，曹家的资产被没收，家人也都到了台湾。但是他们即使身在台湾，也不曾为了工作问题而烦恼，兄弟们全都精神抖擞、毫不懈怠，努力为自己的人生而奋斗。

1931 年，从日本陆军士官学校毕业的曹士澄回到了中国。当时正好是蒋介石北伐打倒军阀、完成统一中国大业，并且开始建构中国第一支"国家军队"的时期。曹士澄先是来到位于南京的兵科学校，教导年轻军人战术理论；接着当上海事变（一·二八事变）爆发的时候，他也投身前线；随后又被派往甘肃以及东北地区担任参谋。

直到战争结束前夕，一通陆军人事命令，改变了曹士澄的命运。

1945 年，曹士澄调至陆军总司令部，在同样曾留日的何应钦将军手下担任高级参谋，不久之后又被任命为陆军总司令

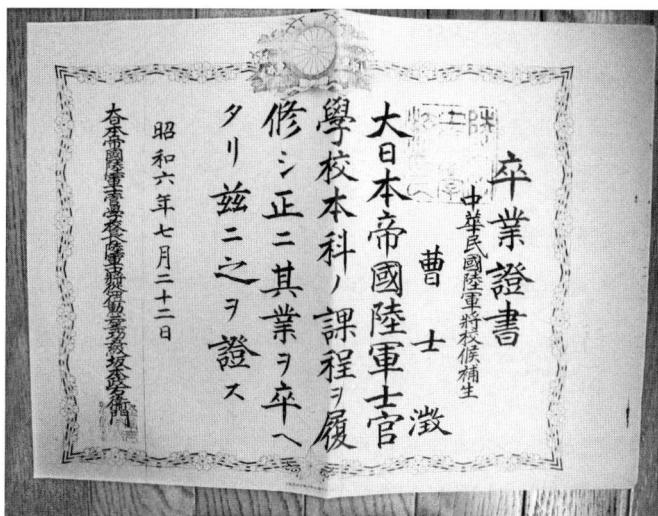

曹士澄的陆军士官学校毕业证书

部第二处处长，负责 8 月 15 日日本投降仪式后日本人遣返业务、战犯事务等大大小小有关中日战争事后处理的一切事宜。

就在这个时期，诚如第二章中所述，他与冈村宁次、小笠原清等在日本方面促成白团成立的关键人士之间，进行了相当深入的交流。

我在仅仅 10 个月的短暂时间内，将 235 万日本军民全部成功送回日本，不只蒋"总统"，连美国的罗斯福总统①也颁授勋章给我……

———————————

① 曹士澄的记忆应有误。罗斯福总统已于 1945 年 4 月逝世，当时的美国总统应为哈里·杜鲁门。

最后的大队：蒋介石与日本军人

虽然曹士澄在"我的自传"里，是以一种轻描淡写的笔触来描写自己的一生，但当他写到有关遣返日本军民的业务时，仍然可以透过字里行间，清楚感受到他那种掩饰不住的自豪。

"地下任务"

当日本军民的遣返任务告一段落后，曹士澄便于 1949 年 4 月前往日本赴任。他的身份是中华民国驻日代表团第一处处长——第一处是属于驻外武官的部门。然而，曹士澄被派遣到日本时，除了表面的职务以外，他还被赋予了另一项不为人知的"地下任务"。

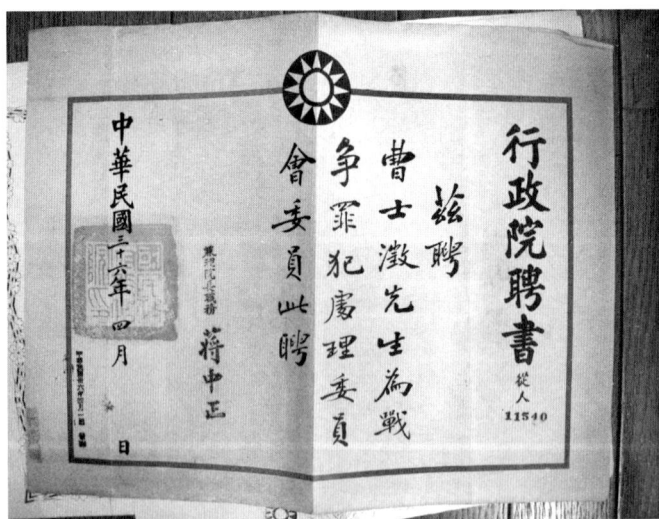

曹士澄的任命书

当时，国民党正值危急存亡之秋。在蒋介石被迫下野之后，代总统李宗仁便主导着与共产党的和平谈判；然而，在大势已定的情况下，胜利在望的共产党彻底看穿了国民党的弱点，因此和平谈判可以说是寸步难行。虽然蒋介石已经以国民党总裁的身份，将据点转到台湾，但当时在台湾，仅有以10000名学生兵为核心，再加上一部分转移过来的海空军所构成的兵力。仅凭这点战力想要阻挡共产党的攻势，根本不够。

在曹士澄档案里，他本人有着这样的记述：

我被派遣到日本的主要任务，是透过和日本军及各界进行联络、找寻日本隐藏的武器等各式各样的方法，试着发现协助我国政府的良机。当时，日本的浪人们（比如横山雄伟），正打着"招募义勇军拯救中国"的名号，四处非法诈取金钱，情势可以说一片混乱。就在这种紊乱的状况下，我开始拟定集结日本正规军人组成"国际反共联盟军"，对共产党发动反攻的计划，随后并演变成在日本组织军事顾问团，前往台湾助战的计划。

文中所提及的"横山雄伟"，据说是一位来自福冈县的玄洋社①社员。在太平洋战争期间，他以国粹主义活动家的身

---

① 由头山满等人所成立的右翼组织，主张联合亚洲、对抗列强的"大亚洲主义"。著名的地下组织"黑龙会"，即为玄洋社下辖的海外工作部门。

份，和日本政界以及谍报机关都有着某种程度的联系。曹士澄前往日本的时候，正是有关台湾义勇军的金钱丑闻最为甚嚣尘上、引起日本社会一片哗然的时期。

尽管关于台湾义勇军的传闻几乎都是子虚乌有的报道，但正所谓"无风不起浪"，曹士澄在这个时期，确实正在为了"借东风"而四处奔走。

提议筹组"东亚国际反共产党的军队"

1949 年 5 月 30 日，曹士澄向蒋介石发出了一封重要的电报。电报指出，他和在上海被战犯法庭判处无罪后回到日本、目前正在养病中的冈村宁次，经过多次密商之后，提出了"组建东亚国际反共产党的军队"的构想。

我在台湾的"国史馆"里，找到了这封电报。在电报文件中，曹士澄针对当时的国际局势，做出了这样的分析：

麦克阿瑟将军和美国国策之间的矛盾已然表面化：将军希望能够确保远东，并在此展开反共活动。我国刚好可以利用这一点，发动反共同盟、组织国际联军，在亚洲展开长期抗战，并且获得最后的胜利。除此之外，东京是东亚各国代表机构云集的场所，在麦克阿瑟的反共精神号召下，联合各国共同合作也较为容易，这也是相当有利的地方。

接着，他又提出了"实施此一方案的要点"：

一、组织战时政府，建立军事第一的体制。

二、外交方针以发动东亚反共大同盟为主，以东京为据点。

三、建立东亚国际反共产党的军队。第一步首先建立东亚反共情报组织，设总部于东京，并设分部于马尼拉以及新加坡。同时在台湾或菲律宾，组建联合参谋团。

在这个时点，比起军事顾问团，白团显然更接近"义勇军"的地位。光是阅读这份文件，我就可以清楚感受到，曹士澄的视野早就超越了一般的参谋或是情报军官，已经上升到了包含国际情势在内的国家战略层面。

对于曹士澄的这份报告，蒋介石似乎也相当心动。

当时蒋介石虽然已经不是总统，但仍然掌握着军队的主导权。眼见共产党的军队锐不可当、国民党军的败势日趋明显，各地败北的消息几乎是每天送到面前，蒋介石的焦灼也日益加深。于是，他从台湾飞往菲律宾、韩国，呼吁组成东亚反共大联合，并期待各国能够组成反共义勇军出兵援助。然而，实际的结果和目标却有一大段距离。

不仅如此，一向作为国民党后盾的美国，此时的态度也有了180度的转变；事实上，他们已经决定舍弃蒋介石了。原本罗斯福总统所描绘的战后世界秩序蓝图，是由美英苏再加上蒋介石领导的中国四国所构成，但在罗斯福过世后，继任的杜鲁门政府对于蒋介石与国民党的执政能力转趋质疑，同时也开始重新检讨，是否有必要协防国民党撤退的最后据点台湾。1949年8月，美国政府发表了厚达1514页的报告书《中国白皮书》；事实上，这份白皮书就是以清算美国与蒋介石以及国民政府之间的关系，并推断内战将以共产党获胜告终为前提写成的。

蒋介石的许可命令

就在这种面临内忧外患、深陷焦虑与绝望的情况下，蒋介石在1949年夏天连续两次召唤从日本回到台湾的曹士澄，和他就这个问题进行认真的讨论。当时在蒋介石的心里，大概是想着"美国已经不可倚靠了，剩下的就只有日本了"吧！

蒋介石在日记里这样记载此次会面：

> 从曹士澄那里听取了他的日本调查报告。有关日军人才运用的具体方法相当不错，只是资金花费或许稍嫌高昂了点。报告的内容非常详细。
>
> （1949年7月13日）

蒋介石当天便下令曹士澄从台北直飞国防部主力所在的广州，和国防部第二厅的侯腾厅长会面，对相关计划进行更进一步的检讨。

7月22日，曹士澄向蒋介石报告了他与侯腾商谈的结果。

他们两人的结论是："此一计划的目的与方针都相当正确，然而日本目前仍处于美国的控制之下，如果公然组织军队，恐怕会加深我方与美国之间的矛盾。故此，当下是否可先考虑募集优秀的日本军人，组织顾问团？"

对于这份报告，蒋介石在反复思考之后，于 7 月 30 日对曹士澄发出了许可命令。

在台湾的"国史馆"里，可以看见一份当时由蒋介石发布、名为"基于利用日本军官之指示，所拟定之计划纲领案"的文件。

开头的"一、纲领"这样写道：

为中国陆军之改善以及东亚反共联合军之组建，兹招募优秀之日本军官，在教育、训练，制度设计方面提供协助，并应情势需要，命其参加反共作战。

在接下来的"二、组织"里，则提出了如下计划：由中方和日方共同组建幕僚团，日方派遣 25 人，国军亦选出 25 人，日本军人以国军顾问的身份配属其中。

在"三、经费"里，详细列明了日本军人的薪俸。

每一名日本军人出发的时候，当下先支付 200 美元（约相当于日币 8 万元）的报酬；若是 25 人份的话，预计就要 5000 美元的费用。接下来给予每名日本军人的生活费以及和家人的联络费，则是每个月 115 美元；在这方面的支出，25 人份就要每月支付 2875 美元，可以说是破格的高额待遇。

最后的大队： 蒋介石与日本军人

为了与共产党的最终决战

蒋介石在 7 月 31 日日记的"本月的重要日程"事项里，写着这样的内容：

三、日军技术人员运用方法及准备人选

张岳军　朱逸民①　汤恩伯　郑介民

四、日技术人员收容地点（舟山金门平潭玉环）

"张岳军"是蒋介石心腹中的心腹、日本陆军高田连队时代的同学张群，岳军是他的字。汤恩伯是当冈村被拘留在南京时，与冈村交情甚笃的留日派将军。郑介民是谍报机关"军事统计局（通称军统）"出身的军人。

从日记里将日本军人称呼为"技术人员"这一点来看，曹士澄在派遣日本军人之际，理当是用了"技术人员"这样的名目，来瞒骗 GHQ 以及各国的耳目吧。

另外，被指定为日本军人登陆地点的四个点："舟山、金门、平潭、玉环"，全都是和共产党进行最终决战的最前线据点。"舟山"指的是舟山群岛，"金门"是面对厦门的金门岛，"平潭"是位于福建省福州对面的一座岛屿，"玉环"则位于浙江省台州半岛上。

---

① 朱逸民是国民党元老、蒋介石密友兼支持者张静江的第二任妻子，与宋家三姐妹以及蒋的第二任夫人陈洁如也都有相当交情。

从这里可以清楚理解到的一点便是，这时候蒋介石对日本军人的使用，主要还是停留在"让他们站在与共产党战斗的第一线、以'帮手'的身份为国民政府军提供建议，以求在背水一战中击退共产党"这层意义上。

光是循着这样的轨迹，就足以发现这时的曹士澄有多么活跃。来回奔走于东京、台湾、大陆之间的曹士澄，即将迎来他军人生涯的最高峰。

二　围绕着《蚂蚁雄兵》的种种

人选的条件

接获蒋介石的许可命令之后，日本方面立刻开始挑选适当人选。

关于挑选的目标对象，蒋介石给了曹士澄如下几个条件作为标准：

一、陆军士官学校或陆军大学毕业

二、具备实战经验

三、具备端正的人格

四、具有坚强的反共意志

蒋介石之所以特别提出"陆军士官学校、陆大"这项条件，大概是因为他自己一心向往着日本陆军士官学校，却在即

最后的大队： 蒋介石与日本军人

将达成目标之际因为辛亥革命爆发而无法如愿以偿，因此怀抱着遗憾的缘故吧！负责联系派往台湾人选的日方成员，据曹士澄档案所述，共有以下四人：

冈村宁次

澄田睐四郎

十川次郎

小笠原清

姑且不提冈村和小笠原，在这里我想针对十川以及澄田稍微做点说明。

十川是山口县出身的陆军军人，沿着陆军士官学校、陆大的精英路线一路走来，脚踏实地一步步爬到了中将的位置。最后以中国派遣军第六方面军司令官的身份，结束了自己的军人生涯。他和冈村以及小笠原的关联点，至今仍然不明。

另外，澄田的名字居然也名列其中——当我看到他的名字出现在这里时，不禁大感惊讶。之所以如此，是因为澄田身为将众多日本兵抛弃在中国、见死不救的"背叛者"，至今仍然是一部分前日军所憎恶的对象。

《蚂蚁雄兵》

就在我对白团的取材工作日渐深入之际，我弄到了一张电影的 DVD 碟片。

那是一部名为《蚂蚁雄兵》的纪录片。由于我猜想这部影片或许会和白团有关联，所以便试着将它买了下来。结果一看之下发现，岂止有关系，根本就是和白团问题互为表里；为此，我不得不关注它所描述的主题，也就是残留在山西省的旧日本兵问题。

《蚂蚁雄兵》的内容，是描述在山西省过着拘禁生活的旧日本军人为求获得军人退休金，向国家提出申诉的经历。电影推出之后，获得了相当高的评价。

由于我和导演池谷薰先生之前就因别的采访而熟识，因此不费吹灰之力，我便和他取得了联系。随后不久，在朝日新闻总社附近的筑地市场里，池谷先生一边吃着寿司，一边用两个小时的时间，将关于《蚂蚁雄兵》的背景故事告诉了我。

一言以蔽之，在日本投降之后，在原本应该尽快从中国返回日本的旧日本兵中却有一群人留在山西省，在国共内战的最前线不断进行着殊死的战斗。这可以说是极端异常的现象。在这群旧日本兵当中，共有550人战死，活下来的700人则成为中共的俘虏，直到1955年为止，都一直处于被拘禁的状态。

根据池谷先生的说法，对于这些旧日本兵在战后的行动，日本并不承认他们是在"执行军事任务"；根据旧厚生省定调的解释，"他们是自己不愿归国，加入国民党军作战的"。"然而，事实是，前线的士兵们并没有选择权，只是遵循长官的命令才留下来的。"和众多前山西兵持续有交流的池谷先生这样说道。

最后的大队： 蒋介石与日本军人

以"留用"为名提供士兵

以各种各样的方式聘用战后仍留在中国的日本人，这样的行为一般统称为"留用"。在历经长期战乱、社会机能全面瘫痪、教育荒废的中国，日本人——不只是旧军人，也包括一般老百姓——所拥有的知识和技术，都是中国人想要获得的东西。而为了积蓄力量、应付预计不久之后将爆发的内战，当时二分天下的国民党和共产党，也纷纷积极地伸出手，试图拉拢日本人，将他们"留用"下来。

长年统治山西省、在国民党内有"山西王"别称的阎锡山，在日本投降之后，便想方设法，希望能将日军留为己用。拜山西丰富的煤铁等天然矿物资源所赐，阎锡山高唱"山西门罗主义"，自成一股独立势力。就算在国民党内，他也是军阀色彩相当浓烈的人物。

阎锡山曾有在日本陆军士官学校（6期）留学的经历，同时也是陆军士官学校设立中华民国留学生班时担任教官的冈村宁次的学生。

阎锡山进行留用交涉的对象，同时也是最终决定全面协助阎锡山的人，正是澄田睐四郎。顺带一提，前日银总裁澄田智①，乃是这位澄田睐四郎的长子。

澄田留有一本名为《我的足迹》的自传。这本自传对于

---

① 日银（日本中央银行）第25任总裁，任内受美国压力让日元大幅升值，结果导致了严重的泡沫经济。

山西兵留用有着较为详细的记载，其中也清楚提及阎锡山为了利用日本兵对抗共产党，向他提出请求的事情：

（阎锡山说），"技术人员当然不用提，我知道军人也有家庭的问题需要面对，但是我真的希望能够尽可能留下更多的人，和我一起为了重建中国同心协力；唯独这一点，请原谅我的任性请求，我代广大的同胞在此诚恳呼吁。"除此之外，他也强烈请求我，希望我能用上述的方针来指导部下。

面对阎锡山的请求，澄田表示，自己当时是这样回答的："不管多么言之有理，关于是否留下的问题，就本质上而言，都应该彻底交由个人的意志来决定，哪怕多少有一点上司施加的压力都不行；不管再怎样强烈的信念，都不应当扭曲这一点。"就这样，他拒绝了阎锡山的要求。

然而，在澄田的部下中，希望留在山西与共产党战斗者始终络绎不绝，于是以元泉馨少将、今村方策大佐、岩田清一大佐等人为中心的军官们，开始设法劝诱士兵留下。据澄田说，"一开始的时候，已经失去指挥权的我，还尽可能地凭一己之力，设法限制这样的行动，但到最后，我也无法抗拒这股时势"。结果，最后一共有几千名日本人志愿留在了山西省。

读到这里，我忽然觉得很不对劲。

当时，真的有这么多无视前线司令官的意志、愿意留在远离故乡的中国作战的人吗？虽然说日本已经战败了，但前线的军人应该还没有那种退伍并脱离指挥系统的意识存在。因此，若是澄田真有下达归国命令的话，他们理应不会抗命不遵才对啊！关于这一点，池谷先生也和我抱持同样的意见。

丢下部下与战友独自返国

在这之后，澄田便以战犯嫌疑人之身逗留在山西一地，阎锡山给了他一栋过去德国人居住的豪华宅邸，还给他配了司机，下围棋、钓鱼、打麻将，该有的娱乐一样不缺。当南京政府要求将分散收容在各地的战犯移送上海时，阎锡山编造了一个弥天大谎：他对政府说"澄田罹患中风生命垂危，不堪长距离移送"，继续将澄田留在自己身边。在这场阎锡山自己也是赌上性命的与共产党军队的战争中，澄田的协助是绝对必要的。

不久之后，随着战况的日趋恶化，阎锡山再度向澄田提出请求，希望他能直接指挥留用日本兵作战。澄田有点犹豫，于是拒绝了阎锡山的要求，但阎锡山不死心，再度提出请求："既然如此，那就请您以总顾问的身份，在作战指导方面辅佐我们吧！"这一次，澄田答应了。于是，他便挂起了"上将总顾问"的头衔正式出山。

在此之后，澄田不断辅佐阎锡山的部下急速进行阵地的改变强化等紧要任务。据说，他几乎是"连日连夜一直待在战区司令部内专属的一个房间里，为作战指导尽一份犬马之劳"。

1948 年底，澄田接获上海的冈村等战犯被移送东京的情报，感到万分焦虑。于是，他向阎锡山表示："如果一直无法洗清战犯的罪嫌，就这样在灰色地带终其一生的话，那比什么都更让人难以忍受。"事实上，他这样说是在试探，看看自己是否有无罪归国的可能。

阎锡山在翌年 1 月做出了回应："我会担起全部责任，一定让你获得不起诉处分。"换言之，他同意了澄田的归国请求。

于是，就在几千名部下仍在和共产党决斗之际，大喜过望的澄田一边说着"蒙您厚爱，真是感谢之至"，一边跑去找同在山西经营企业、暗杀张作霖的首谋河本大作，和他商量归国的事宜。河本自从因为暗杀张作霖之事被逐出军队之后，便在军方的斡旋之下，在山西省经营起了一家煤矿公司。

然而，河本却说，"太原仍有日本人在，因此我没办法独自返国"，拒绝了澄田的邀请。最后，澄田便独自一人搭上了在太原着陆的美军运输机，回到了日本。

不久之后太原陷落，今村方策自尽，岩田清一与河本大作则以战犯身份被囚死在共产党的监狱中。失陷在太原的留用日本兵，也都被中国当成战犯加以拘禁，其中时间最长者甚至长达 20 年之久。不只如此，这些人之后还因为澄田在日本做证说"部下们都是自愿留下的"，连领取退休金的资格都求而不得……

由于再针对澄田在山西日本兵留用问题中的诸多疑点讨论下去的话，将会偏离本书主旨，因此只能就此打住。然而，对于澄田这人的人格，我仍然忍不住想要打上一个大大的问号。

其他的反共联合阵线

除了冈村－蒋介石与何应钦组成的南京－上海联合阵线，以及澄田－阎锡山合组的山西联合阵线以外，另外还有其他在战争结束前后的"大混乱时期"里被归为所谓"战后处理"的一环——由日本以及国民党共同携手展开的反共联合阵线存在。

2011 年发行的汤浅博《消失在历史之中的参谋吉田茂的军事顾问辰巳荣一》（产经新闻社）中，就提及前陆军参谋、驻英武官，战后与白洲次郎①并列为吉田茂的左右手，地下组织"辰巳机关"的指挥者，在警察预备队②的组成上也扮演了决定性角色的辰巳荣一，也曾经接受过国民党的请求，执行反共任务。

根据该书所述，1945 年 12 月底，正在日本第六方面军第三师团安排战争结束后官兵归国事宜的辰巳，突然接到了汤恩伯将军的会面邀请。汤恩伯是日本陆军士官学校留学派的一员，其部队也是蒋介石的嫡系，同时他也以日本军人的庇护者而闻名。包括冈村宁次的无罪判决、根本博对金门岛的支持活动（参照第四章）等，都与他有着密切的关系。

在与辰巳的会面过程中，陆军参谋土居明夫一直随侍在汤

---

① 日本著名官僚、实业家，活跃于美军占领下的日本，致力于战后经济的复兴。
② 即日本自卫队的前身。

恩伯的身边。土居曾经担任过关东军情报部的部长，是对苏联情报战的专家。战争结束之后，土居便被汤恩伯"留用"在身边；1946 年 1 月 2 日，这 3 人曾一起共进晚餐。

尽管辰巳的日记中对于相关事项并未多做详细叙述，但保存在美国国家档案馆有关辰巳的中央情报局（CIA）档案显示，辰巳在这个时期确实接受了国民党国防部的请求，着手协助他们建构对苏联的谍报网。据 CIA 档案，辰巳之所以接受这个请托，是为了换取第三师团早日从上海回到日本。

当时辰巳的长官，如第六军司令十川次郎以及师团长等人，都被拘留在战犯收容所中。但辰巳却在土居的安排下，获得了"上海东区露营司令官"的头衔，从而免于被拘留。

之后，土居留在上海担任国民政府国防部的顾问，回到日本的辰巳则负责和曾参与对苏谍报工作的旧陆军干部接触。据说辰巳在积极寻求与对苏情报专家接触的同时，也暗中派遣了密码解读专家大久保俊次郎潜入苏联。随着负责联络的国民政府驻日代表部陷于资金困境、无法继续投入资金，辰巳与国民政府之间的接触便于 1947 年秋天告一段落。

辰巳与国民党的关系，基本上类似于冈村和澄田。

让我们将话题转回到白团上。澄田在《我的足迹》中，对于自己协助白团的经过，有着这样一段记载：

> 我从太原出发的时候，曾经受到阎将军的嘱托，希望我在归国之后，也能继续给中国提供援助；之后，当我在

偶然的情况下前往探视当时正在国立第一医院住院治疗的冈村宁次时，我们两人很快便达成了一个共识，即为了协助国民政府军的教育，必须物色优秀的旧日本陆海军军官，并将他们送往台湾。

根据澄田的说法，这项物色人选的行动，是由以冈村为中心的几个人带头，"像战前的共产党活动一样，完全以地下潜伏的方式进行"。他们辗转各地，以朋友住所之类的地方为秘密据点，或是召唤锁定的陆海军军官前来，或是亲自登门造访，透过不断的密谈，试着劝诱他们前往中国台湾。

三 关键人物：小笠原清

存活于世的见证者——泷山和的证词

2012年冬天，我在位于田园调布高级住宅区一隅的某间咖啡店里，和前陆军少佐泷山和见面。泷山的记忆力之好，完全无法让人想象他已是96岁高龄的老翁。甚至连事件发生的日期，他都能记得清清楚楚。泷山是我所见到的第二位至今仍存活于世的白团成员。

泷山是隶属陆军的战斗机驾驶员。1939年（昭和十四年）的诺门罕事件中，他参加了和苏联之间的空战，是位出战超过百回仍能安然归来、经验老到的飞行员。

提起诺门罕事件时，泷山是这样讲的：

到最后，我们在苏联压倒性的物力面前，几乎是无计可施。老实说，一想到我居然从那场战争中幸存下来，我就忍不住松了一口气。

不只是陆战，就连日本一开始占有优势的空战，也在苏联陆续投入新锐战斗机与优秀飞行员，以及不断增援物资弹药的情况下逐渐被逆转。被迫节约弹药的航空队在不得已的情况下，只能与敌机近身缠斗；泷山的许多同僚就在这种情况下遭到敌机狙击，最后坠落。

战争结束的时候，泷山仍在高松的航空部队。身为参谋，他只能一边按捺着心里的愤愤不平，一边把物资和燃料交给美军。等到眼睁睁看着一万名队员解散之后，他便于 1946 年从收拾残局的任务中解放了出来。

那是个军人再就业相当困难的时代，泷山费尽力气，好不容易才在日本桥的药局找到了一份可以糊口的工作。就在这时候，小笠原清出现在他面前，那是 1950 年（昭和二十五年）秋天的事。

若是这男人的话，他肯定真的会这么做……

小笠原的表情充满了魄力，一看就是一副下定决心、不达目标绝不罢休的样子。泷山虽然不认识小笠原，但要就此把对方赶回去，又觉得自己似乎做不到，于是最后两人还是一起走进了药局附近的一家咖啡店。

"前往台湾，就先预付 20 万元。"小笠原开出的条件，对当时每个月收入不过 7000 元的泷山来说，实在极具诱惑力。然而，这也代表着这笔钱其实是笔搞不好得拿命来换的危险报酬。同时，对于有过诺门罕和中国东北的经历，事实上已经相当讨厌军队的泷山来说，要他再一次回归军人生活，实在是件很让人犹豫的事。再说，他也不想过离乡背井、远离妻子的生活。

于是泷山这样问小笠原：

> 在外国生活实在太辛苦了；若是我拒绝的话，会怎么样呢？

只见小笠原表情不变地说道：

> 现在朝鲜正在爆发战争，你应该知道有不少前军人为了清除地雷而被派到那边去吧？要是你拒绝的话，我们就借麦克阿瑟的手，把你派到那边去；反正总归都是去外国，去台湾总是比较好吧？

若是用常识思考，这样的事再怎么想都不可能。但是，若是这男人的话，他肯定真的会这么做——小笠原就是给人这样一种感觉。

> 请给我一个月的时间准备，毕竟我这边也还有客人要

处理；不管怎样，总得把工作确实移交给接手的人，才能前往台湾吧！

不只是小笠原，对于白团的实际领导者冈村宁次，泷山也一点都不熟悉。虽然他也是毕业于陆军士官学校，不过据他所言，因为自己毕业之后就一直在航空领域工作，所以"我和那一群（陆军）参谋，完全没有什么特殊的交集"。不仅如此，对于那些把日本卷入中日战争泥淖里的陆军参谋，泷山其实是颇为反感的。诺门罕的痛苦经历，让泷山心里不时笼罩着一种"反参谋"的情绪。

明知如此，对方却还是选中了自己；关于这一点，就连泷山自己也觉得相当不可思议。就在他动身前往台湾之前，他前往四谷宅邸，拜会了身为"保证人"的冈村；但冈村只说了"我想把责任托付给像你这样的年轻人，请你务必要协助蒋介石"，至于其他更详细的事情，则一概未提。

兄弟阋墙

1951 年的春天，泷山来到了台湾。他刚踏上台湾的土地，立刻就被请到了"国防部"举办的欢迎会上。在那里，一名军官走近泷山，这样对他说：

聘请泷山先生前来台湾，是我方主动提出的请求。泷山先生您曾经发表过一段"兄弟阋墙"的演说，这件事传到了蒋介石"总统"的耳中，于是"总统"便指示我们，一定要请您到台湾来。

听对方这样一说，泷山顿时想起了这件事。那是他在南满鞍山机场担任第 104 战队飞行队长时候的事。当时，包括汉族以及满族在内，附近所有城镇的干部们，全都聚集在某个温泉地召开大宴会。

就在那里，泷山发表了一段气势激昂的演说：

> 虽然我们此刻正与蒋介石的国民党作战，然而，这只不过是兄弟之间的阋墙罢了；我们真正的敌人，理应是苏联和美国才对呀！

这场演说透过口耳相传，不知何时传到了国民党阵营内。

泷山所提出的"兄弟阋墙论"，在中日战争期间，屡屡被日本和中国两地的中国通以及日本通提起。

蒋介石在 1945 年日本无条件投降之际，发表了著名的"以德报怨"演说。虽然"以德报怨"这一概念，在这之后也成为白团活动的基本理念，不过当时蒋介石在演说中所强调的则是"只认日本黩武的军阀为敌，不以日本的人民为敌"这样一种日中携手合作论。

既然"日中本为兄弟"，那么战争结束之后，仗义相助也是理所当然，而相助的其中一种形式，正是白团——泷山的演说，大概正合蒋介石这套逻辑的胃口吧！

"我们永远无法得知，什么样的契机会改变自己的一生，总要直到事后，才会为之感慨万千。"回首过去，泷山如此说道。在那之后的 10 年间，泷山一直致力于台湾空军的强化。

"简单说，我就是什么都做的勤务兵一枚。"

就如同泷山的案例一般，担任日本方面推手的小笠原，他的招募行动在 1949 年秋天白团成立之后，仍然在持续地进行。

"就算多一个人也好，请尽量将优秀的日本军人送到我们这里来吧！"台湾方面传来的请求，在众人听来简直就像是悲鸣一样。在中国大陆已被共产党夺走、台湾海峡也不知何时会被汹涌的人民解放军淹没的情况下，借着日本军人的帮助，让国民党军队重新站起来，这项计划就像一根细线，维系着蒋介石脆弱的希望。

小笠原在 1992 年（平成四年）应"白团记录保存会"的请求写下一篇文章，描述了有关自己在担任白团幕后推手时的情形：

> 话说回来，我，萧立元，虽然身份是（冈村宁次的）侍从长，但实际上我还是冈村将军的秘书、联络员、调查员……简单说，我就是什么都做的勤务兵一枚。这份工作一开始最让我印象深刻的，就是前面稍微有提及过，遭到 GHQ 传唤的事……

即使身在日本，小笠原还是使用了"萧立元"这个分配给他的中文名。

在某种意义上，小笠原可以说是白团中最令人感兴趣的人物。在白团当中，冈村宁次是象征性的存在，富田直亮是第一线的负责人，他们各自都有属于自己的明确"定位"；然而，在这舞台上，小笠原并没有扮演过什么突出的角色，不管是教育也好，调查也好，他都不是那种主动参与的类型。可是，就是这样一个人，却给人一种"掌握着白团存在的最关键之钥"的难以磨灭的强烈印象。

虽然我在向白团成员及其家人取材之际，总是会试着询问他们对于小笠原的印象，不过得到的却都是如下此类话语：

"总之，就是一个很会照顾人的人吧？"

"从台湾把钱跟家书都带到家里来的人。"

"不只给我们提供有关未来出路的咨询，还帮我们打探工作机会。"

"擅长不动产投资，对于好的投资对象，常会从旁提出不错的建言。"

透过这些话语，我们的眼前清清楚楚浮现出一位身为"推手"并竭尽全力扮演好这个角色的人物轮廓。

"一直到最后我都不太明白，他到底是靠什么为生的？"

小笠原的住宅位于东京高田马场，和早稻田大学校区相邻的一个角落。现在，那里已经改建成一栋中型公寓；小笠原的妻子——绚，就住在公寓的一隅。

他们两人是在 1950 年（昭和二十五年）战争画下句号之后结婚的。战争期间，小笠原以"不知何时会死在战场上"为由，一直不愿结婚。不过到了战后，虽然他和绚的年龄有差距，但经过相亲之后，两人的感情便逐渐稳定升温。

让绚感到相当奇怪的，是小笠原所从事的职业：

> 我记得当初结婚的时候，他跟我说他是在从事著述业；尽管如此，对于他究竟是靠什么为生，我还是感到相当好奇。就算结了婚之后，当我问起这个问题时，他也还是都用敷衍的方式一笔带过。自卫队那边似乎也好几次邀请他去任职，但他始终都没有明确地点头答应。

小笠原出生于九州岛的小仓，父亲和他一样，也是一名军人。小笠原家一共有 7 位同父异母的兄弟姊妹，小笠原清是其中的长子。据绚所说，他对于底下的弟弟妹妹，全都一视同仁地认真照顾呵护，甚至还为所有家人盖了一栋合居的房子。

关于自己在战争中所经历的种种，小笠原清几乎是绝口不提，家里也完全没有摆放任何战时的照片或勋章。在绚的回忆里，他从不曾炫耀过自己身为军人的丰功伟业。

小笠原和绚结婚的 1950 年，正是白团渡台活动达到最巅峰的时期。关于这一点，小笠原是这样和绚解释的："因为我在战争爆发前做过一些安排军人从中国返回日本的工作。"绚也记得，两人结婚之后，小笠原经常隔三岔五往四谷的冈村家跑，这种状况持续了好一阵子。在这之后，他留在家里书写文件或是整理资料的时间便与日俱增。

绚似乎是位带点大小姐气质、对什么事情都能泰然处之的女性，对于小笠原的秘密主义，她不仅没有感到任何不悦，甚至没有提出过任何疑问。

> 只是，一直到最后我都不太明白，他到底是靠什么为生的？不过总而言之，他是个相当聪明的人，不管我问什么，他都能够用最简单明了的方式说清楚。虽然我知道他是在冈村先生底下帮忙管理前往台湾的人的薪水，但是他自己的薪水究竟是从哪里来的，他对我则是一概不提；当时，我只觉得就算不追问也没什么大不了的，结果一直到最后，我还是不知道他到底是靠什么为生的……

将近 20 年的默默耕耘

那时候，小笠原想必正为了白团的事情而四处忙碌吧！

小笠原的任务中最为重要的，就是担任和台湾"驻日大使馆"[日台正式"邦交"一直维持到 1972 年（昭和四十七年）]之间的联系渠道。

给予白团成员的薪俸，除了在台湾当地支付的薪资以外，另外还有一部分是透过东京的"大使馆"以现金的形式交付给小笠原。小笠原一年会分成几次将这些安家费和从台湾以

"外交"邮件形式寄回日本的家书，亲自分送到各个成员的家中。仔细想想，白团各成员留在日本的家人，北起东北、南到九州岛都有，因此，小笠原想必是经常奔波在全国各地吧！

此后的 20 年间，小笠原一直默默从事着这样的工作。

在这走访全国的过程中，小笠原会针对各家庭的状况旁敲侧击，一旦发生问题，便会立刻通知她们在台湾的丈夫。另外，他也会给白团成员的子女们提供有关升学或者就业方面的咨询；在白团成员的子女中，将小笠原当成父亲一样仰慕的人也不少。

另外，他也担任着向冈村定期报告状况并将冈村的指令传达给台湾的"传令兵"角色，而本书之后将会详细提及的白团在日本方面的调查机关"富士俱乐部"的运作任务，也都托付给了他；因此，若说小笠原是白团在日本方面的关键人物，可以说一点都不夸张。

第四章

富田直亮与根本博

白团的"盟约书"（作者拍摄）

一　1949 年 9 月 10 日

打倒"赤魔"

借重日本军人之力，对抗共产党。

根据记录，在 1949 年 9 月 10 日这天，蒋介石的这一秘策，终于到了开花结果的时候。我们之所以能清楚得知日期，是因为这一天正是交换"盟约书"的日子。

这一天，在东京的高轮①，日本以及国民党的相关人士秘密聚集在此。为了避开 GHQ 与日本共产党的耳目，他们选择的地点是当地一家小小的旅馆。集结起来的众人，在一间狭窄的和室里面对面席地而坐，玄关外面则有"中华民国"日本代表部的武官王亮负责站岗，以防突发事态。

在日本政府接受的波茨坦宣言第六项中，明确指出了"永久排除军国主义者的权力以及势力"这一方针。根据这一条，GHQ 对日本政府下达了禁止战犯、前军人和参与战争的其他人员担任公职的指示；1946 年，日本政府正式发布了《公职追放令》。

尽管前军人受到外国政府雇用，理论上不算是就任日本的

---

① 东京都心的高级住宅区，财界以及政界高官贵人多聚居于此地。

公职，但对身为战胜国的"中华民国"而言，这很明显是一种违背自己所提出的波茨坦宣言精神的行为。

不只如此，当时的日本对于出国有着严格的限制；因政府派遣等特殊理由自然不在此限，但一般百姓要前往外国是不被允许的。

因此，白团的结成，在当时不管就哪方面来说，都具有极端强烈的违法意味。

赤魔逐日，席卷亚洲……

这段旧日本军人抱着决死觉悟署名的"盟约书"开场白，对于生长在现代的我们来说，似乎会觉得有种夸张过了头的滑稽感，但对当事人而言，他们却是极度认真的。那种丧失中国大陆、被逼到生死存亡绝境的危机感，绝非只是自我的夸饰修辞而已。

"赤魔"指的是共产主义，或者更明确地说，就是指中国共产党。围绕着中国大陆霸权所展开的"国共内战"，至此时已是大局已定。国民政府的首都南京，以及上海等地，陆续被共产党占领，距离共产党宣布成立中华人民共和国，也只剩三周时间。

随着国民政府代表与旧日本陆军军人一同在这份盟约书上签下自己的名字，一场挽救陷入存亡危机的国民政府的计划也正式宣告展开。

在我的手边，有一份该盟约书的复印件。

盟约书开头的署名栏，依照签名顺序是这样的：

　　"中华民国国民政府"驻日代表　曹士澄

　　受聘者代表　富田直亮

　　保证人　冈村宁次

为了白团结成的准备工作四处奔走的曹士澄，他的名字列在盟约书的首位。

保证人是冈村宁次。

而日本方面作为"受聘者代表"署名的富田直亮，正是之后被称为"白鸿亮"，并成为"白团"名称来源的人。

盟约书的原文，仅仅是一张竖排 26 行的稿纸。它的开头是这样写的：

　　盟　约

　　一、赤魔逐日，席卷亚洲。尊崇和平与自由，深信○○携手重要性的○○○○同志，值此之际，正是为东亚的反共联合、共同保卫奋起，更加紧密结合、致力防共大业之秋。

　　故此，○○方面为求同忧相谋，并欣然携手为打倒赤魔迈进，兹接○○○○○○○○○之招聘，以期奠定○○恒久合作之基石。

二、承上，○○○○○○○○在此欣然同意左侧之契约，并保证应聘者家人的安全。

盟约书各处的○○为隐字，是一种为了保证就算这份文书流出，也绝对没有人能得知立约者究竟是谁的保密机制。

对于这些隐字，我们可以这样解读：最初的○○是"日中"，接下来的○○○○是"日中两国"，第二个○○是"日本"，接下来的 8 个○则是"中华民国国民政府"，第 3 个○○是"日中"，最后 8 个并列的○，同样是"中华民国国民政府"。

变相的佣兵契约书

作为"盟约书"的附件，另外还有一份"契约书"。

契约书的第一条是"乙方担任甲方的○○顾问"。

第二条是"契约期限为一年"。

接下来的第三条则是，"乙方的就职地点为○○○○"。

○○是"军事"，"○○○○"则是"台湾本岛"。

第四条是，国民政府给予白团成员和原来在日本军队原等级相当的待遇（薪金），同时保证提供成员自日本出发之日起至归国为止的一切衣食住行。

第五条是，规定"国民政府"方面应支付成员动身费（前金）、安家费，以及离任费。第六条是"国民政府"应解决日本军人的"身心安全问题"。第七条是，若是成员因事故等工作以外的原因死亡或重伤害时，应给予成员的家人"相当程度的补偿"。

最后的第八条是，在取得"驻日盟军总司令部暨日本政府的谅解"这方面，应由"国民政府"负起交涉之责任。

不只如此，在这份契约书中，还附有一份名为"附属谅解事项"的备忘录，其中明白规定了白团成员的具体薪资金额，以及给予其家人的安家费金额。换言之，这完全就是一份变相的佣兵契约书。

"附属谅解事项第二条"规定，契约缔结之际，台湾方面应支付白团成员的动身费为团长 20 万元，团员 8 万元。接着第三条又表示，给予家人的安家费"自缔约至回到日本本土为止"，一个月应给予 3 万元，并在契约期满离任之际，保证支付 5 万元的离任费。

当时（1950 年，昭和二十五年），大学毕业生的平均起薪是 3000 元，因此，白团成员的待遇可以说是出奇优渥。不只是薪资，还有其他许多地方，都让人足以清楚感觉到其待遇之优厚。

附属谅解事项第五条规定，成员因公务原因生病或负伤，应由台湾方面担负治疗及其相关费用，同时台湾方面也须负起将伤病人员送回日本的责任。至于回到日本之后的治疗费以及治疗中的家人生活费，也一律由台湾方面负担。

第六条表示，若是面临战斗以及其他"恐让成员陷于身心危险"的情况，台湾方面原则上"应让（白团）成员前往日本暂避，若不得已，则须另寻安全地带"。这一条款是以台湾成为战场、受到共党军队攻击为前提而拟定的。

生于明治三十二年的陆军士官学校 32 期生

出席这场交换盟约书仪式的日方人员，除了冈村宁次、小笠原清、富田直亮以外，还有以下 11 位：

佐佐木伊吉郎，前陆军少将（陆军士官学校 33 期）

泷山三男，前陆军大佐（陆军士官学校 34 期）

铃木勇雄，前陆军大佐（陆军士官学校 36 期）

守田正之，前陆军大佐（陆军士官学校 37 期）

杉田敏三，前海军大佐（海兵 54 期）

酒井忠雄，前陆军中佐（陆军士官学校 42 期）

内藤进，前陆军中佐（陆军士官学校 43 期）

伊井义正，前陆军少佐（陆军士官学校 49 期）

河野太郎，前陆军少佐（陆军士官学校 49 期）

藤本治毅，前陆军大佐（陆军士官学校 34 期）

荒武国光，前陆军大尉（陆军中野学校毕）

根据我手上的复印件显示，所有出席成员都是以盖章的方式签下契约。过去曾经有介绍白团的文章指出，当时的与会者是以"歃血为盟"的方式表达心迹，可是在这里似乎没有看到类似的迹象。

这场立约仪式上的主角，并非冈村，也不是曹士澄，而是此后便远赴台湾的富田。

富田既是在台日本军人的领袖，同时也是以白鸿亮这个中文名字成为"白团"这个神秘名称起源的人。因此，关于他的种种，我们必须在此详加叙述才行。

富田 1899 年（明治三十二年）生于熊本县，是陆军士官学校 32 期毕业生。他在同期同学中，由于通晓军略而有着"天才"的称号。毕业之后，他前往美国留学并担任驻美武官；之后，虽然他不属于擅长中文的所谓中国通军人，却被派遣到中国战线，担任部署在广东方面的第 23 军参谋长，直到战争结束。他之所以被任命为团长，其中一个原因是他通晓中国南方情势。

富田在日本退役之后，便和朋友一起开公司做起了生意，但当他成为白团领袖之后，便毅然决然地下定决心前往台湾。当初也有不同的声音，主张推举其他人为白团首脑，但后来因为诸多原因未能实现。

富田原本留着一撮小胡子，但因为小胡子在中国几乎就是日本人的代名词，于是他便应曹士澄的要求，将这撮胡子给剃掉了。他之所以用"白"为姓，是隐含着对抗共产党的"红"之意，而鸿亮的"亮"，则与中国著名的军师诸葛亮（诸葛孔明）正好相同。因此，这个名字在中方受到了普遍好评。

富田的次子重亮，目前定居纽约。

富田重亮生于 1937 年（昭和十二年）。他大学毕业后，在台湾的名校台湾大学取得硕士学位，接着便前往美国。在那里，他进入联合国工作，先后就职于联合国人口基金会等单位，最后升任为联合国开发计划署（UNDP）总务局长。离开联合国之后，他前往北京大学，进行了为期 5 年的国际关系课程的授课。由于他拥有台湾大学的硕士学位，因此中文也相当流利。他现在担任某财团的理事长，偶尔会回到位于水户的宅邸；这次，我也是在水户这边对他进行访谈。

自从重亮懂事开始，他的父亲便一直在中国战线作战，归国之后又马上飞往台湾。因此他对父亲的记忆，一直要到他长大成人、前往台湾大学就读，并在台湾与父亲聚首，才算正式开始。

我试着询问重亮，他是否有留下关于父亲的记录，不过他对我说："记录是中国人的拿手好戏，交给他们去做就行了。"基本上，他应该可以说是位彻底坚守低调原则的人吧！

先遣队

在最初交换盟约书的 17 人当中，有一个名为荒武国光的男人。他的中文名是"林光"。

富田在该年 11 月，和荒武两人以先遣队员的身份，手持标示着"GHQ 情报员"这个怪异头衔的出国许可证，从香港转往台湾，至于相关假身份文件的安排，则由台湾当局日本代表处一手包办。他们两人先是搭乘飞机来到香港，再从香港搭上台湾方面前来迎接的船。

1949 年 11 月 3 日的蒋介石日记，仅仅写下了这样一行文字：

10 点与富田直亮等会面，向其指示任务并慰勉之。

这条记述，是白团的领导者富田直亮与蒋介石之间第一次见面的证明。

富田一行人是在台北阳明山的蒋介石办公室中，得到他的接见。

蒋介石给予富田的第一项任务，就是前往中国西部。根据蒋介石日记，11 月 13 日，蒋介石再次召见富田，并和他一边喝茶一边畅谈。

紧接着，富田便偕同荒武，搭乘自台湾起飞的军机飞往重庆，并于 11 月 17 日与同样前往重庆的蒋介石再次见面。在那里，他受到蒋介石的委任，负责指挥中国西南地区的抗共战线，并即刻赶赴最前线。

荒武出生于宫崎县三股町，毕业于陆军中野学校①，是位经过千锤百炼的情报军官。在中国战线的时候，他便已经和富田共事了。他是白团当中唯一出身于中野的人；当在白团的任务告一段落后，他便转而投身日本自卫队。

关于自己的这趟重庆之行，荒武留下了一篇相当长的备忘录；据说只有极少数朋友才得以看见他的这份备忘录。我通过某位自卫队相关人士，获得了这份备忘录，以下称为"荒武

---

① 日本在中日战争爆发后创立的情报学校，专司谍报、防谍、宣传等秘密工作人员的教育及训练。畅销小说《D 机关》中的谍报学校 D 机关，即是以中野学校为原型。

备忘录"。接下来，我将通过荒武备忘录，试着重建富田与荒武在重庆参与作战的历程。

前往重庆

11月5日，富田与荒武为了前往重庆而从台北的松山机场起飞，但是由于当天的天气太过恶劣，于是他们又折返台北。

翌日，两人再度搭乘军机，从天气不佳的福建省沿岸迂回南下，朝着广西省的柳州前进。

关于自己在飞机上的心情，荒武有着这样的记述：

> 我一边望着窗外深沉的夜色，一边聊以自慰地想着，自己现在正在为了补偿第二次世界大战期间给予众多中国人的苦难与损失，而不断地努力……

柳州市内，挤满了已然放弃桂林战线的白崇禧将军的军用车辆。整个城市弥漫着"战火逼近的压迫感"，"国民政府"发行的法币已经完全不通用，一切交易都只能依靠银币。

富田和荒武在柳州停留了一宿，第二天便继续前往重庆。当他们在重庆机场着陆时，"总统府"派来的专车已经在那里等着，并将他们带到了重庆郊外一栋充当宿舍的洋楼之中。第二天，两人再度与蒋介石会面。

会面的时候，蒋介石"露出充满温和与慈爱的表情，不停地轻声说着'好、好'"，还一直和两人轮番握手，慰勉他们的辛劳。接下来，两人听取了同席的参谋对于军事情势的说明。

关于当时和富田的一部分对话内容，蒋介石在日记中记录道：

> 与白鸿亮会面。其对西部战线之敌情及地形判断甚为
> 正确。
>
> （1949 年 11 月 18 日）

第二天，也就是 11 月 19 日，富田为了前往最前线视察敌情而搭乘侦察机出发，但因为四川特有的浓雾导致视线严重不良，于是又被迫折返。在两人房间隔壁的作战室里，蒋介石再次临席，听取富田的意见。

20 日，富田一行一大早便起床，两人在武官的陪同下，搭车前往位于重庆东边的南川，进行最前线部队的视察与指导。他们抵达位于南川的军司令部，见到了司令官罗广文军长。罗军长也曾在日本陆军士官学校学习，日语也多少能够说一点。在那里，他们听取了军队的配备状况以及作战计划，但是在很多方面，荒武都不得不为这支军队的前途感到悲观。

军司令部的作战室极其简陋；还不只如此，他们对于敌情的掌握也极端不足，甚至可以说到了幼稚的程度。

翌日，富田前往最前线视察，回来之后便不断苦思今后的作战构想。然而，当黎明破晓时，情势骤然一变；从重庆的

"国防部"发来了向后方撤退的指示，而罗军长也决定放弃战线，回到重庆。

从这次视察中，荒武清楚感觉到"军队的士气明显低落"，且"指挥官的意志也颇为脆弱"。为此，对于今后的作战，他抱持着相当强烈的疑虑。富田和荒武一致认为"天然的地形对于守方明显有利，若要作战，并非不可一战"，但是究竟该如何打这一仗，他们也苦无良策。

23日回到重庆之后，富田针对战况得出了一个结论。

共产党的军队分成几路，一路从东沿长江逼近，一路从南通过滇缅公路北上，还有一路从汉中南下。在这种状况下，富田指出，"一旦让敌人攻入四川盆地（重庆、成都地区）则毫无胜算，因此若不在对方进入四川盆地之前发动攻势，便无法挽回形势"。

从这个观点出发，富田连夜将这个作战构想写成书面报告，提交给蒋介石。

对于富田的构想，国民党军的参谋深有同感，于是他们频繁走访富田的宿舍，征询富田的意见。荒武在备忘录上是这样写的："对于邻国的日本人居然超越生死参加这场战役，（国民党军人）不禁为这份浓郁的友情深深感动，而这对我们来说，也具有重大意义。"确实，此次重庆体验，对之后白团计划的推进，产生了相当正面的影响。

国民党丧失大陆

然而，战况急剧恶化，重庆的防卫线有一部分已被共产党军队突破；逐渐迫近的炮击声，仿佛预言了重庆最后的命运。27日，蒋介石召唤富田和荒武前来。他对两人下达指示，要他们搭乘第二天早上的飞机飞回台湾。当时，蒋介石明显相当憔悴，可以清楚感觉到他已心力交瘁。

　　"来重庆的这段时间，真是辛苦你们了。"

　　"非常抱歉，没能帮上您的忙。"

　　据说，蒋介石和富田有这样的对话。

　　眼见战况已然无可挽回，蒋介石遂下定决心放弃重庆。大量部队投共的国民党军彻底崩溃。12月10日，包括蒋介石自己在内的"国民政府"从中国大陆完全撤退，而富田如前所述，已经早一步回到了台湾。

　　富田和荒武，是极少数目睹国民党丧失大陆最后那一瞬间的日本人。尽管，这对他们来说是相当宝贵的体验，但当初白团结成的目的——在国共内战中成为国民党军的"救世主"，已经因为时机太迟而丧失了可能性。于是，就在这个时点，白团的存在理由也从在大陆与共产党进行战斗，转身一变成为"保卫台湾"与"反攻大陆"的有力后援。

　　得出这个理所当然的结论之后，除了富田和荒武之外的17名初始成员，便从神户直接出发前往台湾。12月7日，带着冈村给蒋介石的亲笔信，一行人搭乘运送香蕉的货轮"铁轮号"，从横滨港动身出发。当时，从台湾运送到日本的香蕉，在战后的日本是令人望眼欲穿的奢侈品，深受众人喜爱。

从缔结白团的盟约书，到富田与其他成员动身出发，其间历经两个月的时间。若是以一般出国的情况来说，用这样的时间进行准备自是理所当然；可是，以当时"国民政府"被逼入绝境的这种状况来看，照理他们应该没有这么多的时间才对。

讲到这里，就不能不提及另外一位日本军人潜渡台湾的问题。

二 古宁头战役之谜

传说般的存在

这位日本军人是前陆军华北方面军司令官——根本博中将。根本博体格壮硕，留着一头刺猬般的短发，戴着一副圆眼镜，脸上总是挂着和蔼可亲的笑容，不管到哪里都能跟人轻松打成一片。在崇尚严谨刚直、视压抑情感为典范的陆军军人当中，他可以说是相当另类的人才。

根本的知名度，远比其他白团成员高。之所以如此，其实与根本在战后这段时间里积极讲述自己的经历有很大关系。从这层意义来看，他与始终保持沉默，也不曾留下任何著作的富田直亮，正好是两个极端。

之前与根本相关的著作，除了小松茂朗的《战略将军根本博——某位军司令官的深谋》（光人社，1987 年）以外，作家门田隆将于 2010 年出版的《舍生取义——拯救台湾的陆军中将根本博的奇迹》（集英社），也详细描述了根本博的活跃事迹。

过去经常会有人产生一种误解，即把根本博和白团混为一谈。然而，不管是从潜渡台湾的来龙去脉，还是两者之间的人脉关系，我们基本上都应当将白团和根本博视为两个截然不同的系统。白团的渡台是高度组织的计划，而根本则是带有强烈个人色彩、打游击式的举动。不过，两者前往台湾的动机是一致的，那就是为了拯救陷于苦境中的蒋介石。

根本于 1891 年（明治二十四年）出生于福岛县须贺川市的仁井田。那里是会津藩的旧领地，也是戊辰战争中的败军之将们聚居的土地。根本的父亲是教员，不过家里也兼营农业。他自陆军士官学校 23 期毕业后便进入陆大深造，以陆军中国通的身份接受培养。

战争结束的时候，根本正担任华北方面军司令官兼驻蒙军司令官；1946 年 8 月，他回到日本退役。当时，在战争已然结束的情况下，根本命令日本军队延缓解除武装的进度，从而将华北方面 35 万将兵及 4 万民众的生命，从苏联的兵锋下拯救了出来。这段传奇故事，至今仍然传颂不已。

以下的记述，主要是根据根本自己的手记，以及他自台湾归国后接受媒体采访的内容，重现根本渡台的来龙去脉。

"我去钓个鱼"

就在根本在东京过着晴耕雨读的退役生活之际，在他面前

最后的大队： 蒋介石与日本军人

突然出现了一个自称为"李铨源"的年轻人。李铨源表示，他是"国民政府"傅作义将军的使者，希望能够邀请他"前往台湾指挥战争"。傅作义是曾和根本直接交手过的敌将，两人在战后处理的过程中也有相当多的交流。对根本来说，傅作义是一位在人品上相当值得信赖的人物。只是，之后证明，所谓"傅作义的邀请"云云，完全是一个捏造出来的谎言。

1949 年 5 月 8 日，根本博扛着钓竿，说了声"我去钓个鱼"之后便离开了家，和陆军士官学校 24 期的吉川源三等 8 人从东京车站一路前往九州岛。6 月初，他们从宫崎搭乘小型渔船潜渡台湾，但在途中遇上海难，幸好得到冲绳的美国海军救援才幸免于难。虽然几经波折，不过他们最后还是成功到达台湾，并在台湾北部的基隆登陆。

然而，根本一行人到了基隆之后，却一直联络不上台湾方面的接头人员，于是他们被警察给拘留了起来。直到一个月后，在汤恩伯将军的斡旋下，根本等人才终于获释。对于该如何处理这些突然造访的不速之客，台湾方面也是大感头疼。最后，除了根本之外，其他成员全都被遣返日本，并由曹士澄负责收拾残局。

当根本在宫崎停留的事情曝光之后，1949 年 11 月 12 日，有关他的问题被提交参议院进行讨论，而日本各种杂志对于"台湾义勇军"一事的推测，一时之间也甚嚣尘上。潜伏在地下的白团计划各相关人员，不得不暂时将神经绷得更紧，唯恐发生什么出乎想象的意外……

死守金门

根本在这一年的 8 月成为汤恩伯将军的私人顾问，然而国民党此时已经陷入了崩溃的局面。从上海到厦门，各重要据点陆续陷落。除了台湾，"国民政府"就只剩下金门、马祖等寥寥几个岛屿而已。为了保住"反攻大陆"的桥头堡，蒋介石绝对不能失掉最接近厦门的金门岛；然而，不管在谁看来，金门的陷落也只是时间问题。

10 月 25 日深夜，共产党展开了对金门岛古宁头海岸的登陆作战。"国民政府"军原本是考虑在滩头阻止共产党军队的登陆，但根据根本的手记，后来根本提出了建议，指出正面冲突对"国民政府"军极为不利，于是整体的作战计划便改变为放共产党的军队登陆，然后再加以歼灭。

国民党军部署在离海岸有点距离的台地上，等共产党的军队登陆上岸之后，便集中全部的火力进行攻击，而共产党的军队却似乎因为连战连胜，显得有些大意。结果，共产党的军队整个陷入了一片大混乱，登陆用的舢板几乎全被烧光，高达数万人被俘虏。此次战役最后便以国民党军的大胜结束。

这场战役对国民党而言，简直就像久旱逢甘霖一样，具有极其重大的意义。在连战连败的国共内战中，能够取得这样一场久久不曾见到的大胜利，对于低落的士气，可以说有着相当大的鼓舞效果。同时，国民党军在金门岛的胜利，也使得共产党的军队不得不重整对于台湾的攻势从而给国民党争取了宝贵的时间。随着朝鲜战争的爆发和美军的介入，海峡两岸分离的形式固定化，但假使金门在这次攻势中陷落的话，共产党的"台湾解放"或许会在朝鲜战争之前便已实现！

现在，金门仍然处在台湾的支配下；虽然紧张的情势已经缓和许多，但它作为陆台之间最前线的地位仍然不变。从这点来看，这场古宁头之战可以说具有重大历史意义。

为什么不曾留下记述？

从台湾搭乘飞机，经过 1 小时的航程便可飞抵金门；在那里，至今仍然有缅怀古宁头战役的纪念馆，供人参观与造访。纪念馆里，高高悬挂着一幅蒋介石乘坐吉普车慰劳胜利将士的巨大宣传油画。

在这座纪念馆（战史馆）里，并没有任何关于根本的介绍。然而，不只是根本博，就连当时国民党部队的指挥官——同时也是根本辅佐的对象——汤恩伯将军，也没有任何相关的记述。

看到这种不可思议的状况，我心中不禁浮现一个疑问："根本在古宁头战役中，真的像他自己所说的，扮演了决定性的角色吗？"

另外，在台湾"国防部"的正史中，对于根本的事迹也只字未提。正因如此，"国防部"相关人士对于表彰根本在金门战役中的功绩这件事，普遍抱持着消极的态度。

和白团被记录在"国防部"的官方文件当中，同时在历史中也确保了自己的"定位"相比，根本的遭遇可以说截然

金门古宁头战史馆，图中蒋介石站在吉普车上
校阅将士（作者拍摄）

不同。

作家门田隆将在前述的著作中指出，根本的功绩"遭到了抹杀"。原因是汤恩伯将军在和对手陈诚将军的权力斗争中败北，于是支持汤恩伯的根本的贡献也就跟随着汤恩伯一起被埋葬在历史的阴影之中了。

确实，汤恩伯在和陈诚的地位竞逐中落了下风，并且随后遭到了贬逐。然而，根据台湾学界一般的看法，比起和陈诚的权力斗争，汤恩伯本身在军事和政治上的失败，才是他遭到放逐的主要原因。

虽然前面我们已经提过汤恩伯在丧失大陆之际的连战连

败，但是真正导致他失势的关键，是他和当时担任台湾省"主席"的陈仪之间的关系。陈仪是汤恩伯的同乡也是他的前辈，据说陈仪能够就任台湾省"主席"，也是靠了汤恩伯的推举。陈仪和汤恩伯都曾在日本留学，在国民党内也都是屈指可数的日本通。

1947 年，陈仪引发了所谓的"二二八事件"。二二八事件，指的是国民党在没有逮捕令的情况下，捉拿并虐杀了大量台湾人，死者据说高达数万人。台湾民众之所以至今仍然憎恶国民党，二二八事件是最大的原因。

只是，在蒋介石日记中，蒋介石本人对于二二八事件所导致的台湾情势恶化显得相当苦恼，并在文中反复提及对导致台湾混乱的陈仪的不满。后来，蒋介石接到了陈仪图谋叛变投共的情报，于是决定撤换陈仪，并将这件事告诉了汤恩伯。汤恩伯得知之后，不断恳求蒋介石饶陈仪一命，但蒋介石表示要"杀一儆百"，于是决定处死陈仪。

在此期间，蒋介石对于汤恩伯的不耐烦达到了极点；蒋介石对汤恩伯的嫌恶，甚至到了"不想再看到这家伙的脸"的地步。

领悟到自己在军中已无容身之地的汤恩伯，向蒋介石请求前往日本疗养，但蒋介石无动于衷，只表示"在'国内'治疗就行了"。直到汤恩伯的病情已经相当恶化的时候，蒋介石才批准他前往日本治疗。可是等他在日本入院时已经太迟，最后汤恩伯年仅 55 岁便撒手人寰。

根本真的有提出"直接导致国军胜利的关键策略"吗？

就算在这样的情况下，汤恩伯和根本的友情仍然维持不变；当他在日本住院的时候，根本几乎是每天到汤恩伯的病床前探望。

既然两人的关系如此亲近，那么若是汤恩伯真的指挥了古宁头之战，根本的贡献也就很有可能是货真价实。然而，若是汤恩伯当时并没有指挥那场战役，那么根本的贡献，就很有可能只是他自己想象的产物，或者是多方夸大的结果。

汤恩伯的军队一向以军纪紊乱、统御无方、战斗力薄弱知名，就算在国共内战中，也是连战连败。尽管如此，蒋介石对汤恩伯仍然不失温情，将上海防卫战的责任托付给他，然而汤恩伯在那场战役中，却又遭到了惨痛的失败。更有甚者，当放弃福建省的重要据点厦门后，汤恩伯请求蒋介石另派他人接替自己的司令官一职。蒋介石用近乎斥责的语气命令他："直到最后，我都不会同意更换司令官，给我死守金门！"

于是，金门的防卫司令官仍然是汤恩伯。可是就在作为金门之战最高峰的古宁头战役之前不久，汤恩伯的司令官位置，终于被胡琏将军取代。

根据有关金门战役的报道文学《无法解放的岛屿》一书的作者、居住于金门的作家李福井所言，汤恩伯与胡琏的交接时间，正好是与古宁头之战重叠的。这很有可能导致当时的指挥权事实上处于一种暧昧不明的状态。

根据李福井的看法，战役的前半段仍然是由汤恩伯指挥，但在进行到一半的时候，便由胡琏接手负起指挥之责。事后不久，胡琏一方便积极主张金门战役的功绩应当归于他们这边，但这样的说法也引起了汤恩伯旧部的激烈反驳。直到现在，双方的争论仍然没有一个明确的定论。

不过，在胡琏部下的回忆录中，曾经提及胡琏在受命指挥之际，曾在战场上"与汤恩伯将军的日籍顾问根本博会面"。由此可知，根本博当时人在金门战场上，这是毋庸置疑的。只是，对于他的贡献究竟有多大，我们却没有足够的资料能够确定。

2013 年我走访金门之际，李福井针对根本博的问题，发表了这样的见解：

关于这个问题，其实会根据汤恩伯将军的影响力究竟到什么程度，而产生出不同的判断。尽管当时汤恩伯仍然处在指挥官的位置上，但是实权已经移交到了部下手中。换言之，他不过就是个象征性的存在罢了。根本这位日本人为了报答蒋介石的恩义而投身战场，这是事实，没错。只是，要说他在投身战场的这段时间中，在古宁头战役扮演了什么重要角色，甚至说他提出了"直接导致国军胜利的关键策略"，以当时汤恩伯的影响力来考量，我想未必就有这样的事。

在现今台湾，若是有着明确的史实，那么不管当时的派系斗争有多激烈，要想完全否定乃至抹杀某一件事的存在，必定相当困难。对于李福井有关根本的见解，是否就是最妥当的答案，我自己至今仍然有疑问。为此，我衷心期待将来能够发掘出更详尽的史料，以确定这件事的事实所在。

三　俨然"军师"般的存在

"轻生乐死，乃武士道之真髓"

白团的活动开始之后，蒋介石自身也相当频繁地参与课程。

同时，白团的领导者富田，也曾屡次站上讲台执教。

据一位曾在战术方面受教于富田的前军人所言，富田的教导方式是这样子的：

富田先生突然间揪住一名听讲生的衣领，摆出一副像是要痛揍对方的模样。就在全场一片哗然的时候，富田先生开口了："战争，就是拘束敌人，然后展开攻击。若是能先让敌人陷于无法逃跑的境地再发动攻击，就必然能给予对方重大的打击。"透过这样的方式，他让我们理解了作战的根本概念。到现在为止，我还没有看过国军中有哪一个教官，能像他这样用最简洁易懂的方式，将战争的本质教授给学生。

最后的大队： 蒋介石与日本军人

至于富田的讲课对蒋介石本人所产生的影响，我们可以透过 1950 年的蒋介石日记，清楚领会到这一点：

4 时前往军训团，听白鸿亮讲授武士道历史，甚为有益。

（1950 年 9 月 26 日）

接下来的 9 月 28 日、30 日两天，蒋介石也都前往军训团，听取富田关于武士道的授课。

午后 14 时往圆山，听武士道历史，甚佳。与学生会面。

（9 月 28 日）

午后 2 时，于圆山听武士道课程两小时，甚佳。

（9 月 30 日）

关于武士道，蒋介石在日记中是这样写的：

有关日本武士道和中国正气之间的关系。

读《武士道》①（安部正人编）。

（两行皆为 1950 年 10 月 5 日之日记）

---

① 一本以幕末名剑客兼政治家山冈铁舟的生平为出发点，阐述武士道精神的作品。

白鸿亮总教官的武士道课程，对学生而言有如照亮黑暗的一道光芒，令人深感欣慰。

（1950 年 10 月 7 日）

紧接着，将富田的讲课和自己对武士道的观察结合之后，蒋介石似乎得出了一个结论。他在 10 月 9 日的日记里，写下了这样一句话：

轻生乐死，乃武士道之真髓。

所谓"轻生乐死"，就如同其字面意思，指的是"不为生所拘束，亦不因死而恐惧"。

"甚感愉悦"

在这过程中，对蒋介石而言，富田事实上已经相当于"军师"了。

午后前往军训团，听白鸿亮讲授战争科学 3 小时。

（1949 年 10 月 18 日）

听白鸿亮讲述战争科学及战争哲学，计 6 小时。

（1949 年 10 月 19 日，前周的反省录）

不只如此，日记里还频频出现蒋介石与富田之间类似下述的交流记录：

认可白鸿亮，亦即富田所定的各种方法及计划。

（1950 年 3 月 18 日）

所谓"各种方法及计划"，指的大概是为抵抗人民解放军攻击台湾而制订的作战计划吧！

与白教官（富田直亮）单独会商，讨论今后"国防"的重要策略以及陆海军建设方针。决定以装甲兵作为建军的重点。

（1950 年 9 月 14 日）

纵使在年轻军官面前，蒋介石也毫无保留地称赞富田：

午前进行训话，赞誉日本军教官白鸿亮有如朱舜水。同时，令吴树给予教官特别的优遇及尊重。

（1950 年 6 月 27 日）

朱舜水是自中国渡海前往日本的明代哲学家，在日本集众人尊敬于一身。

正午，与亮晴（作者注："直亮"的笔误）议论时局。

（1950 年 7 月 2 日）

于苗栗，听白鸿亮教官针对演习之讲评，其诚实令我深深感动，对一般军官之学业亦有相当大之帮助。

当富田一度暂时返回日本，然后又再次回到台湾时，蒋介石明显流露出安心的样子：

白鸿亮自日本归来，唤其会面。

（1951 年 5 月 1 日）

凡此种种记述，令人读之不禁有种莞尔一笑的感觉。富田所扮演的角色，事实上是蒋介石个人的军事顾问——或者可以说，就是所谓的"军师"吧！

蒋介石是个非常暴躁易怒的人，部下和亲信对于蒋介石突如其来的脾气，总是感到相当畏惧。

然而，旧日本军人对于蒋介石的印象却极好；在他们眼里，蒋介石是个"个性沉稳、道德高尚的人物"。

蒋介石在和富田这些白团的旧日本军人会面时，总是显得相当轻松，同时也留下了像是"与 32 师日本教官 3 人茶叙，大笑，甚感愉悦"（1952 年 1 月 3 日）之类的记述。然而，遍寻整部蒋介石日记，我们却找不到任何蒋介石在与手下的将军们会面时，曾经"甚感愉悦"的记录。

特攻队？

1950 年 1 月，富田曾经向军训团教育长彭孟缉提出一份以日本特攻队为蓝图设想出来的提案。在保存于"国史馆"

最后的大队：　蒋介石与日本军人

里、由彭孟缉提交给蒋介石的一份名为"关于空军突击队编成之意见"的文件具体介绍了富田的计划内容：

一、由空军提供 31 架飞机（作战机 25 架、预备机 6 架）。

二、各机配备 500 磅炸弹 1 枚，100 磅炸弹 6 枚，由于命中率是百分之百，所以只要 1 架飞机，就可以爆破 7 艘共产党的船只，若是出动 25 架飞机，就有可能摧毁 175 艘船只。

三、全体需求人员，包括校官和尉官在内共 82 名；为达成此需求，可以在日本募集人员。

四、该部队直属于空军总司令部。

这支突击队的目标，也就是"仿效第二次世界大战末期，日本所使用的'神风特攻队'，以突击的方式对敌舰船进行爆破"。

在这份文件的最后，彭孟缉做出了这样的总结："据白团长表示，中国空军非常优秀，因此这种做法十分值得参考，故希望能够考虑采用本计划。"

尽管这项"神风特攻队"计划最后并没有被采纳，但是一想到富田或许曾经为了成立特攻队在日本招募人员，就让人颇感兴趣。

更换团长的激烈争辩

然而，当白团的运作逐渐步入正轨，而随着朝鲜战争爆发，共产党的军队对台湾发动攻击的可能性也大幅降低时，便产生了另一种声音，即"是否该由根本来替代富田，出任白团的领导者?"这个主张在白团内部引起了激烈的争辩。

根本是在实战指挥之中最能发挥其力量的类型；在与共产党的军队之间的战斗几乎不可能发生时，要如何安置根本，就变成令台湾方面相当苦恼的问题。因此，一般认为启用根本是出自台湾方面的要求。

就身在陆军的最终资历而论，根本是中将，富田只是少将。以年龄来说，根本出生于 1891 年，富田则出生于 1899 年，比根本要小 8 岁。若是从这几点来考虑，由根本来担任富田的长官，自是理所当然。

可是，根据曹士澄档案的记述，当白团内部就此召开会议时，有不少人激烈地表达了反对之意，其中本乡健（中文名字"范健"）特别强硬：

> 根本中将，不论就前来台湾的理由或者状况，都与我们有着极大的差异。因此，我认为他不适合担任白团的领导者；白团的团长，还是应当由富田少将来担任才对！

在会议席上，本乡如此大声怒吼着。

本乡会如此强硬地反对根本的任命案，这让人感到相当不可思议。由于本乡本人已经作古，因此要找出确切的理由，似乎也不太可能了。

不过，在仔细分析本乡的经历后，我们可以推断出，他与曹士澄之间的关系其实相当亲密。本乡和曹不仅在陆军士官学校就读时是同期，而且陆军士官学校毕业后还一起被配属到兵库县的筱山连队。长期的衣食与共，毫无疑问让两人结下了深厚友情。本乡经由曹士澄的推荐而进入白团，这种可能性很大。

根本那种一贯高调的行事态度，很有可能会使曹士澄一手推动的派遣旧日本军人员进入台湾的计划，陷入曝光的危机当中。正因如此，对曹士澄而言，他理应不会坐视自己投入无数心血推动的白团计划被根本随便糟蹋殆尽吧！

本乡激烈的反根本发言，其实是曹士澄的委托。从曹士澄与本乡之间的深厚关系来看，我们不能否定这种可能性的存在。

根本归国

不论如何，根本参加白团的提议，最后被白团以集体决议的形式加以拒绝。眼见在台发展已然无望，根本于是下定决心返回日本。

"国史馆"保存的《蒋中正"总统"文物》显示，1951年9月，身为蒋介石亲信的军人张群，曾经针对根本问题，向蒋介石上呈一份提议：

据汤恩伯将军所言，根本预计会在这个月25号返国。由于公职追放令目前仍未解除，因此他只能以秘密方式归国。根本是位纯粹的军人，他不只敬爱"总统"，而且也出于满腔的热爱，尽心竭力守护"自由中国"。他的这份真挚与热情，我们都能清清楚楚地感受到。为此，我们是否应当在他归国之际，向他表达适切的温情与慰劳之意呢？故，我在此恳切请求，盼愿您能在根本离台的最后时刻召见他，并且赐予他旅费和生活费，不知尊意如何？

接受了张群的请求，蒋介石在1952年5月23日，决定透过"驻日大使"蔡孟坚，支付给根本1000美元作为报酬。

另外，根本也透过张群，就回国之后自身的行动，拟定了一份名为"归国后努力之腹案"的报告提交给蒋介石。在这份腹案中，根本献策如下：

第一期

为了促进"自由中国"与日本之间的和约早日成立，以及日台菲联合防共组织的结成，将展开以下行动：

一、向各界有力人士说明国军改造的实绩与实力；

二、使日本朝野获知潜伏敌后国军游击队的状况；

三、向各界有力人士说明国民政府的兵工政策、克难运动及美援等财政经济方面的实情；

四、使日本朝野广知反共抗战的气势，以及男女学生在军中服务的状况；

五、积极让朝野得知大陆军民对反攻的殷切期盼，以及台湾民众对于他们的支持，以压倒共产党的宣传攻势；

六、针对日台菲联防组织的重要性，向各界有力人士广为进言；

七、针对日本和"国民政府"缔结正式合约在精神、道义以及其他实质层面将产生的正面影响，以及反之若日本游移于中共和"国府"之间所产生的负面影响，提出相关意见，并向各界有力人士积极进言；

八、为封杀中共宣传及第三势力杂音，活用中央社及华侨发行之报刊媒体。

第二期

当中日和约确立之后，为妥善保护留日学生，不受共产党宣传蛊惑，将采取以下行动：

一、在日本政府文部省、留日中国学生就读之学校，以及日华文化协会的援助下，以中国代表团（"大使馆"）为中心，建立中日协同的留日学生后援会；

二、后援会首先于东京设立本部，其后将支部陆续扩展到留日学生居住的各地点；

三、除了单纯的学生保护管理业务之外，后援会须更进一步，针对学生毕业后的"归国"就职等问题加以支援。

第三期

为使留日学生后援会事业获得更加飞跃性的发展，应基于民族平等、国家平等的观念，以"让东亚各国人民接受平等的教育"为目的，在东亚各国合力出资、共同管理的情况下，首先于日本设置"东亚国际大学"；若是中国的情势安定，则于中国同样设立之。

一、本大学所鼓吹的基本理念，乃是东亚诸邦基于绝对平等之立场，为实现以下之目标而共同致力：在政治上，以相互扶助为目的，追求内政之完全独立、外交之协调支援；在经济上，以交换应需为原则，给予各国人民居住营业之平等待遇，并追求资本、技术以及减少贸易壁垒的跨国境合作；在军事上，则是以对外联合为宗旨，以求达成集体保安、协同防敌理想之实现。

只是，我们并没有看到回国之后的根本针对这项献策中的第一阶段和第二阶段采取过什么积极的行动。根本回到日本之后积极参与的事务，几乎都是有关大众媒体方面的演出。

1952 年（昭和二十七年）8 月号的《文艺春秋》，以"蒋介石的军事指导老师"为题，刊载了根本的手记。在这篇手记当中，根本用相当戏剧化的笔触，描写了自己秘密前往台湾的缘由、潜渡过程中的艰辛，以及到达台湾之后和蒋介石的会面、被任命为汤恩伯军事顾问的种种事迹。或许正是因为这种豪放磊落的性格，根本一直是媒体聚光灯追逐的焦点。而在这之后，他也屡次接受周刊杂志邀约，进行"后来怎么了？"之类的追踪采访，可以说是一位直到最后都在世间引发广泛话题的军人。

第五章

他们所留下的成就

富田直亮受勋典礼，右起系贺公一、岩坪博秀、蒋纬国、
富田直亮、大桥策郎、立山一男（大桥一德提供）

一　奇货可居的败北者

军队内部的反对

迄今为止，在东方诸国中，最早达成军事进步的国家非日本莫属。日本人努力且吃苦耐劳的精神，以及勤勉俭约的生活习惯，都与我国有着共同之处。为此，我们特地招聘了日本教官前来此地，相信他们一定能将过去各位的缺点，彻彻底底改正过来。

有人或许会觉得难以理解，日本过去不是我国的侵略者吗？不是我们的敌人吗？而我们明明获得了胜利，为什么又要反过来聘请败北的日本人担任教官呢？然而，若是怀抱着这样的想法，那绝对是一种错误。正因如此，我今天才要在开学之前，在这里清楚地向大家说明这一点。

日本教官完全没有任何企图，纯粹是抱持着拯救"中华民国"的无私之心而前来台湾。西方人那种以丰富物力为前提的作战方式，并不符合我们的国情；不只如此，他们那种重视技术但轻视精神层面的做法，同样也是不行的。

以上这些话，都是出自蒋介石在白团担任教官的"革命实践研究院军事训练团"开校之际，以"训练团成立之意义"

为题，对学员所做的训示。

为什么非得招揽白团前来台湾不可呢？为什么身为战胜者的国民党，却非得仰赖身为战败者的日本人不可呢？国民党内部打从一开始，就隐隐有着这样的不满。毕竟，他们都是在中国大陆抗击日军长达 8 年的军人；为什么明明昨天还是敌人，今天却突然间变成了自己不得不师法的对象？对于在第一线奋战的军人而言，要他们轻易接受这样的事情，自然没有那么简单。

尽管包括蒋介石在内的有留学日本经验的军官们，对于日本在军事制度、军人资质，以及军事教育等方面的优点都有着清楚的理解，但对那些没有留日经验的军人而言，这件事却显得相当难以接受。就连陈诚和孙立人等位居中枢的国军高层，对这件事也表现出了反对的态度。

为此，蒋介石不得不就此事的必要性，反复向军中干部进行说明；本章开头的这段演说，正可视为这项说服工作当中的一环。

蒋介石在日记里，也曾提及军中的反对声浪：

> 正午，针对采用日本教官一事，听取将级军官的意见，然而他们似乎仍旧对 8 年间的抗日难以释怀。这也是无可奈何之事；既是如此，那对于使用日本人一事，显有必要再做更进一步的检讨。

于是，蒋介石几乎是逐一地对那些包括陈诚、孙立人等重量级将领在内，对于启用日本军人感到不满的部下们，进行反复的说服：

> 花费 1 小时时间，向众人说明"无中国则日本必不能独存，而若无日本，则中国亦不可能迈向独立之道"的事理。
>
> （1950 年 2 月 22 日）
>
> 6 时前往圆山革命实践院，对军官点名训话。训话中力陈雇用日本教官之重要性，以及中日两国未来携手团结、共倡大亚洲主义之必要意义。

蒋介石一生所敬奉师法者，是公认为"中国革命之父"的孙文先生。孙文对当时不过是一介血气方刚青年军官的蒋介石推心置腹，并将他拔擢为军队的领导者。在蒋介石走上中国政治顶峰的过程中，孙文可以说是最大的恩人。而孙文所提倡的主张，正是"日中相互提携的大亚洲主义"。

与日本因缘非常深的孙文，于 1924 年，在神户发表了著名的"大亚洲主义"演说。由蒋介石日记的记述中，我们可以清楚看出，孙文的这一理念，除了赋予聘用日本人这件事一种道义上的正统性之外，其实在蒋介石的心中，它也早已成为一种相当有力的思想基础。

军事训练团（亦即之后的实践学社）后来被称为"地下国防大学"，若是哪个军官没在这里就读过，将来就不可能有出人头地的机会。由于这件事几乎已经成为一种定论，因此志愿前来受训的人数也多如过江之鲫——不过，那都是在白团的教育成果已经获得大家普遍认可之后的事情了。

迈向建设真正"国民军"之路

撤退到台湾的时候，国民党军的状况可以说是悲惨到了极点。

空军的状况倒还好。由于及早预见了败北的可能性并设法将战力保存下来，为数近 300 架作战飞机几乎是毫发无伤地撤退到了台湾。海军的状况也还说得过去。以美国提供的驱逐舰和由日本接收的海军舰艇为核心组成的舰队，尽管并不算很强大，但对手共产党的军队也没有足以正面抗衡的海军，不至于构成太大的威胁。

作为国民党军主力的陆军，却因为一再败退，不论是人员、装备还是士气，都遭受了严重的打击。然而，对蒋介石而言，这次的台湾撤退，正是让他得以一举解决长期以来令其头痛不已的陆军派系腐败问题的良机。从这一点来思考的话，活用白团这件事，正可以说是蒋介石非常重要的一个关键手段。

在"中央"军与地方军阀不断结合成长的这段过程中，包括东北军、西北军、桂（广西）军、山西军等在内的地方军阀的势力，都在未曾打散的情况下直接编入了所谓"国军"的阵容之中。这些派系是连蒋介石都无法轻易插手的"圣域"；特别是拥有在国共内战末期蒋介石下野之后代理总统的李宗仁以及曾任国防部长的白崇禧等重量级军人的桂系，更是屡屡让蒋介石尝到背叛的苦果。

作为蒋介石权力基础的，是以黄埔军校毕业生为核心组成的"黄埔系"。他们是以陈诚、胡宗南、汤恩伯三大将军为核心，向蒋介石宣誓效忠的军方势力。然而，不论蒋介石如何培植，黄埔系的实力始终都无法达到足以完全压倒其他旧军阀势力的程度。

国民党军最大的问题，还是军队本身的腐化。除了盗卖兵粮之外，虚报兵额、靠吃空饷中饱私囊的军官也是所在多有。美国之所以在 1947 年之后停止对国民政府的援助，这也是主要的原因之一。

然而，随着国军败退台湾，将贫弱的军队一口气拆散、重新编组，并彻底执行军规，这样的大好机会也随之降临。李宗仁已经逃亡美国，而白崇禧也被丢到了纯属荣誉的虚衔位置上。这时蒋介石所要求的第一件事，就是各部队必须先解除武装，才能撤退到台湾；如此一来，各地方军阀想要重新配置、拉起自己的部队，就变得相当困难了。

然后，作为派系解体的第二阶段，蒋介石所导入的，则是类似于白团这样一种中央集权式的军事教育。

这时蒋介石心中所浮现的，毫无疑问正是近代国家中所谓"国民军"的概念。

自法国大革命以来，民族国家的概念便在世界上广为传播；同时，为了国家不惜牺牲生命的"国民军"这样的理念也应运而生。日本在明治维新之后，已经追上了这股世界潮流，然而中国尽管经历了辛亥革命，却仍旧一直为无法建构起这样一支"中华民国的军队"而苦恼。

在撤退到台湾的过程中，蒋介石开始考虑建设一支真正的"国民"军队；而被他看作重建军队的关键之钥而加以重用的，正是白团。

气魄惊人的蒋介石

面对国共内战的败北，蒋介石不断地沉思默想，并将自己所想到的理应反省之处，接连不断地写在了日记之中。在这当中，很多都是有关军队战力以及统驭管理的省思。

1948年9月，在国民政府颓势尽显、败象浓厚的状况下，蒋介石写下了这样的日记：

> 军事、经济、党全面失败，终至陷入无可挽回地步的原因，是政治、经济、外交，乃至于教育的失败。
>
> （1948年9月1日）

> 针对济南战役的失败，国防部检讨了各种原因，但个中最重要的原因，乃是中央在高级司令部人事及组织方面的督导统驭无方。
>
> （1948年9月28日）

这时候，蒋介石已经预想到败北的可能性，并且开始着手进行诸如空军转移等撤退到台湾的事前准备。在之前的中日战争中，蒋介石曾经提出将日本军牢牢拖在中国内陆，"以空间换取时间"的持久战构想，让日军吃尽了苦头。

而这时，蒋介石再次打算以台湾为据点，和中共进行最后的决战。在日记中他这样写道：

> 终日沉浸苦痛、沉痛与耻辱之中，任凭时间流逝，并不断思索该如何运用时间及空间，以进行最后之决战。（1948 年 11 月 7 日）

蒋介石气魄惊人之处，就在于他彻底的自我反省能力。读蒋介石日记时，可以深切地感受到这一点。纵使身处苦境，也绝对不会让自己完全被负面的情感所支配，而是不断试图踏出起死回生的关键一步。这种惊人的韧性，或许正是蒋介石最值得敬佩的长处之所在吧！

在 1949 年 3 月 28 日的日记中，蒋介石以"在此逐条写下此次失败之重要原因，以期作为今后反省改革之借镜"为标题，写下了以下内容：

> 甲、"外交失败乃是最大的近因"（作者注：此处应指美国的中断支持）。
>
> 乙、"军事教育及高等教育的失败，乃是最大的根本败因"。
>
> 丙、"党内分裂与组织崩坏，乃是失败最大的总因"。

丁、"经济金融政策的失败，实为军事崩坏的总因"。

之后，蒋介石彻底列举了数十条失败的原因，而名列第二条的是"军事教育的失败"。这正是蒋介石聘请白团的原因。

同年 10 月，蒋介石又这样写道："我们之所以会走向今日的失败，其原因虽然相当之多，但最主要的原因，乃是军队的崩坏；而军队之所以会崩坏，其主要理由，正是我们的军事制度中关于教育、人事以及管理等各方面的不健全所致。"

超乎寻常的期待与信赖

纵使如此，在阅读白团结成之后的蒋介石日记时，我还是可以清楚地感受到蒋介石对于白团非比寻常的期待——或者说得更清楚一点，是一种超乎常规的信赖。

蒋介石简直就像把自己当成学生一样，频繁地前往军训团实践学社，并且相当热衷地聆听日本军事教官"上课"。

前往军训团，听白鸿亮讲授战争哲学课程。

（1951 年 7 月 24 日）

9 时 50 分往实践学社，听有关"日本在太平洋战争中作战指导失败之因"的授课。

（1953 年 4 月 23 日）

10 时于实践学社，听亚历山大大帝战史，深觉己身之学识贫乏，以及学问之重要性。

（1953 年 9 月 30 日）

总而言之，在蒋介石日记中，提及白团人员及其活动的部分相当多。

1949～1954 年这 5 年间，在我所阅读到的日记内容中，提及白团的部分超过百次。如此多的提及次数，正证明了蒋介石对于白团乃至对于日本的强烈关切。

当时的国民党，拥有不少颇有能力的将军。

陈诚、汤恩伯、孙立人、阎锡山、白崇禧……不论哪位，都是历经北伐、抗战、国共内战生存下来的猛将。他们不仅在和人民解放军的战斗上有着相当的经验，而且跟随蒋介石的时间也都颇长。然而，当阅读蒋介石日记时，我们可以发现，这几位经验丰富的将军和蒋介石之间会谈的次数可以说少得可怜。就算会面，交谈的内容大概也都仅限于事务性的商议或报告。

蒋介石不管在日本还是中国，都不曾接触过最高层次的军人教育。在日本，他在进入陆军士官学校就读之前，便已经因为辛亥革命而返回了中国；而在蒋介石年轻的时候，中国根本不存在所谓的军人教育机构。或许，正是因为这种自卑感，蒋介石对这些经过美日严格军事教育锻炼出来的将军们抱持着一种复杂的心态，并且刻意和他们保持着某种程度的距离。

事实上，蒋介石对这些基本上算是"自家人"的国民党将军并没有什么亲近感，而当他在战后移居台湾、逐步巩固了权力基础之后，这些将军便陆续被疏远。

与之相对，蒋介石不仅经常和白团的成员会面、讨论、进餐，而且也的的确确不厌其烦地听取他们的意见。单以蒋介石日记的记述来判断，自1949年至1950年代前期，富田直亮和蒋介石几乎每周都会固定进行一次一对一的谈话。在这个台湾与蒋介石均处于极端危险状态的时刻，富田可以说是蒋介石身边极受信赖的军事顾问之一。

二　在圆山的日子

最初其实是公开性组织

在以介绍"白团在台湾活动"为主旨的本节开始之际，请容我在此试着把横跨近20年的白团历史，划分为以下四个阶段：（本书中所提及的部分，主要是以Ⅰ、Ⅱ两期为主）

Ⅰ期

革命实践研究院圆山军官训练团时代：1950～1952年

Ⅱ期

实践学社时代：1952～1963年

Ⅲ期

实践小组时代：1964～1965年

Ⅳ期

陆军指挥参谋大学时代：1965～1968年

Ⅰ期的革命实践研究院圆山军官训练团时代，既是白团的草创期，同时也是它的最盛期。

革命实践研究院是蒋介石有鉴于在中国大陆"革命的失败"，为了对国民党干部进行再教育，于 1949 年在阳明山设立的机构。举凡政府的公务员以及党的骨干，都有在这里接受一个月训练的义务。革命实践研究院的院长由蒋介石亲自担任，因此也可以说是"蒋介石的学校"。由白团所主持推动的军人再教育，一开始正是以革命实践研究院军事部门的面貌出现的。

尽管之后为了躲避美军警惕的目光，白团潜入地下，成为所谓的"隐形组织"，但在这时候，革命实践研究院麾下的圆山军官训练团，确实是属于公开性质的组织。现在一提到"圆山"，大家似乎都会联想到台北的地标——圆山大饭店，不过，"圆山"其实是台北北部的一个地名。最初，此一军人再教育组织被命名为"训练班"，不过很快便更名为"训练团"，团长由蒋介石自己担任。

"对尉官以上的所有军官进行再教育"，军官训练团之所以揭橥此一彻底的目标，正是因为蒋介石认定国民党的失败乃是因为军人的军事能力和纪律不足。

蒋介石任命他相当信赖的将军彭孟缉担任训练团的教育长，王化兴①担任副教育长。彭孟缉毕业于黄埔军校，是国民党新生代的精英将领，在担任白团教育长后一路高升，历任

---

① 国民党将领，长期任职于胡宗南的麾下。

"陆军"总司令、"驻日大使"等职务。

普通班与高级班

圆山军官训练团的课程，可分为"普通班"和"高级班"两类。普通班是以少校、上尉、中尉等基层军官为教育对象，授课内容从最基础的步兵操典教练开始，一直到师团级战术的培训，基本上呈现出一种类似日本陆军士官学校的形象。

普通班施教的时间为一期35天，扣除星期天正好30天。每天上午早上8点到12点授课，中午休息2小时，下午2~4点继续上课，一天要学习6个小时。

军官训练团普通班第一期于1950年5月22日开始，共有165名学生参与。其后，直至1952年1月24日毕业的第十期为止，由于课程大受好评，所以人数也确实不断增加，到第十期的时候，人数已经达到729。

另外，高级班的授课对象则是上校以及少将以上的级别，其中甚至也不乏师长以及军司令官等级的将领，因此教育内容自然也与普通班有极大差异。高级班主要是学习军团至师团等级的战术，大体上相当于日本陆大的程度。除了战术训练外，高级班课程也包括了沙盘推演、战史教育、后勤教育等。它的施教时间较普通班略长，一期大概要3个月以上。

高级班一共举办了三期，第一期的参加者为105人，第二期258人，第三期则有277人。不限于陆军，空军和海军的军官也参与了培训。事实上，我们可以毫不夸张地说，当时在台湾的师长和军司令官，大半都参加了这项培训。

松田康博在《台湾的一党独裁体制之建立》中指出，蒋介石事实上在利用高级班，设法抑制敌对派系陈诚系的坐大。举例来说，陈诚的嫡系胡琏将军，在 1 个月的训练终了后，被蒋介石批示为"不合格"，需要再进行 1 个月的追加训练。而在这段训练期中，蒋介石便将胡琏麾下的师团长全部换成了不同派系的军人。

当在高级班教授后勤课程时，眼见国民党军中普遍"轻视后勤"的心态，日本教官不禁大为惊讶。在深感"轻视后勤乃是日军败于美军之主因"的日本军人眼中，这想必是个相当严重的问题吧！

在《"白团"物语》中，当岩坪秀博（中文姓名江秀坪）回忆起这段往事时，是这样说的："（国军）无视后方、轻视后方的情况，我感觉较日本更加严重；他们对于后勤方面的问题，简直是一无所知。在司令部演习时，要是我把哪个军官任命为后勤参谋，马上就会有这样的抱怨：'难道我就这么差劲吗？'于是，为了让他安心，我只好这样告诉他：'若是作战参谋的话，不管哪个军人都可以当，但是后勤参谋，就只有深入了解后勤的人才能担任。正是因为你很优秀，所以我才任命你担任这个职务的！'（笑）"

根据统计，在这两年的军官训练团时期，包括普通、高级两班，共有多达 4696 人的军官在此受训。对于军官训练团在如此短的时间内便产生如此巨大的效果，蒋介石大感惊讶，于是向日本方面提出要求，希望能再增加白团教官的人数。

1951 年，日籍教官的人数达到了白团 20 年历史中的最高峰。根据偕行社《"白团"物语》所述，这时候的白团总共有76 名成员隶属其下。据说，当时每到星期一早上白团要召开全员参与的"会报"的时候，因为在台北以外授课的成员也都要回来，所以不得不在北投宿舍里弄出一间隔间打通的房间，好用作容纳所有人的会场。

人事训练班与联勤后勤班

大体来说，前往普通班和高级班受训的军官，都必须暂时脱离原本的任务，搬到宿舍里居住，并接受密集的进修与训练。不过，当时除了普通班和高级班以外，其实也有一边维持现职一边接受授课的班级，那就是所谓的"人事训练班"与"联勤后勤班"。

所谓人事训练班，是蒋介石鉴于军阀出身的军官一直以来总是横行无忌、恣意妄为地做出地域色彩强烈的人事安排，在重建军队之际，着眼于人事制度的大改革而设立的训练课程。人事训练班的实施时间是 1951 年的 5 月和 6 月，共计两回，每一回的授课时间是一个月，参与的人数大约是各 500 人。负责这项课程的核心人物，是白团的中岛纯维少佐（中文姓名秦纯雄）。中岛来自熊本县，是陆军士官学校 46 期毕业生，他曾经担任过近卫第三师团的参谋，在战争结束时正在参谋本部担任人事官员。因为他有这方面的经历，所以有关人事教育的部分便交由他来负责。中岛在台湾待的时间很长，一直到1964 年 12 月才归国。

"联勤后勤班"实施的时间是 1951 年 8 月下旬至 12 月末，每周上课一到两次，上课时间由下午 3 点到下午 5 点共两小时，主要讲授的内容是军队的后方任务，也就是所谓的后勤。这也是鉴于国民党军普遍轻视后勤而特地开设的课程。参与本课程的总人数大约有 200 人，据说其中也有上将级别的将领相当热忱地参与其中。负责这方面课程的主要人物是山藤吉郎少佐（中文姓名冯运利），以及前面提到的岩坪秀博（江秀坪）。

山藤来自枥木县，陆军士官学校 44 期毕业，1951 年 5 月来台，1952 年 3 月便回到日本，停留在台湾的时间不满一年。另外，岩坪则是 1951 年 3 月来台，此后便一直留驻台湾；1968 年白团解散时，他是当时最后留下的几位成员之一。

公平的评分机制

军官训练团的教育，对于白团的教官们似乎也产生了相当大的冲击。

在《"白团"物语》里，岩坪就曾经介绍过一段关于当时在高级班就读、名叫方先觉①的司令官的轶事。方先觉曾于 1944 年在与日军的作战中遭俘虏，不过后来却巧妙地逃出了牢笼，并获蒋介石亲自授勋。这位方将军在野战中表现得相当勇敢，同时也有相当优秀的实绩，但其战术方面的知识却显得十分贫乏。

---

① 国民党名将，抗日战争期间曾以 17000 孤军，在衡阳抗击日军 10 万人，艰苦奋战达 47 天之久，事后获蒋介石颁予青天白日勋章。

最后的大队：蒋介石与日本军人

> 对于这件事，我到现在还记忆犹新。最初，我试着要他针对阵地攻击之类的战术问题作答，但结果却是一塌糊涂，完全不行。最后，我只好画一张地图，再画一个大大的箭头指着说要从哪里攻击哪里，靠这样的方式来诱导他。

不过，随着反复的教育，"我发觉眼前的这些人，其实只是不曾获得好好接受教育的机会罢了。他们不仅成长的速度相当快，而且同时也表现出了相当优异的能力"。岩坪感动地说道。

只是，这种指着鼻子大骂、毫不留情指出错误的日本式教育方式，果然还是会让受教的军官觉得没有面子。"他们觉得自己被教官贬低过了头，颜面扫地，于是产生了相当强烈的排斥心理，甚至愤怒到脸色大变；为此，我们不得不在某种程度上稍微缓和一点。"（岩坪）为了拿捏适当的分寸，白团教官们可以说是既劳心又劳力。

国民党军内部之所以给予白团教育极高评价，似乎是因为他们的评分标准既公正又值得信赖。

回顾当时，国民党军内部充满了错综复杂的派系与人脉关系。各派系的军人为了"提拔"自己的嫡系，对于同一派系的军人，往往毫不掩饰地给予极高的分数。然而，身处这种派系藩篱之外的日本教官的评分标准基本上很公平。就连蒋介石本人也把白团教官所打的分数当作是否擢升某个军人的重要参考标准。当这件事情流传开之后，申请参加的人数便急剧增加了。

在被美国舍弃的时候……

不过，以台湾的保护者身份被派遣来台的美军顾问团，对于白团的存在感到相当不快。尽管两方都是为了同一个目的——协助防卫台湾而来到这里，但是对于拘泥于"能给予台湾军事援助的，就只有我们美国而已"这一前提的美军而言，不管怎么说都不能算是通过正式渠道，而且抱持着美国人所不能理解的"报恩"动机来台的旧日本军人，看起来实在是相当刺眼。也正因为如此，他们不断向蒋介石强烈施压，要求他驱逐白团。

然而，根据糸贺在我的访谈中所言，蒋介石相当坚定地认为："白团在美国舍弃我们的时候仗义相助，现在怎么可以毫不讲理地就把人家赶回日本呢？"

如前所述，美国曾经一度舍弃了在国共内战中败北的国民党。就在败走台湾的国民党面对共产党的军队随时可能"解放台湾"的危难之际，1950 年 1 月，美国的杜鲁门总统声明"不介入台湾海峡"，并将台湾以及朝鲜半岛排除在美军的"最后防守线"之外。1950 年 5 月，美国甚至已经发出警告，要求驻台湾的"大使馆"人员准备撤退，并且开始认真考虑蒋介石以及国民党干部逃亡时的落脚地点。

然而，由于美国政府的情报失误，随着 1950 年朝鲜战局的日趋激烈，深恐东亚赤化的美国态度转为支持"台湾海峡中立化政策"，并派遣美国海军第 7 舰队前往台湾海峡。

白团的成立与实现，正是在台湾的命运发生转折的这短短一瞬间。在美国舍弃了台湾的时候，白团诞生了并且开始逐步发展；之后不久，美国又重新恢复了对台湾的支持。这时候的蒋介石，深深地陷入了对美国的绝望及感谢两种矛盾复杂的情绪当中。一方面，他对于在自己苦难的时候仗义援手的白团怀抱着深深的感谢之情；另一方面，美国的军事援助仍然是他赖以防卫台湾乃至反攻大陆的关键，这一点也一直没有变过。

1951 年 1 月，美国决定向台湾派遣军事顾问团，并缔结《共同防御条约》。来到台湾的美军顾问团彻查各司令部的经费之后，发现了白团的相关经费，并且将它当成"背叛"的证据，态度强硬地对蒋介石苦苦相逼。

威廉·蔡斯

阅读蒋介石日记之后，有关蒋介石和美方之间围绕着白团的激烈角力，便跃然纸上。

当初，美国原本打算任命一位名叫库克，个性比较温和的军人担任美军顾问团的团长，但之后却换成了一位名叫威廉·蔡斯（William C. Chase）的将领。蔡斯是位个性相当强甚至到了咄咄逼人地步的军人。针对白团的问题，他不断对蒋介石施加压力：

> 午后，阅读蔡斯顾问的意见书。

（1951 年 6 月 22 日）

自 1951 年 4 月至 1955 年 6 月间担任美军驻台军事顾问团团长的蔡斯，在对蒋介石提出的意见书中，传达了自己对于白团的疑虑。

而蒋介石在阅览了蔡斯的意见书之后两天，在日记上写下了这样一段文字：

> 今日极其痛苦且迫在眼前不得不解决之检讨事项，乃是美国顾问蔡斯的报告与建议书。关于日本教官的运用契约，非更加仔细思考不可。
>
> （1951 年 6 月 24 日）

又过了 3 天，蒋介石和蔡斯进行了一次会谈。身为接受美国军事援助的一方，蒋介石在蔡斯的强烈要求下，不得不和对方当面恳谈。在这场会谈的最后，蔡斯果然提出了白团问题：

> 蔡斯对我表示说，美国在对各国进行军事援助之际，都有一项先决条件，那就是"只能雇用美国军事顾问"；基于这个立场，蔡斯针对我继续雇用日本教官这件事，表达了坚决的反对之意，而我并没有当场做出回应。
>
> （1951 年 6 月 27 日）

即使到了第二天，蒋介石仍然苦恼不已。在这一天的日记中，蒋介石坦然写下了这样的苦恼："关于美国顾问对日籍教官的排斥问题该如何解决，思考良久。"

传唤冈村

这时，美国不仅在台湾，在日本似乎也对白团展开了更加强力的打压。当时，日本的报纸和杂志已经陆陆续续刊载了对于白团的零星报道。于是，GHQ 对在日本控制白团的冈村宁次发出传唤命令，要求他前往位于日比谷的 GHQ 总部接受讯问。

据当时和冈村一起接受传唤、白团的实际运作负责人小笠原清回忆，GHQ 派出了一名隶属于 G2、被称为"上校"的人对冈村进行讯问。

面对这名"上校"，冈村是这样回答的：

我们绝对不能失去中国大陆。我辈为了报答终战时的恩义，进而参与（台湾的军事训练）这件事以及我们的行动，与美国的利益并没有抵触。相反，美国应当感谢我们才对；毕竟，美国不正是因为对中国大陆的认识不足，才导致丧失了整个大陆吗？

听了冈村这番说教似的陈词，上校只说了一句"我明白了，请回吧"，便将冈村无罪释放了。小笠原清在回忆录里，把这件事当成了一件有趣的插曲来描写。

然而，实际的情况并没有这么轻松惬意。冈村虽然获判无罪，但他仍是战犯名单上有案底的人物，因此被美国（GHQ）

给盯上，不管就哪一方面来说，这对他而言都不是什么可喜的事情，想必他的内心也会因此而不安吧！事实上，根据《蒋中正"总统"文物》中的资料显示，在应当是接受 GHQ 讯问之后不久的某个时期，冈村写了这样一封信给蒋介石：

> 承蒙您对白团不断的指导与照应，在下实在感激不尽。只是，最近伴随着美军顾问团的抵台，他们与白团之间的关系究竟会如何发展，实在令在下隐隐感到忧心。
>
> （1951 年 7 月 26 日）

1952 年，在美军顾问团的强硬介入之下，白团的活动受到了相当大的限制，编制也被迫缩小。只是，蒋介石仍然执拗地将白团保留了下来。白团的名称，从原本在国民党组织之下、被赋予正式地位的"圆山军官训练团"，转变为军事组织色彩较为淡薄也比较平凡无奇的名字"实践学社"。为了掩人耳目，训练地点也从圆山转移到远离台北市中心的石牌。也就是从这里开始，白团开始了他们在台湾发展的第二个时期。

联战班、科训班

白团成员人数最多时曾达到 76 人，1952 年的时候，尚有 10 多人已经办妥访台手续，准备动身前往台湾；只是，随着情势的演变，不仅这些人抵台的计划被取消，就连已经身处台湾的白团成员，也在朝着逐渐削减的方向发展。同时，白团教官的头衔也不再是军事顾问，而是变成了"外籍教官"。然而，就实际状况而言，他们的任务跟军官训练团时代相比并没有改变，执行的仍然是一种军事教育任务。事实上，我们可以说，在实践学社存在的这10年间，一套长期且稳定的军事教育规划由白团建构起来，这才是他们真正发挥本领之所在。

以实践学社为主体展开的"党政军联合作战研究班"（联战班），自1953年7月至1963年12月一共开办了12期，每期的时间约为8个月，共计707人受教。授课内容和军官训练团一样，从少将到上校、中校，不同级别都有人参与这个研究班。蒋介石的次子蒋纬国是联战班的第一期生，之后还被派任为白团的监护人。除了蒋纬国以外，包括后来历任"参谋总长"、"行政院长"等要职的郝柏村等一批前途看好的年轻军人，也都被送进了联战班受训。

联战班之外，另一个相当值得关注的军官训练组织，是所谓的"科学军官储训班"（科训班）。

关于这个班级的设置理由，糸贺公一在《"白团"物语》说："蒋'总统'考虑到国军历经长期的战乱，在科学方面的基础教育相当不足，非得加强不可，因此他认为也有必要特地拨出时间，就这方面进行相关的训练。"

科训班开课的时间是1959年6月到1964年1月，一期的授课时间是一年半，比其他课程时间要长。科训班一共举办了三期，共有160名陆海空军的少校、上尉等基层军官，接受了这项课程的教育。

科训班的教育内容大抵是以日本的旧陆军大学为准，入学者必须是参谋大学前 10 名毕业、受到部队推荐，并经过选拔考试合格的人员，其门槛相当高；说得更精确一点，科训班所代表的正是军队精英培养体系的实现。

蒋介石的目标是培养未来成为国民党军核心的优秀人才。为此，他不仅一一接见科训班的毕业生，而且对科训班另眼相待。

除了以上的班级之外，1963～1965 年，亦即实践学社存在的最后几年间，又开设了所谓"高级兵学班"，中将级以上担任要职的军官前往本班受教者，共有 118 人，教育内容包括中国共产党战略战术研究，"反攻大陆"作战指导，"国家"总动员的方法，等等。由于参与者都是现职人员，因此上课时间为半天，由富田团长亲自担任讲师。在这里受教育的学生，多半是联战班的毕业生；换言之，台湾的军官在各个阶段中，曾经两度乃至三度接受白团教育者不在少数。蒋介石所期盼的"日本精神"，透过这样的细腻方式，无可置疑地贯注到了学生的培养过程中。

在餐叙中

1964 年底，白团的成员大幅缩减，原本留下的 25 位教官，有 20 人回国。接着在 1965 年 8 月底，实践学社也宣告解散。同时，白团在台湾方面的联络员与监护者，也由彭孟缉换成了蒋纬国。仅剩 5 人的白团改称"实践小组"，并于 1965 年 1 月将据点转移到由蒋纬国担任校长的陆军指挥参谋大学（第 3～4 期）。

最后的大队： 蒋介石与日本军人

根据《"白团"物语》，这个时期的白团主要负责以下 4 项任务：

1. 协助陆军总部。
2. 协助作战发展司令部。
3. 协助陆军参谋指挥大学。
4. 在其他方面进行协助。

在这当中，他们实际每天从事的任务，就是协助陆军参谋指挥大学，也就是协助台湾方面进行教官的培训。

白团对陆军参谋指挥大学的主任教官们进行兵推及战术统裁方法、前线作战战术、后勤支持等多方面的教育。这种教育采用两阶段形式，前期是直接对教官进行教育，后期则是针对教官对学生们的教育进行指导。

另外，白团在从事教育的同时，也随时会前往台湾各地的部队与学校视察；据说若是被他们检阅的部队成绩不佳，部队长官便会遭到撤换的命运。蒋介石的目标，是要借助没有特殊人际关系和利害纠葛的白团的眼睛，来肃正部队的纲纪。

实践小组最终也于 1968 年迎来了解散的终局。第二年，也就是 1969 年的 1 月 13 日，白团全体成员返抵日本，并在 2 月的时候，于东京举行了解散仪式。

在这段最后的时期中，蒋介石几乎每个月都会召集白团的教官进行餐叙。除此之外，他也把握各式各样的机会，希望能从白团教官这边获取更多的知识以及关键建言。

据糸贺的回忆，当时的情况是这样的：

> 蒋介石相当盛情地款待我们这些外籍教官；每当餐叙结束之后，他便会要求我们陈述自己的意见。当我们各自表达完之后，他便会立刻叫在座的参谋总长过来商议。蒋介石对日式教育尤其充满热情，总是要我们告诉他有关军制学①方面的种种。"明治维新后，日本为何能在那么短的时间之内，建立起一支强大的军队？我想知道其中的秘密。（……）就请你们告诉我，你们在日本所学到的有关这方面的秘诀吧！"当时他召唤来餐叙的人员不限于军人，也包括了政府当中的诸位重要人物。

接下来，我想记述白团除了教育以外，在台湾所留下的其他具体成果。

三　模范师与总动员体制

第 32 师

国民党的军队在中国大陆与共产党军队的战斗中遭到彻底

---

① 研究军队的组织、编制、兵役、装备、训练、管理、教育、纪律、动员等的学科。

最后的大队： 蒋介石与日本军人

失败，最后陷入了称之为"瓦解"也不为过的惨状之中，而蒋介石信赖的嫡系所率领的各个军团，也全都遭到了惨痛的失败。为此，蒋介石非常希望能够确保一支实战部队，以作为将来"反攻大陆"时的主要战力。若是以日本的状况来说，蒋介石所想要的，就是一支地位类似于近卫师团的部队。

于是，蒋介石向白团提出请求，希望他们协助创立一支模范师团。他选中了位于新竹湖口的"第32师"，针对这个师展开彻底的日本式训练。

被任命为第32师师长的是张柏亭将军①。张柏亭也有在日本留学的经历，在圆山军官训练团时期，他也曾担任副教育长一职。在第32师的下面，分别设有第94团、第95团、第96团等三个步兵团。

白团从台北派遣了10名以上的成员，前往第32师进行训练。对白团而言，这是除了在台北的军事教育之外，另一个最重要的计划。

负责辅佐张柏亭的是村中德一（孙明），而隶属其下、各自分布于三个步兵团当中的人员，分别是第94团的美浓部浩次（蔡浩美）与中山幸男（张干），第95团的佐藤正义（齐士善）与池田智仁（池步先），以及第96团的井上正规（潘兴）和新田次郎（阎新良）。

---

① 出身国民政府中央军嫡系的军人，淞沪战役期间曾经担任"800壮士"在上海的联络人。

另外，在装备的使用方面，机关枪由新田负责教导，迫击炮由市川芳人（石刚）负责教导，通信则由三上宪次（陆南光）负责教导。包括各项细节在内，都采取彻底的日本式教育。

其实，当初白团并没有想过要投注这么大的心力。只是，先前村中在视察第32师的时候提出了一份报告，而这份报告引起了蒋介石的兴趣，最后形成了训练模范师团的契机。

对于第32师的实力，白团是这样评价的：

（编成装备）极其贫弱，特别是炮工兵、搜索等特科部队，更是贫弱到了极致。不仅如此，将来训练所必需的教育资料、资材以及设施等，一切都不具备。

就士兵素质而言，该师士兵的个性相当温顺，体力与旧日本军的士兵比也并不逊色，然而一般常识和教育程度则都偏低。

至于士官素质方面，该师的士官在个性以及体力方面，都跟士兵一样并不算差，但是指挥以及教导的技能，则只相当于旧日本军的上兵程度而已。

这支军队的成员，从十四五岁的年轻小伙子到50岁以上的老兵，全都混杂在一起。当相关人员向白团介绍说"这就是台湾的精锐之师"时，白团的成员不禁为之哑然。

白团成员判断，若是不完全推倒重来的话，要让第32师脱胎换骨是根本不可能的。于是，他们将教育期分成三个阶段，分别是 1951 年 1 月开始的半年、1951 年年中至年底的半年，以及 1952 年的上半年。按照步兵、骑兵、炮兵、工兵各兵种，安排相关的教育进度表，开始训练。对于白团的教导，第 32 师的官兵都表现出相当的感激之情，但是他们对这些教官教导的内容的吸收进度，仍然是如匍匐前进一般缓慢。

湖口模范兵团的训练工作，在 1952 年之后交给了美军顾问团继续进行。在这之后，蒋介石萌生了一个想法，即是否要派遣白团到最前线金门，进行同样的模范兵团建设？然而，这个想法一出，立刻在白团中引起了"该去"和"不该去"的议论。纵使白团的成员都有着"赌上性命"的意识，对于是否奔赴最前线，成员之间的热度还是有着相当差异。最后，冈村宁次下了"我无法担起这个责任，因此不该前往该地"的判断，于是这个建议就被取消了。

"战利品"

由于撤退到台湾的国民党军队数量有限，因此在与共产党进行战斗的时候，能够集结多少兵力，就成了眼前最大的课题。

鉴于这一点，蒋介石下定决心，要导入日本式的动员制度。

陆军士官学校 44 期毕业、曾有第 4 师团动员参谋经验的山下耕（易作仁），因为是动员专家，所以被指定为动员小组的领队。以山下为首，白团派出了大桥策郎（乔本）、富田正

一郎（徐正昌）、笠原义信（黄联成）、土屋季道（钱明道）、
川田一郎（萧通畅）、美浓部浩次（蔡浩美）、小杉美藏（谷
宪理）、松崎义森（杜盛）、河野太郎（陈松生）等10人执行
这项重要的计划。

　　山下在1951年6月21日抵达台湾。当他到达台湾的第二
天，圆山军官训练团的教育长彭孟缉，便将他找来表示说：

　　　　"总统"强烈期望，能够从日本教官这边学到有关动
　　　员的方法。

　　在这之后，山下便开始针对台湾的状况，进行有关动员计
划的检讨与考察。然而，蒋介石却不给他慢慢准备的时间，反
而着急催促他说："我希望最近就能举行动员演习。我也会亲
自出席，希望能尽早让我知道举行演习的时间。"蒋介石非常
喜欢演习，不管什么事情，似乎都希望白团能够在他面前演练
一下。

　　于是，山下于1951年10月在一场集结了国民党各重要干
部的会议中，首先发表了他的看法。当天与会的人不光是蒋介
石，包括"行政院长"陈诚等在内的有头有脸、鼎鼎大名的
人物也都出席了这次会议。面对这些国民党高官，山下给了他
们一记严厉的当头棒喝：

　　　　台湾根本没有实施动员和征兵的基础可言，就连兵役

制度也不可能推行。现今国民党的军队全都处于临战态势，也就是野战的配备体制，但是这样是绝对没办法进行动员之类任务的！若是要推行日本式的动员，那不设想平时的状况就绝对不行；日本各地的师团、连队司令部，都有负责动员任务的单位，但是在台湾的军队中，根本看不到类似的组织。不仅如此，台湾也没有可以动员的后备兵力，甚至连士兵的名册都无法确实掌握，总之就是什么东西都没有；这种情况要是不加以整顿，动员什么的根本是不可能的事情！

事实上，中国原本就没有所谓动员的概念。所谓军队，只有身为超级精英的军官，以及从农村用"拉夫"的方式强迫征召而来、没有任何知识与经验的士兵这两种状况。有鉴于此，白团为了动员演习，设立了名为"复兴省动员准备委员会"的准备组织，以彭孟缉本人兼任副司令官的保安司令部为中心，开始进行动员的准备。

就这样，1952 年 2 月，台湾第一次动员演习开始了。演习的中心，是由白团以模范师团方式培训出来的湖口第 32 师担任模拟一个军团的演习部队。

但是，这时最大的问题是，在白团手边，根本没有作为动员基本中之基本的"军队计划动员令"可供依循。为此，他们试着询问日本方面能否提供相关资料，但日本方面的回答是，在战后的混乱中，陆军的机密资料或者四散佚失，或者被

GHQ 查扣，因此不可能获得这方面的资料。

不过，塞翁失马，焉知非福。在中日战争期间，华北的国民政府军谍报人员曾经从日军那里截获一份日语写成的军队计划动员令，并且由国民政府将之翻译成了中文。

山下等人听说"国防部"有这份资料便前往探询，并且确认了这是货真价实的日军动员令。尽管国民政府并不知道翻译出来的这份文件有什么意义，也不知道该如何利用它，但他们还是把它保存了下来，并且在撤退到台湾的时候也一起带了过来。

只是，因为这份资料不是日语原文，所以在使用的时候，还得再把它翻译回日语才行。这可以说是相当有意思的状况。

动员令到手之后，也就可以开始进行具体的动员教育了，于是实践学社在 1952 年 8 月设立了"动员干部训练班"。在 1952～1959 年这 7 年的时间当中，动员干部训练班总共教导了高达 9330 名军干部有关动员教育的知识，这是一个相当惊人的数字。

"国防部"也开始发动起来，在部内组织了"动员设计委员会"。委员会的负责人是当时担任副参谋总长的萧毅肃将军①。动员设计委员会集合了"国防部"底下的陆、海、空各军司令部人员，每周就动员问题进行商议与讨论，据说山下等

---

① 出身川军的国民党将领，曾任中国远征军参谋长、中国陆军参谋长，并代表国军接受日军投降。此时正负责来台国军的整训计划。

白团相关人员也会出席会议。

金门防卫战

1958 年 9 月 6 日，"中华民国特命全权大使堀内谦介"，向内阁总理大臣（当时由外务大臣临时代理）① 发出了一封官方电报。

电报的标题名为"有关马祖岛之防卫状况等事项"。告诉我有这份官方电报存在的是专研中国近现代史的学者——法政大学助理教授福田圆。

1958 年 8 月 20 日，大陆从福建省对金门岛发动猛烈炮击。关于这场战役，大陆称为"金门炮战"，台湾则称为"八二三炮战"。台湾方面包括高级军官在内阵亡人数超过 400人，而美国也表现出不惜强行介入的态势。凡此种种皆使得紧张情势不断升高，因此这次炮战又被称为"第二次台湾海峡危机"。

这时，白团的团长富田接受蒋介石的委托，对台湾海峡情势进行分析。

据这份电报指出，"富田在接受有关台湾海峡情势的咨询之际，蒋'总统'表示，他对金门的防御并不感到担心，但对马祖则相当担忧，因此他直接向富田提出请求，希望富田团长能前往马祖视察"。

整件事情的经过大概便是如此。

---

① 此时的代理总理大臣（首相）是与台湾和蒋介石关系甚为友好的岸信介。

马祖列岛由数个岛屿构成，和金门一样是两岸对立的最前线；它位于距台湾约 100 公里远的东北海域，和大陆之间的距离大约是 50 公里。当时，在马祖这里共有 1.2 万名居民，而配置在此进行防卫的官兵数目则比居民更多，达到 2 万人的规模。

根据电报所述，对于马祖的形势，富田做了这样的分析：

> 以现在的情况而言，共产党的军队若是打算攻击马祖的话，他们所留下的支援火力，可以说相当不足。
>
> （和金门相比），马祖对岸中共阵地的炮台数目，要少得多。
>
> 马祖正面的共产党的军队约两个军（6 个师），分散在广大的地域之中；另外，当地的海军兵力也相当不足，同时也没有登陆用船只集结的迹象。

综合以上几点，富田得出了如下结论：

> 虽然我也曾思考过，这次中共对金门的炮击，是为了登陆马祖而展开的佯动作战，但是，即使中共现在要对马祖进行攻击，也还需要相当多的准备时间，因此我并不认为目前马祖的形势处于紧张状态之中。

根据自己的观察，富田做出了"马祖受到攻击的风险相当低”的判断。

在金门岛深陷危机的时刻，不仅富田本人，而且白团的教官们也都活跃在战场第一线。岩坪在生前曾经做过这样的回顾："当时，教官们前往金门岛，针对火力配置的死角进行彻底修正，从而使得防卫完美无缺。"

在白团活动的这段时期，日本与台湾仍然维持着"外交"关系，同时也设有"大使馆"。在富田视察马祖的这封官方电报中所隐约浮现的，或许正是白团与日本"大使馆"之间相互建构、彼此联系的渠道吧！

在白团最初起步的时候，它是违反日本政府方针的地下组织，但至少我们可以证实，在金门炮战的这个时候，白团与日本"大使馆"之间的交流已经毫无障碍，甚至可以说到了公开的程度。

根据担任富田专属副官的村中德一所述，富田经常会造访"大使馆"的参事官宅邸，和对方一同享受自己所喜欢的桥牌。同时，"大使馆"也会每个月赠送日本酒给白团。在这些旅居台湾的日本人之间，似乎产生了颇为亲密的交流。

尽管我们目前还无法清楚得知白团在日本对台"外交"中究竟扮演了怎样的角色，但至少从他们和"大使馆"人员间的密切关系来看，身处台湾体制中枢的白团会向日本提供一定的情报，这是十分确定的。

第六章
户梶金次郎所见的白团

户梶金次郎追悼集的封面是早年
蒋介石致赠的"风雨同舟"
贺词（作者拍摄）

户梶金次郎在白团
契约书上的签名
（作者拍摄）

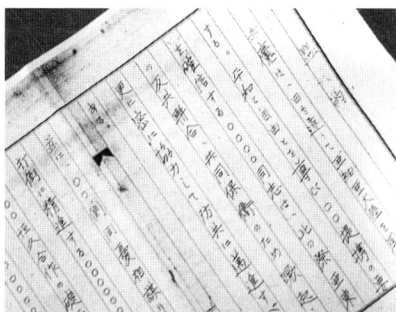

一　军人的肺腑之声

《风雨同舟》

2012 年冬天的某个周末，当我在东京的国会图书馆里发现白团成员户梶金次郎（钟大钧）的追悼集《风雨同舟》时，面对那以鲜红色封面装帧的豪华外貌，我不禁感到有点困惑。

通常，家属为了故人而制作的追悼集，装帧的形式几乎都是和自费出版品的风格差不多；比起装帧之类的外表点缀，他们更加重视如何将追悼的内容刊载出来。然而，这本《风雨同舟》，却明显大异其趣。

封面上的烫金题字，似乎在强烈地表达着，这本书并不只是一本由遗族出版、泛泛的追悼集。

然后，当我翻开此书时，不禁雀跃了起来。因为在这本追悼集中，聚集了相当多白团成员写给户梶的追悼文。不仅如此，在他们的文章当中，也包含了许多我之前不曾得知、有关白团活动的点点滴滴。

当一篇篇阅读完白团的其他旧友写给户梶的追悼文之后，接下来出现的，便是户梶回顾自己人生的篇章。这本回忆录大概是由遗族汇整而成的，它的形式是以日记体裁写成，内容可以说是极为详尽。

只是，身为战术、通信专家，将生命中长达 14 年的时光奉献给白团的户梶，在这本回忆录中，对于白团的事情却几乎只字未提。因此，毫无疑问，这本《风雨同舟》对于白团的部分是刻意遗漏的。

"Kane 桑"

户梶出生于高知县中央的日高村江尻地区，是户梶金造与春卫的次子。

他在土佐的中学毕业后，便进入陆军士官学校预科就学。1921 年（大正十年），他成为陆军士官学校 47 期的学生。在这之后，他以未来通信部队指挥官的身份，在千叶陆军步兵学校接受通信课程的相关训练。

结束陆大的深造之后，户梶在太平洋战争末期的 1943 年被派任为陆军第 18 师团的参谋，投入缅甸战线之中。当胡康河谷战役①结束之后，他又被派任为中国派遣军与东京参谋本部之间的联络人，往返奔波于上海、南京和北京之间。

户梶的最终军阶是少佐，战争结束的时候，他人正在鹿儿岛。战争结束后，颇有商业头脑也擅长经营人脉的户梶，和一些要好的旧军官同事开始做起了生意，餐厅、食品杂货、衣服……几乎什么都卖。然而，就在他的事业一帆风顺、蒸蒸日上之际，1949 年（昭和二十四年），作为事业基础的店面，却因为旧城改造遭到拆除；失去了赖以为生的事业的他，只好暂

---

① 1943 年发生在缅甸北部胡康河谷、由日本第 18 师团与中国驻印军之间展开的一场战斗。在这场战役中，由中国名将孙立人所率领的新 38 师履败日军；《由大历史的角度读蒋介石日记》作者黄仁宇，亦以随军参谋的身份参与了这场战役。

时寄住在山口县妻子的老家里。

因为失意而显得有点落魄的户梶，在 1950 年（昭和二十五年），接到了白团方面前往台湾的邀请。户梶当场便决定接受这份邀请，并且于同年 6 月潜渡台湾。

户梶在台湾主要是负责司令官、师长层级的高阶军官的教育，并且担任团长富田直亮的重要助手；同时，他也是爱好围棋与麻将等娱乐项目的富田在闲暇之余经常对弈的好伙伴。身为土生土长的土佐人，"土佐风"的豪爽性格在他身上体现得淋漓尽致；除此之外，他还是位酒豪。

因为他的中文姓氏是"钟"，所以白团内部的伙伴都以"Kane 桑"①来称呼他。

当糸贺回顾起有关户梶的事情时，他是这样说的："户梶在教育指导方面的能力，可以说是卓越非凡。他是个非常热血的男子汉，甚至可以说是性烈如火，因此学生（台湾军官）对他这种个性议论纷纷；不过，他之所以如此，完全是因为一片赤诚的热心。"

果然存在着更加详尽的日记！

正因如此，若是能够更加详尽地了解户梶这个人在台湾的生活，或许就能更进一步贴近白团的真实面貌。抱持着这样的期待，我拨打了追悼集《风雨同舟》末尾记载的联络电话，并且成功地和户梶的女儿新田礼子通上了话。在电话中，我向

---

①　即"钟"的日文发音。

礼子说明了自己大致的取材方向，并且希望她能接受我的采访。接下来，我就一直紧张地期待着对方的回音；直到几天后，我和礼子再度取得联系时，她给了我肯定的答复，同意我进行采访，我这才松了一口气。

礼子住在埼玉县的白冈市。我来到她的家中，和她进行访谈。据礼子说，户梶过世的时候，留下了一笔1000万元的"养老金"。于是她对亲戚们提议说，希望能够用这笔钱出版一本父亲的追悼集，亲戚们也都表示同意。她们认为，"既然要做的话，那就做好一点"，于是做了相当精美的装帧，还用了很不错的纸材，一共印刷了1500本。而在这本追悼集当中，也包含着足以解开白团失落一环的关键之钥。事实上，在这本追悼集筹备出版的过程中，据说原本打算放入更多更详尽的有关户梶在台湾种种经历的记载，但就在出版前夕，因为白团前成员们的反对，这些内容被删掉了。

> 以都甲诚一先生（任俊明）为中心的前白团成员认为不该给台湾徒增更多困扰，因此最后这些内容就没有放进追悼集里。我们原本想说，既然大家都已经回到日本，而且时间都过了那么久，那刊载出来应该也不会有什么大问题才对，可是……

"那，你们原本打算根据哪方面的资料来编纂户梶先生的台湾经验呢？"我这样询问礼子。

礼子回答我说："事实上，父亲生前留有一份相当明晰的记录。从战前开始，一直到过世为止，他每年都会写下一册日记；即使在白团任职的时候，他也一样坚持不懈地在写日记。"

户梶的这部日记，当时并不在礼子身边，而是借给了认识的某位大学教授。这位教授也在思索能否将这部日记用到相关研究之中，所以才将它先借了过来。不过，他还没有着手进行研究。我拜托礼子，请她帮我联系那位教授，可是始终都联系不上，因此我也只能坐立难安地等待着。幸好，最后我们终于取得了联系，并且达成协议，可以将户梶的日记暂时借给我使用。就这样，2013 年 5 月，这份日记送到了我的手上。

户梶金次郎在白团时期的日记（作者拍摄）

原本，我这本书预计 2013 年春天就要完稿，但是为了解读新发现的户梶日记，我又花了好几个月，进行相关的追加作业。

户梶的这本日记，其详细程度远超我的想象，因此解读起来也相当辛苦。尽管迄今为止，我已经从糸贺公一和泷山和等白团存世成员的证词中获得了一部分内容，但对于成员亲笔书写的日记与文章等文献资料，我却是苦苦寻觅，遍寻不着。而对于白团的活动内容以及日常生活，我们也只能从成员在偕行社的《"白团"物语》，以及中村佑悦《白团》中所提供的片断证词中窥见一斑。因此，在这层意义上，户梶的日记毫无疑问是极其贵重的史料。

最初，我本来打算将户梶的日记交错穿插于本书各个部分，可是后来又觉得，作为个人所留下的记录，它理应要以一种独立的形式保留下来才对。白团其他成员的生活，或许跟户梶并不相同；而户梶的所见所闻，也未必就与其他团员一致。正因日记是一种极为个人化的写作，所以我认为也应当以"身为一介军人的户梶在台湾的体验记录"这样的方式在本书中加以呈现。因此，本章的写作形式，乃是透过户梶眼中所见之事，对白团加以介绍。

如果说，蒋介石日记和正式文件的记录，所描绘出的是白团的"表面"的话，那么户梶的日记，描绘出的便是白团的"内在"，希望大家对这一点都能有所理解。

1951 年（昭和二十六年）

昭和二十六年 6 月 29 日出发

最后的大队：　蒋介石与日本军人

1951 年 6 月，以这样一句毫无修饰的话为起点，户梶的台湾日记开始了。这一年，日本举办了第一届红白歌唱大赛，战后的日本笼罩在一种重新再出发的氛围之中。日本的经济因为朝鲜战争特需而沸腾高涨，而麦克阿瑟因为和杜鲁门总统的对立，在这一年的 4 月被解除了驻日盟军总司令的职务。

前往台湾的旅程是由神户出发，经过所谓的"白团输送路线"抵达台湾，负责运送这些人的台籍货轮船长，也都事先了解过相关的状况。只是，户梶这时不知为何，在神户等待了几天之后才上船。

7 月 3 日神户——出航　1700 海上平稳　1200 进入太平洋，右前方可见室户灯塔。

7 月 6 日眼前不见任何陆地　海上平稳。

7 月 7 日 6 时入港　9 时在老宋、李先生迎接下登陆乘吉普车至台北向白先生（作者注：富田直亮）打招呼前往北投，向前辈们打招呼。

观察这些比自己更早抵达台湾的白团成员，户梶的第一印象是这样的："他们看起来都像是从家庭环境的不安中解放出来一般，显得相当轻松自在。"户梶自己的感觉，毫无疑问也是如此吧！毕竟，战争结束后，这些旧陆军参谋基本上都没办法找到一份正经的工作，面对家庭中的柴米油盐问题，不管是谁都过得相当艰辛。

户梶抵达台湾后，立刻被任命为圆山军官训练团的教官。就任第一天，他的印象是这样的：

7月9日

第七期学生开学典礼

和诸葛（佐藤忠彦）、楚（立山一男）先生一同穿着西装前往圆山

我们不出席典礼

和教育长会面

中国人的体贴之处，实在值得我们学习

圆山印象：作为军人练武场的环境可以说是满分

写信给幸子（来台之后头一封）

7月13日，户梶前往观摩司令部的演习，归来之后不禁感叹："要将这群教官集结在此地，是件多么困难的事啊；或许，这就是帝国陆海军最后的遗产吧！"

第二天，也就是7月14日，户梶第一次和蒋介石见面，蒋介石的次子蒋纬国也随侍在侧。户梶对此似乎并没有特别的感慨，只是写下了这样一段话："和老先生头一次见面。虽然是辛苦革命40年的人但看起来还是很年轻。"比起和蒋介石见面，户梶这时候的心力，更多是放在有关白团的运作上面。他到达台湾不过10天，便发现了白团内部存在的诸多问题：

最后的大队： 蒋介石与日本军人

　　根据迄今我所得到的情报，我必须做出以下的判断：由于 1. 团员的任性骄纵，2. 白先生的统御力不足，3. 隐而不显的历史情感因素等原因，以制造骚乱为乐的军人恶习，将在此地迅速地蔓延开来。关于这点，有必要采取震撼疗法才行。另外，团长手上并没有协助统驭的有效利器——赏罚权，这也是件相当令人头大的事情。要设法驾驭这 50 几个被雇用来的骄兵悍将，说实话，我反而觉得该被同情的，或许是白先生……

　　户梶的这段记述，确实让我感到耳目一新。毕竟迄今为止所有关于白团的论述，论及这些旧日本军人时，都只是描写他们"在富田直亮团长的统率下，以一丝不苟的敬业态度，进行着台湾军人的教育与作战立案任务"而已。

　　然而，军人也是人，一般社会中会出现的种种问题与对立，也同样会发生在他们身上。因此，这些脱离了军队指挥系统，不论经历、出身、年龄、专业都是五花八门的前军人，究竟是怎样保持上面所说的那种"一丝不苟的整体感"的？这实在不禁让我有点疑问。

1952 年（昭和二十七年）

　　这种内部对立后来似乎逐渐扩大，最后演变成一部分团员中途退团回国的严重状况。1952 年 1 月 16 日，户梶在日记中这样写道：

针对台湾方面希望再加派团员前来一事，四谷先生（作者注：即居住在四谷的冈村宁次）想征询白先生的意见，而针对此事，我的看法是：若是台湾方面的请托，那我们没有任何异议，只是在派遣人员时请务必注意，不要再像往年一样派出引起纷争的人员了。

只要是由人所构成的组织，像这样的"内争"就是理所当然会发生的事。因此，透过这样一段插曲，反而能够让我们更清楚地理解，原来白团也是由一群有血有肉的平凡人所共同集结而成的群体。

在户梶的日记中，屡屡提及有关"参谋旅行"的诸多事宜。参谋旅行是德国独特的陆军参谋训练方式，在这种训练旅行中，统裁官会带着参谋学生前往实际的山野，根据当地的地形向他们提出问题。例如，"如果敌军的骑兵大队从那条小径杀出来，你们该怎么做？"然后一边修正学生的答案，一边继续往前行。日本陆军也吸取了德国的方法，而受过这种教育熏陶的日本军人，此时又将同样的方法引进台湾。

户梶在1952年2月7日的日记里这样写道："为商议第三期高级班参谋旅行之事，前往造访白先生。陆大毕业时那种混乱不堪的旅行方式，必须加以变更才行。"

5个班的统裁官，分别是由范健（本乡健）、何（市川治平）、邓（中尾拾象）、郑（伊井义正）、诸葛（佐藤忠彦）5 人担任。由于统裁官的能力令人有点不安，所以务必要派遣辅佐人员加以配合才行。

户梶似乎为了安排这次参谋旅行，"整个人埋首于参谋旅行的准备工作中"（4 月 10 日）；像是"与彭（福田五郎）、纪（大津俊雄）、陈（河野太郎）三位一同前往进行参谋旅行的地方侦察，这是第二次勘察，配合状况相当好"（5 月 21 日）之类的记载，不断出现在日记里。

也就在这时候，迫于美军的压力，要求缩小白团规模的声浪开始逐渐浮现。规模最大时曾经达到 70 人以上的白团，此刻也不得不面临缩编的命运。5 月 22 日，户梶在日记中这样写道："午后干事会发表缩编案，6 月终了后，规制将仅限于 35 人。"户梶也在留下的 35 人之列，至于归国的人员，则由蒋介石亲自给他们饯行。

在 7 月 2 日的日记中，户梶写道："'总统'在草山召开送别宴对即将归国的同志们恳切地表达慰勉之意。"户梶所说的"草山"，指的是蒋介石为了招待"国宾"之类重要客人而在台北北部的阳明山上设置的人称"行馆"的迎宾设施。这座草山行馆，就算在遍布台湾的 10 余座"蒋公行馆"当中，也是最为蒋介石所中意的一座。

顺便一提，草山行馆在蒋介石死后仍然得以保留，但在几年前因为火灾而烧毁。不过，在这之后，草山行馆作为观光景点，以重现当时建筑的方式进行了重建，馆内也设置了餐厅，以及和蒋介石有关事物的陈列室。

也就在同一时间，在户梶的日记里也频频出现有关"光作战"的记述。光作战，也就是"反攻大陆"作战，这是除教育之外，蒋介石对于拥有在大陆作战丰富经验的白团的另一个殷切期待。根据美国蒋介石研究专家陶涵（Jay Taylor）在《蒋介石与现代中国的奋斗》一书中所述，蒋介石于这一年的7月，向美方提出了"反攻大陆"的计划，可是却遭美方评为"不切实际的空谈"。或许正因如此，蒋介石才会殷切期待白团提出一份高度精密的反攻计划吧！

午前光计划研究会以范健氏为中心进行研究

然而我想问题有必要着重在"如何才能胜过共产党"

不应随意被其他事情模糊焦点方为正轨

（10 月 22 日）

午前

昨日

与白（富田）、帅（山本亲雄）、范（本乡健）、秦（中岛）等先生，就有关将来的方针进行商讨

我们一致认为

基本上应站在革命战争、独力作战的立场，以武力战为中心进行研究。

（10 月 25 日）

光计划

最后的大队： 蒋介石与日本军人

> 大部分已经完成
>
> 傍晚
>
> 白先生提及小船之事，甚为欣喜。

（11 月 1 日）

　　紧接着，在 11 月 5 日的午后，白团在第一宿舍中，针对光作战展开了密集的研讨会。在研讨会中，户梶等人针对这份千锤百炼的作战计划，提出了各种各样的意见。

　　特别是在使用小船登陆作战这件事上，似乎产生了"各式各样的批判声音"。"这种战法打破了以往的既定观念，因此非得研究出一套全新的训练方法以及战法才行；光是这点，就会造成这个计划推进上的无形障碍……"户梶在日记里，这样私下念叨着。

　　这天，户梶决定用麻将和围棋来好好激励一下士气，他的战果如下："麻将大败"、"棋对白二战二胜　对潘三战二胜"。在这之后，光计划又历经多次研讨会，并不断进行修正，最后在 12 月中旬拟订完毕，提交到彭孟缉教育长的手上。

　　似乎是内部对于小船问题的争议尚未完全解决之故，"本日在对教育长进行说明时，我就屠氏①所提出的小船登陆作战的困难之处加以陈述，然而教育长却说'反攻大陆本来就是

---

① 即前海军校官土肥一夫，二战末期曾经跟随大西泷治郎将军，进行载人炸弹"樱花"特攻队的筹划。

· 244 ·

人尽皆知的困难任务'，他觉得我在席间的发言是卖弄小聪明，还嗤之以鼻……"户梶在这天的日记里，又再次私下发起了牢骚。

另外，美国 11 月举行的总统大选中，共和党提名的艾森豪威尔获得了胜利，这对原本在共和党中就有深厚人脉的蒋介石来说，无疑是一个喜讯。不只如此，这一年日本与台湾也正式签订了所谓的《中日和约》，因此也可称得上是环绕国民党当局的国际形势，明显开始好转的一个时期。

1953 年（昭和二十八年）

户梶打从新年开始，就一直为牙痛而苦恼。"昨晚牙齿还是有点痛，不过大致上似乎已经快要痊愈了。"（1 月 9 日）由于牙痛正在逐渐好转，所以他也多少松了一口气。

这时候，在日记里浮现出来的议题，乃是所谓的"盟约问题"。如前所述，白团与台湾之间缔结的契约书被称为"盟约"，因此所谓"盟约问题"，简单说就是白团成员为了争取契约条件改善而展开的斗争。

据户梶在日记中所述，当时成员们主要争取的目标，是薪资的提高，以及休假时间的增加。

另外，在面临无可避免的减员状况下，白团成员本身的不安感似乎也变得强烈了起来。

户梶在 8 月 5 日的日记中，记录了在当天召开的白团全体会议中，针对年底人员调整问题进行报告的情况。负责报告本案的是副团长帅本源（山本亲雄）。不过，因为此事已经是不可改变的既定路线，所以会议似乎并没有针对这项报告进行什么特别的议论。只是，户梶还是写下了自己的感受："对于未来5个月团内的气氛会凝重到什么地步，我实在不敢乐观，毕竟志愿退团的人，从8月中就要开始提出申请了。"

接着，在9月16日的全体会议上，白团方面再度针对人员调整问题提出了以下的方针："调整名单正在东京研讨中，在9月底之前一定会尽可能给大家一个交代"，"明年以后会尽可能调涨薪资"，"对于被调整的人员，我们也会在契约范围内，尽全力争取最优厚的待遇"。

除了上述问题，户梶也很关注世界情势的演变。在3月12日的日记里，他以"深读朝日新闻"为题，反复写下了自己遗憾的心境："国府军并无单独反攻大陆的能力，这已成为一般的公论"，"我不得不承认，这些报道的论点确实是有其凭据在。"

也在这一年，在朝鲜战争逐渐迈向终结之际，户梶以自问自答的方式，试着针对自己的假设给出答案。在2月17日的日记里，他详细写下了自己关于这方面的分析：

"台湾的蒋介石军队，在没有美国全面性的援助下，能否独力反攻中国本土？"

"不可能。"

"若是国军在美国援助之下登陆中国本土，民众会起而踊跃欢迎吗？"

"可能性相当大。"

"若是美军登陆中国大陆，（共产党的军队）会奋战到底呢，还是会陆续倒戈？"

"不能说没有奋战到底的可能。"

"现在在台湾的蒋介石政权，是个负责任的政权吗？在他们被逐出中国大陆后，过去那些让人摇头叹息的弱点，都已经有所改正了吗？"

"他们确实已经变成了一个值得信赖的政府。要是他们过去在施政上，也能做到像现在在台湾这种程度的话，那么或许他们就不会丢掉中国大陆了吧！"

"假使苏联和中国联合起来，与美国为首的阵营展开世界大战的话，届时，我们是否该以蒋介石部队一员的身份，作为被派往中国大陆的友军，和他们一同并肩作战呢？"

"那是当然。"

"当世界大战迫在眉睫，美军即将进攻中国本土之际，美国会找回蒋政权，并承认他们为中国的正统政权吗？"

"Yes。但是，支持某个政权，和支持某个领导人是两回事。"

"一个根本的问题：这世界上有任何一个国家，能够击破拥有 3 亿人口的中国吗？"

"不能说绝对没有。"

阅读这些假设性的问题，我们可以发现当时的日本人或者说白团的思维，以及对于国际情势的认识，相当有意思。他们不仅对于未来将和蒋介石在大陆并肩作战这件事情深信不疑，同时也对美国并没有完全信赖蒋介石，以及蒋介石在撤退到台湾之后，逐渐恢复了稳固的权力基础等形势，全都掌握得一清二楚。这实在让人感到相当惊讶；或许我们该说，"真不愧是参谋"吗？

这一年的 6 月 11 日，终于到了要向蒋介石当面说明光计划的时候。

"09：30 ~ 12：30，于第一讲堂就光计划向'总统'进行说明"，当时出席的除了蒋介石以外，正副参谋总长也一同出席。不过双方似乎已经私下取得了默契，因此蒋介石当场并没有提出什么特别的质疑。

"去年 9 月开始的研究，直至今日总算大功告成，心中除了一块大石落下之外，再无其他感慨可言。"户梶在日记里，为整件事做了这样的总结。当天晚上，白团举行了由富田团长主办的慰劳麻将大会，这件事当然也被写进了日记。

台湾方面经常会定期赠送给白团成员一些食品。在户梶的日记里，也屡屡提及赠送食品的事情，比如"（台湾方面）送来 10 个菠萝罐头，当作暑假期间对孩子的慰劳"（7 月 8 日）等。

这年 12 月，随着《中美共同防御条约》的缔结，美国对台湾的保护正式迈入了制度化的阶段；然而，与此同时，美国对于蒋介石"反攻大陆"计划的封锁和防堵也开始启动，这令蒋介石陷入了矛盾的两难之中。

二 不只是理想与信念

1954 年（昭和二十九年）

1954 年 2 月 1 日傍晚，与日本渊源甚深的汤恩伯将军召开了一场宴会。除了白团的所有成员之外，台湾方面的干部也有不少人出席宴会。这场宴会似乎让户梶感到很开心，当天他在日记里留下了这样一段记录："由于与会的都是对于白团成立有大恩的人，因此大家显得和乐融融。"只是，这时候汤恩伯已经失去了蒋介石的信赖，处于几乎完全失势的状态中，到了这年 6 月，他就因为重病在日本去世。

1955 年（昭和三十年）

1955 年的户梶日记中，有关于大陈岛撤退作战的记述。大陈岛，是台湾与大陆之间最后一次发生实质战斗的地点。撤退到台湾的国民党，在中国大陆附近仍然保有一些岛屿的控制权，其中除金门、马祖外，也包括了大陈岛。由于大陈岛并不包含在《中美共同防御条约》的防御范围内，因此，尽管蒋介石很希望以该岛作为"反攻大陆"的跳板，但从各方面来判断，要守住这个地方其实相当困难。于是国民党当局在 1955 年 2 月放弃了大陈岛，这就是所谓的"第一次台海危机"。

当时，大陈岛将近 28000 名居民在船只的运送下撤退到了台湾。之后，他们移居台湾各地，形成一个又一个社区。举例来说，在台北市郊的景美地区，就有大陈岛移民的社区，因此也是品尝大陈料理的著名场所。我曾经造访过该社区，当地的杂货店里，到处都卖台湾人通常不太吃的一种"大陈年糕"。所谓大陈年糕，是种类似于日本麻糬的食物，浙江当地人很喜欢将它切成片，和蔬菜一起拌炒。在一家名叫"大陈岛小吃"的餐厅里，我好好品尝了一顿跟台湾菜大异其趣的美味料理。

关于大陈岛的情势，户梶在1月17日的日记里，写下了这样一段话：

> 得到有关大陈方面战况的报告。我不禁怀疑，白团的意见真的有确实转达给"总统"吗？
> 真相
> 原来无法上达天听这种事，并不只是日本的专利。

尽管大陈撤退在2月中就已经告一段落，但是对台湾而言，面对朝鲜战争结束、大陆将更多注意力转移到台湾方向的情况，"反攻大陆"的计划陷入了更加困难的处境当中。不仅如此，有关大陆正在准备进攻金门、马祖的情报，也传到了台湾这边。

户梶在这段时期的日记中，不断写下悲观的看法：

> 最近一周间，三军的士气陷入严重的低潮当中。如前所述，之所以会如此，是因为美军顾问团禁止在大陆领海

内进行作战。不仅如此，他们对于大陆对金门、马祖逐渐加强的作战准备采取视而不见的态度，也是问题之一。这样看起来，美国应该是已经下定决心，要放弃在金马两岛的作战，转而以防卫台湾为主了吧！

　　在返回大陆的迫切期望上，（国民政府）还能够给予从大陆撤退过来的老兵和少年兵任何希望吗？中共想必会抓紧这一点，大举发动宣传攻势吧！

　　包括金钱的问题在内，白团成员生活上的种种问题，也随着居住台湾的时间日趋长久而一一浮现。根据户梶 6 月 17 日的日记所述，白团成员和台湾方面的"李参谋长"进行会谈，双方就待遇改善方面，达成了以下协议：

　　1. 每月的月薪提高 300 元。

　　2. 关于宿舍，希望能按照教官们的要求加以安排。

　　3. 对于在宿舍与妻子之外的女性（半永久性地）同居一事，希望基于"政府"的面子以及对东京四谷先生和日本家人的考虑上，能够予以回避。

　　简单地说，台湾方面可以提高薪资，但也希望白团能够针对风纪上诸多令人困扰的问题——比如身为战败国的前军人，却在台湾包养女性之类的——有所节制，至少不要做得太过明目张胆。

最后的大队： 蒋介石与日本军人

白团也会收到一些东京方面寄来的定期发行刊物。12 月 17 日，阅读《周刊读卖》的户梶，发现自己过去的长官、邻居，并且还曾帮自己说媒的藤原岩市，加入了自卫队。藤原岩市是日军进攻东南亚的时候，在舆论操作等各方面立下众多功绩的情报机关"F 机关"的领导者。

看见藤原的复归，户梶不禁这样写道："得知许多熟人都加入了自卫队，自己心中不免感到一抹孤寂。"这就是对于军队的依恋与不舍吧！如此率直地吐露心情，确实很有户梶的风格。

1956 年（昭和三十一年）

户梶准备迎接来到台湾的第 6 个新年。他为自己列举出的年度目标，是研究"欧洲大战概史"和"韩国战史"，以及学习中文会话。

3 月 12 日，户梶担任给蒋介石授课的讲师，题目是"有关滑铁卢战役"。户梶在日记中写道："今天的课还算过得去，只是，要怎么描述没落时的拿破仑，实在是有点微妙的难题。"他所指的当然是，要如何避免逃到台湾、不能不说是"没落"的蒋介石，听到这一段可能产生的反应。

进入在台湾活动的第 6 年，不管是谁，难免都会开始想东想西。在这段时期，白团的活动几乎已经成了例行公事。虽然往好处说这算是"上了轨道"，但是距离当初的目的——反攻大陆，也是明显地越来越远了。另外，蒋介石的国民党，为了巩固以大陆出身的"外省人"为中心的国民党军的士气，仍然无法轻易放下"反攻大陆"这面旗帜。正因如此，蒋介石的孤立态势越发明显，而这种危机感，似乎也在白团内部跟着蔓延开来。

4 月的某一天，户梶在日记中写下了一篇名为"关于台湾勤务之所见"的长文，表达自己的见解。在文章里，他说："尽管不论在薪资或是工作量上，我们的待遇几乎都是最好的"，可是"对现在职业的不安感"，以及"焦虑难安的氛围"，却仍然存在于整个团队当中。为何会这样？户梶做出了以下分析：

由于世界各地的舆论普遍都认为蒋介石是个"麻烦制造者"，因此我们不免常常会产生疑虑，心想自己是不是"世界和平的敌人"？

随着时间流逝，日本国内也渐趋安定，过去的朋友们或多或少都稳定下来，进入自卫队的人，地位也逐渐攀升。那么，反过来扪心自问，自己又是如何呢？乘坐的这艘船（作者注：指台湾当局）究竟何时会沉没，谁也说不准。

在这边再工作 10 年的话，能够存下多少钱呢？70万×10 年＝700 万元，若是不考虑日元币值的变化，或许一生都不用为吃穿发愁了。只是，对于 10 年之后的未来，我又该从何预料起呢？毛泽东还会再忍耐 10 年吗？蒋介石还会再活 10 年吗？比起上面这些，我自己所拥有的陈旧军事知识，再过 10 年还能派得上用场吗？我不禁这样反复思索着。说真的，我不就是明明已经到了纵使被炒鱿鱼也不奇怪的阶段，却还仰仗着过往累积下来的资历，勉勉强强地赖在原位上吃俸禄而已吗……？

户梶在字里行间，不断写下诸如此类的感触。之前日本出版的有关白团的著作，其中也不乏当事人基于本身经验所提供的资料；只是，这些都是可以对外发表的内容，换言之，就是经过"过滤"的信息，至于活生生、有血有肉的部分，则几乎都被省略了。

在这些经过过滤的内容当中，不只是对于蒋介石的疑虑与批判只凭借"报答蒋介石的恩义"这一理由就全都烟消云散，就连身为人理所当然会烦恼的金钱问题，在"志愿前往台湾协助"的美谈面前，也都变得好像从来不曾存在一般。

就在一片烦恼之中，户梶用这样的方式，为眼前的情况做了总结：

自己现在或许可以说是在累积身为军事教育者的实力，同时也是在为自己将来返回日本、担任军事评论家打下基础吧！要是这些路走不通的话，那就去做农夫或者经营租赁业，总之一定会有别的路可走，不是吗？既然如此，那又何必再为这些无聊的怀疑大伤脑筋呢！

读到这里，我不禁觉得，这才是一个有血有肉的人说出的话。人，不可能只为理想与理念而活；然而，之前有关白团的记述，对于白团成员的人生观与生活观的介绍，在我看来全都付之阙如。正因如此，户梶的这些话对我而言尤为珍贵。

进入 5 月之后，户梶的生活忽然陷入混乱不安之中。这时候，蒋介石传来指示，要求白团对"反攻大陆"的作战计划"光作战"做最后的修订。

在 5 月 21 日的日记里，户梶这样写道：

> 明天就要开始着手进行光计划的修订了。明年 6 月就要聚集兵力展开反攻，以之为前提搞出来的反攻计划，到最后究竟会变成怎么一副模样？这实在是个难以回答的问题。和光计划立案时相比，现况可以说是越发艰难了。

接下来的一段时间里，根据户梶的记录，白团连日针对光计划进行反复的审议。进入 7 月之后，白团内部也开始检讨在广东沿岸的汕头登陆的可行性。关于这方面的结论，户梶在 7 月 25 日的日记里写道：

> 早上 9 点开始作战研究。正如昨天所做的判断，大家共同得出一个结论，那就是眼下暂时不宜在这方面进行作

战。又，由雷先生（山口盛义）所写、作为附录的"关于空军消耗战的对策"，在我看来若要作为向"总统"提出的报告，还显得太过粗糙，因此我请他再重新整理一遍。

"反攻大陆"计划的难以制订，从这篇日记中可见一斑。

关于汕头登陆计划，系贺在生前的访谈中曾经这样说过："问题在于台湾海峡太过宽广，使得补给变得相当困难。为此，我们打算以澎湖列岛为'跳板'，透过台湾本岛－澎湖－汕头这样的路线，对战力进行来回的输送。"

将近年末之际，简直就像工会运动一样，白团每年都会和台湾方面针对调薪的问题进行集体谈判。11 月 28 日，白团长、帅副团长、户梶等人，和担任白团的教育机关"实践学社"副教育长的张柏亭进行会谈；这次会谈的话题焦点，主要集中在成员在台湾本地的薪俸额度上。

当白团提出将成员的薪俸由现行的 70 美元，调升到 100 美元时，根据户梶的说法，"张柏亭的脸上当场露出了极端困难的神色"。

不过就在一星期后，台湾方面便决定将成员的薪水调为 100 美元；在这一天的日记里，户梶相当满意地写道："'想得艰难，做得容易'，这句俗话还真有道理呐！"

这一年的年底，户梶的家人初次造访台湾。这时户梶的心境，全都体现在日记的文字中：

妻子来台，昨晚辗转难眠。前往松山迎接。

（12 月 26 日）

游览台北市街、看电影、宴会、观赏冰上歌舞秀。

（12 月 27 日）

一家人聚在一起吃饭，对我来说已经是很久以前的事情了。我在台湾已经生活了 5 年，现在迈入第 6 年。从什么时候开始，我就不曾跟家人一起吃饭了呢？让我想想，大概是从两三年前就这样了吧？

（12 月 29 日）

睽违 7 年的一家团聚共贺新年。7 点起床，喝元旦的贺年春酒。

（1957 年 1 月 1 日）

白团成员作为活生生的人，在台湾生活的同时也思念着家人，也会想着自己的将来，这些事情都透过户梶的日记，清晰地传达出来。

就在同一时间，尽管军事上的情势依然艰难，但台湾的民生已经持续迈向安定。台湾当局在经济政策上抑制了通货膨胀，透过土地改革也让农业重新焕发活力；曾经是一大问题的公务员腐败，在经过严厉打击后也有了极大改善。

1957 年（昭和三十二年）

1 月 10 日，蒋介石和白团成员餐叙。出席的人员除了蒋

最后的大队： 蒋介石与日本军人

介石以外，还包括他的儿子蒋纬国，以及海军和空军司令。在这场餐叙中，蒋介石发表了以下讲话：

一、将提升（白团）教官在国军当中的地位。

二、本年度的成功教育，将作为未来的基准。

三、自下一年度起，外籍（白团）教官将不仅教授军事技术，关于身为武人的品性问题，也都要仰赖教官们指导。

据户梶的记载，对于这一讲话，白团的成员都臆测说，蒋介石对他们提出如此严格的要求，其实是针对他们争取调薪的这件事情，隐隐在表达批判之意。

从当时的情况来看，若是要在台湾从事教育等各方面的业务，那么白团的成员至少需要30人才足够。可是，正如户梶所预料的，一旦他们被视为已经完成了某种阶段性的任务，那么接下来就一定会传出缩减人员的风声。而这样的风声也确实传到了户梶的耳中：

吴先生前来，和包先生谈及"明年度确实要朝向人员缩减的方向前进"，不晓得团长白先生是否已经知道这件事了？

归国和留下的人员变得泾渭分明，内部的气氛也变得极端凝重，这在过去已经有实例证明了。

2 月 6 日，蒋介石再度召集白团人员餐叙。

"蒋介石穿着一身黑色的长袍马褂，但是感觉起来似乎比以前苍老了一些"，这是户梶的感觉。

也就在餐叙的席间，糸贺将国民党军在作战准备方面的不足之处告诉了蒋介石，但蒋介石只是表示，"若是实行'反攻大陆'计划的话，不管在政治、社会、国民心理等各方面，我都有自信一定能够胜过'共匪'（中国共产党）"。当天，户梶在日记上这样写道："虽然我不清楚这种自信究竟从何而来，但不管怎么说，有自信总是相当重要的。"

身为参谋的户梶，也要带着台湾军官进行"战地地形侦察"的实地教学。2 月 26 日，"早上下着小雨，不过台湾的 2 月本来好天气就不多"，他在台湾北部的板桥、莺歌、桃园、新竹等地四处奔波。"虽然这种绵绵细雨不会对展开地图产生什么妨碍，但是这冷得要命的天气，实在让我受不了。"他在日记上这样抱怨着。

11 月 2 日，白团举办了"创立 8 周年纪念麻将大会"。比赛按照"中式规则"进行，户梶获得了满贯奖与二等奖，奖品是台湾方面赠送的一支派克钢笔。

1958 年 （昭和三十三年）

既然白团是一群普通人的集合体，那么团员之间就免不了会产生对立与摩擦。成员中的重镇范健（本乡健），发表了这样的言论："我不想再参与白团的任何工作，也要断绝和成员之间的一切往来，全体会议我也不会出席了！"听闻此事的户梶，在日记上写道："我想，大概是因为（本乡）8 年来与富田团长之间的不合与孤独感，让他变得颇为神经质，所以状况才会变得如此不可收拾吧！本乡在学习上很热忱，对战史方面的钻研也相当认真，但并不是每个人都能像他这样。我想应该是自己一人努力苦读产生的自负心，让他说出这种话的吧！"

这一年，又发生了另一件动摇白团的"事件"。孙明，也就是村中德一，驾车撞上了一辆为了修理漏气轮胎而停在路肩的车子，结果导致一名男性军人死亡。更糟糕的是，村中当时还是酒醉驾车。就在事故发生几天后的 4 月 29 日，白团召开紧急全体会议，做出由白团支付赔偿金并负起相关照料之责、教官暂时停止单独驾车等决议。

在 5 月 1 日再度召开的紧急全体会议中，白团又做出了以下处置：对村中处以禁闭；在白团内部筹募赔偿慰问金，目标金额是 80000 元；透过其他渠道，以白团名义向牺牲者的双亲致歉，并致赠抚恤金。

这一连串敏捷的行动，让人深切感觉到他们身为军人的团结。以组织名义进行的谢罪与赔偿，跟针对个人的处罚之间，划分得相当明确清晰。尽管多少带点组织防卫的意味，但是毫无疑问的是，白团的存在是这次车祸事件得以妥善处理的重要原因。

村中在 5 月 27 日遭到军法会议的传唤，并接受了检察官的侦讯。可是，关于此事后来的处置，户梶在日记中就没有再提及了。看起来，村中似乎完全没有受到羁押之类的刑事处分，或许这是受白团的特殊地位影响所致吧！

这年夏天，就在户梶开始一年一度的归国旅行之际，大陆展开了对金门岛的猛烈炮击。这次金门炮击（八二三炮战）又被称为"第二次台海危机"。自8月23日至10月5日，大陆对金门岛不停倾泻着有如大雨倾盆一般的炮弹。大陆的炮击造成了500人死亡，而在以封锁金门海域为目标的一连串海战中，台湾方面则给予了大陆相当大的打击。

在8月25日的日记里，户梶写道："中共对金门的炮击，依然持续中。"第二天，也就是8月26日，他又写道："报纸的半版，几乎都被金门炮击的新闻给占了。"不过，从户梶对这次炮战所做的分析，比方说"中共并无侵攻台湾的意图"、"他们的目标是截断对金门的输送"、"毫无疑问，这是中共为了提升自身在国际上的政治地位，而实施的一场攻击"等，可以清楚看出，他的确看穿了这次攻击的本质。

12月27日，训练班举行结业典礼，蒋介石在典礼上做了一番训示。据户梶所述，蒋介石的训示包括以下几点："培养军事常识"，"致力精神锻炼"，"石牌（实践学社）是学习精神修养与统帅学的所在"，"战史可以提供成功失败的经验教训"。

另外，虽然金门的战斗在10月就已告一段落，但蒋介石在与白团餐叙时，仍然不断表示"正是因为有石牌出身的学生们勇敢战斗，金门战役才能够取得胜利"，"（战地的指挥官们）除了师长之外，全都是石牌出身"，毫不吝惜地赞美白团的功绩。

最后的大队：蒋介石与日本军人

1959 年（昭和三十四年）

在金门，虽然已经没有像去年那样集中的炮击，不过大陆方面还是持续着所谓"单打双不打"（奇数日炮击）、断断续续的奇妙攻击，而台湾方面似乎也把它当成习以为常的事情，承受下来。或许也只有持续交战 30 年的国共两方，才会产生这种奇妙的默契吧！

就在这年年初，户梶飞抵金门进行视察。2 月 1 日到 3 日他都在金门岛，4 日则是前往小金门造访，整趟行程为期约 1 周。

在 2 月 1 日的日记里，结束金门视察的户梶，写下了一长串感想：

1. "匪军"（人民解放军）登陆时，一般情况下的考量为何？海空军必须考虑的前提又是什么？

2. 是否已经事先准备好反击展开阵地？

3. 阵地的部署位置会不会过于偏高？

4. 反击方向是否有所局限——我指的是就侧面攻击的形式而言？

除此之外，因为这一天是 2 月 1 日，也就是奇数日，所以也是共产党的军队炮击的日子。

到 20 时 40 分为止，一直有着断断续续的炮声。广播表示，这是金门遭共产党的军队炮击，以及国军对厦门展开的反炮击，而当广播结束之后，炮击似乎也渐渐趋于平息。看样子，对方似乎也很遵守承诺，在偶数日都不开炮。

我现在觉得，能来金门真是太好了；对于自己之前居然都没来过这里，我不由得感到很奇怪。

户梶第二天的视察行程，是透过望远镜眺望对岸的厦门。户梶在日记中这样写道："感慨很深。我想，当那些来自大陆的人翘首远望时，感慨一定更深吧！"

可以确实感受到那种中国大陆仿佛伸手可及却又触摸不到的感觉，这样的地方就是金门了。

2月4日，户梶前往小金门岛视察。在那里迎接他的，是后来担任参谋总长并在李登辉时代出任"行政院长"的海军师长郝柏村①。听取郝柏村有关防卫作战的报告后，户梶写下了这样的感想："郝师长的思考方向相当明确，而且值得信赖。担任孤岛的独立司令官，他可以说是最适合不过了。"

2月5日，台湾与日本两方面的人员，一同举行了兵棋演习。关于这张模拟人民解放军攻击的地图，户梶在日记中也有记述。根据日记所述，日本方面提出了这样的建议："应当强化'中央'的防守，将登陆作战局限于东西两正面"，"应当

---

① 此处有误，郝柏村并非海军陆战队，而是陆军第九师（大胆部队）师长。

最后的大队： 蒋介石与日本军人

如何指挥第二波和第三波的反击？"

2 月 21 日，土居昭夫与服部卓四郎造访台湾。坐拥旧陆军的参谋人脉，与战后日本情报机关关系密切的这两人，和白团之间也有联系。虽然这一点在前面的章节已详细提及，不过这两人访问台湾并对台湾军人演讲的事情，也被记录在这本日记里。根据户梶的记录，两人和白团成员进行了恳谈，并且发表了以下观点：

> *金门是切断"两个中国运动"的关键楔子，因此成功防卫金门的意义，绝对不仅仅是用"胜利"两个字能形容的。（土居）
>
> *战术核武器（核弹）的使用，在现在的西欧已经是一般常识。（服部）
>
> *不只是需要反共口号，具体的对中共政策也是必要的。（土居）
>
> *日本自卫队里面的门外汉太多，感觉起来似乎派不上用场。（服部）

这一天，蒋介石在"总统"官邸召见土居和服部，并和他们共进晚餐。

同席的户梶对于当天的情景，在日记中有着这样的描写："土居氏就维护天皇制和让日人平安返国等事项，向（蒋介石）致上隆重的谢词"，"土居氏相当热切地连连敬称'大总统阁下'、'大总统阁下'。"当时的蒋介石，听着土居的赞词想必是龙心大悦吧！

这时在中国，大跃进政策失败；原本应当是中国兄弟之邦的苏联，与中国之间的对立也开始清晰浮上水面。蒋介石认为这是"反攻大陆"的大好时机，于是要求针对反攻计划的实施进行认真的研讨。在白团与国民党军的协助之下，最后一共完成了几十种计划，但是美国对此仍然感到相当不悦。1959年10月，蒋介石与美国国务卿杜勒斯发表共同声明，宣誓美国将保障金门的安全。然而，这份宣言所代表的另一层含义，其实就是宣告以武力"反攻大陆"这条路，实质上已经被放弃。

三 解散的预感

1960 年（昭和三十五年）

户梶是属于那种在金钱方面相当精打细算的类型。他在日记里面经常会写下收支方面的计算，同时也会把薪资条贴在日记本中。

根据这一年 3 月的"钟大钧教官俸给计算书"，台湾方面每月以台币支付户梶的薪金，其金额大致如下：

俸给	285
加给	200

特支费	850
香烟费	344
酒费	61
日用品费	30
副食费	651
研究费	1500
衬衣费	83
代行庶务费	70

"俸给"是基本薪资，"加给"是加班费①，"特支费"指的是特别费用，"香烟费"指的是买烟钱，而"酒费"自然就是酒钱。这些林林总总的项目，看起来相当有意思。

这样计算起来，户梶这个月的薪水达到了台币4000元。1960年代的台湾跟日本一样，货币是绑定美元的，当时的1美元可以兑换40台币。4000台币换算成日元，大约就相当于36000元。当时大学毕业生的薪资，平均约为15000元。除此之外，白团成员在日本的家人还可以得到相当丰厚的安家费。因此在吃穿用度方面，应该是相当充裕的。

虽然成员当中似乎也有挥金如土的人，不过户梶却很节俭。他勤俭、努力存钱的这一面，也可以从日记的记述中

---

① 此处有误。按台湾"法律"，加给并非加班费，而是指"本俸、年功俸以外，因所任职种种类、地区与服务性质之不同，而另加之给予"，以户梶的情况来说，他所领的加给就是任职教官的额外薪金（教官加给）。

发现。

这一年的前半段，户梶等人都埋首于"反攻大陆"作战的重要文件"反攻作战指导要领"的制作上。3月7日，这份指导要领的日文版发到了白团成员的手上。

在讨论过程中，海军出身的屠航远（土肥一夫），坚持进行海军战力的分析。关于这一点，户梶有以下的感想：

> 任何单独反攻的计划，只要牵涉海军就会变得不可能成立，这是再明显不过的；而就白团长以下教官的认知，既然这份作战计划根本毫无意义，那他们自然也不想再多费心思重做一次，这一点大家也都心知肚明。不过，我们还是得对屠氏的努力研究，以及平时的勤勉用功表示敬意才是。

在这个时候，虽然"反攻大陆"的可能性已经相当渺茫，不过做出一些华而不实的反攻计划呈报蒋介石，似乎已经变成了一种普遍的风潮。

1961 年（昭和三十六年）

户梶这一年所设定的目标，是"让自己的中文能力更加精进"。

1月34日，户梶第一次开始用中文写日记。虽然严格说起来，他所使用的还不能算是很纯粹的中文，不过，大概是因为当时的日本人在汉学方面的教养比我们更加深厚，因此要掌

最后的大队： 蒋介石与日本军人

据以纯汉字写作文章的要领，似乎也没想象中困难。用中文进行写作，自然也是同样的道理。他的中文日记写作一直持续到3月12日，之后又回到日语写作，不过此后仍然断断续续地在用中文撰写日记。

"白团整理问题"，在5月22日以此为题的日记中，户梶用中文这样写道：

> 四谷先生（冈村宁次）将要前来台湾，大概是要与中国方面商议些什么吧？最近，通译官的态度变得越来越傲慢，也有人说"明年，石牌（实践学社）应该会有重大变化吧！"综合以上的状况，我几乎可以断定，明年白团将会发生重大变化。

冈村宁次与心腹小笠原清联袂造访白团，是在这年的6月18日。"11时与四谷先生恳谈。先生明明已经年届78岁，但看起来却像是60许人；他的气色相当好，精神也相当抖擞。"只是，在这次会面中，双方并没有针对白团的存续进行什么特别的讨论。

冈村宁次于6月21日在草山行馆与蒋介石会面。关于会面的内容，小笠原清在6月24日向白团成员做了报告：

> 在"总统"与四谷先生的会谈中，四谷先生向"总统"提出了四项要求。对于这些要求，"总统"并没有特

别给予答复，只是表示"一切都交由彭校长处理，希望您能和他商谈"。

根据日记所述，紧接着此次报告，彭孟缉与冈村宁次在当天以及次日，进行了持续两天的会谈。对此，户梶在日记中写道："白团的前途，或许就在这场会谈中决定了吧！"

不过，会谈的第二天，冈村向全体成员报告的是："除了东京留守部队人员减半、台湾方面一位团员返国之外，其他没有任何变更。"听到这句话，户梶才总算放下了心中的一块大石。顺带一提，冈村也曾趁着这次访台，飞抵金门最前线视察。

年底归国的唯一一位成员，之后证实是"屠航远"，也就是土肥一夫。7月2日，户梶对这件事情，发出了如下感叹：

（屠先生）原本是位优秀的人才，可是他对中方的要求未免太过苛刻，同时也欠缺该有的礼貌；他和张副主任之前出于情感上的对立，恐怕是他卸任归国的主要原因吧！

8月上旬，户梶第二次前往金门视察。经过数日的前线访查，户梶做出了这样的评价：和两年前第一次视察相比，金门的防备"在兵力上有所减少，但装备则有所改善。比起两年前，在很多方面都有了进步"。

或许是因为旅途劳累吧，户梶回来之后就因为罹患盲肠炎而入院，并于 8 月 10 日接受了手术。他在日记中这样写道："麻醉很有效果，一点都不痛。"他大概住院 10 天左右。

1962 年 （昭和三十七年）

这一年，在户梶的日记里面，关于麻将、高尔夫和围棋的记述，显得相当抢眼。当然，他还是有记载身为白团教官的活动，可是另外三分之二的篇幅，几乎都被这些娱乐活动给占据了。户梶几乎每天都在和团长白鸿亮（富田直亮）下围棋，然后把战绩记录在日记中。就工作时间来看，比起一般全天工作的教官，他们更像是那种工作半天、休息半天，兼差打工的人员。

白团在工作上的"松弛"与欠缺紧张感，随着时间一年一年过去，似乎变得愈加显著。这时候，两岸开战的可能性渐行渐远，大陆与台湾关系也趋于固定化。另外，白团的教育也上了轨道，日常作业几乎成了例行公事。或许正因如此，户梶才会找不出什么工作上值得大书特书的新鲜事写在日记中吧！

只是，在这一年年底的"司令部演习"开始之际，户梶却对白团内部的前海军人员破口大骂。白团内部占多数的陆军出身者与占少数的海军出身者，在情感上一向是相互对立的。尽管陆海军因为气质差异等导致关系恶劣几乎是世界共同的情况，然而，白团的成员明明都已经卸下了军人的身份，却还是难以和睦共处。公认律己和律人都甚严的户梶，在日记中也经常对周遭同僚做出毫不留情的批判。

在 12 月 4 日的日记里，户梶针对白团的副团长、海军出身的帅本源（山本亲雄），做出了这样的分析：

> 帅先生由于没能获得海军教官的适当协助，因此不只演习的审判整整多拖了一天，还在各方面引起了纷争。海军教官之所以没能提供该有的协助，其理由包括他们的准备不够充足、帅先生已经丧失了权威，以及中国教官与研究员不服从等。

这年年底的 12 月 27 日，白团举行了年终联欢晚会。在这场晚会后，户梶用极尽挖苦的语气，记下了自己对于原本就相处不睦的本乡健的不满，以及当天晚上本乡健大闹宴会的举动：

> 原本宴会的气氛还算是相对平稳，然而过了一段时间之后，本乡氏突然变得像个刺猬一样，不管对谁都相当无礼地大肆批评。他甚至还用力揪住我的头发，对我谩骂个没完，而且骂的内容还很低级。当他要继续去纠缠富田团长的时候，富田团长当场勃然大怒；一时之间女侍全都逃之夭夭，眼见两个人就要对干起来，结果我们花了九牛二虎之力，才勉强把这场纷争平息下来。

在这一年的日记末尾，户梶用这样的笔触，写下了对过去

最后的大队：蒋介石与日本军人

一年的回顾：

五大新闻 达哉诞生 礼子开店 洋子就读中学 幸子二段（作者注：在吟诗方面）打倒白鸿亮的目标达成（作者注：在围棋方面）

白团当中 雷氏退职 屠氏退职。[①]

个人进步的主要领域是在围棋，至于语言以及其他方面的努力则仍有所不足。长孙诞生了、礼子开了店、洋子进了学校，孩子们都顺顺利利地成长了呢。中共仍旧处于世界孤儿的处境，但是在某种程度上，我感觉我方的地位，也正在遭受各国的重新检验。"总统"日益衰老，让人感到孤寂不已。

1963 年（昭和三十八年）

新年伊始，户梶便动身前往马祖视察。马祖是和金门并列、同为台湾实质支配领域中最接近中国大陆沿岸的列岛。它由南竿岛、北竿岛等诸多岛屿构成，当地驻军的人数比居民还要多，军事要塞化的程度也比金门更高。

户梶在这年的 1 月 9 日，动身前往马祖。由于天气非常恶劣，因此飞机一路摇晃得相当厉害。户梶在日记中写道，自己"晕机晕到吐了"。视察从 10 日正式开始。身为作战参

---

① 两人皆属前海军成员。

谋，地形分析是不可或缺的勘察重点；在提到高登岛时，户梶这样写道："高登岛虽然占了（马祖列岛全部）面积的十分之七，但是海岸线相当险峻，登陆的可能地点如下所示。"他在日记中描绘出岛的地图，然后再画下代表登陆方向的箭头。接着他又继续写道："（守军）用以对抗登陆的配备相当充裕，只是对于如何因应曲射武器的射击，就明显研究得不够彻底了。"

这天晚上，户梶接受了当地"政治部主任"的款待：

> 桌上的菜肴都是取自马祖当地，每一道菜都相当好吃；特别是一开始端出来的螃蟹，更是好吃至极。我们也一同观赏了电影，但是天气实在太冷。马祖一共有 20000 名将兵驻守，居民约为 12000 人。

第二天，也就是 1 月 11 日，户梶前往马祖最南端、人称"白犬"① 的岛屿视察。在和驻守当地的刘指挥官交换意见的时候，刘指挥官提到，"我在土城受教育的时候，曾经听过富田直亮团长的武士道课程"。不只如此，负责指挥当地炮兵的张指挥官，也用相当怀念的语气说："我也有在白团受教的经验呢……。"看到学生们在最前线勤奋努力的模样，身为白团一员的户梶，喜悦之情明显跃然纸上。

---

① 即东莒岛，原名"东犬岛"，后来取"毋忘在莒"之意，改称"东莒"。

最后的大队：蒋介石与日本军人

关于这趟马祖视察之行，户梶在同一天的日记中写下了这样的结论："虽然向'总统'报告的任务是由富田团长担纲，不过我这边实际看来，除了对曲射火器的应对之外，没有什么可以指出的问题了。"

从这年起，户梶开始担任由白团主持、被称为"高级班"的干部级军官培训课程的教官，一期的授课时间为3个月。关于授课内容等相关规划，富田团长完全托付给户梶去安排。在第一期班毕业的7月19日，蒋介石举办了一场宴会。

根据日记所述，蒋介石相当热心地向这些包括中将、上将在内的毕业生询问他们在这3个月内学习的感想。这让户梶大为惊讶，感觉蒋介石"简直就像把将官们当成自己的孩子一般在嘘寒问暖"。

户梶相当喜爱喝酒，几乎到了每天不喝酒就会全身发痒的程度；他的日记里，也常常写着有关饮酒的事。他不仅爱喝酒，酒量也称得上是海量；只是，他也经常因为酒招致惨痛的事故。

10月29日，户梶到原本就相处不甚和睦的本乡健家里做客；晚上6点刚过，两人就开始一杯接一杯地喝了起来。

　　我们聊得很愉快，先是干了两瓶绍兴酒、一瓶威士忌，接下去又拿出日本酒继续喝。

晚上8点，原本要接户梶的车来了，可是因为本乡的心情太好，所以又拉着户梶继续喝下去。从这时候开始，气氛渐渐地变得不对劲起来；到了晚上 10 点左右，户梶和本乡便为了些许琐事而爆发了争执：

> 　　我对本乡施暴，结果引来了警察。看样子，我们似乎格斗了相当长一段时间。对方明明是一片好意，结果我却因为贪杯而丧失了理性，真是不知道该如何表达我心中的歉意才好……

本乡的年纪已经相当大了，而且又有病在身；尽管本乡一定也对户梶说了些什么难听的话，但第二天，深刻反省过的户梶还是写了封信，向本乡坦然致歉，而本乡也当下便接受了他的道歉。

只是，既然事情已经闹到警方那里，那就没有这么容易善了；为此，富田团长只好亲自出马，向台湾方面道歉。

针对这次骚乱，台湾方面向白团传达了以下的意思：

　　①在日中（作者注：日台）关系处于不睦的此刻，石牌（作者注：实践学社）方面理应注意，莫再做出导致形象恶化的举动。

　　②身为担负高级军官教育重责大任的人员，希望能够洁身自重。

　　③关于此次事件，以不继续扩大为原则。

最后的大队： 蒋介石与日本军人

第一点所提到的"日中关系不睦"，毫无疑问指的是正好在本月初，也就是 10 月 7 日，发生在日本的"周鸿庆事件"。这起事件的起因，是一名大陆访日代表团的成员周鸿庆，趁着访问之际逃离了代表团，并且有意投奔台湾。此事引发了日本与中国大陆和台湾之间的纷争，由于日本方面并不认可周鸿庆投奔台湾的意愿，因此台湾方面对日本政府表示强烈不满，甚至还对白团成员下达了禁止外出命令，时间达好几天之久。从这层意义上来看，这起斗殴事件发生的时间，可以说是再糟糕不过的一个时间点了。

于是，富田对户梶下达指示，要他向东京的冈村宁次提出辞职请求。只是，与此同时，富田又对户梶说："就我本人而言，应该会做出不同的裁决吧！"以此暗示户梶，万一真的无法转圜，他也会出手挽留。

11 月 5 日，户梶写了一封以"静候四谷阁下（冈村宁次）处置"为题的信给冈村。在信中他这样说道："其他一切杂乱的事情，请容我在此省略，然而，我仍然必须在此为自己在醉酒失态下对年长同僚施予暴力、造成对方负伤，并因此使得全团的颜面受损一事，致上最深的歉意。我愿意承担所有责任，并在此谨候尊命，一切但凭四谷阁下处置。"

对于户梶的这封请辞信，冈村在 11 月 18 日做出了答复。

冈村退回了户梶的辞职信，并且指示他说："在自我约束的前提下，继续执行你的任务吧！"

根据户梶的日记所述，这封回信的内容是这样的："东京来信。信中说：你远离祖国已经长达 10 年之久，每天都置身于忙碌不堪的工作当中，在这种情况下，偶尔豪饮是可以谅解的，只是喝醉酒之后胡作非为，这样就不好了。你应该把喝酒当成一种闲暇时间的余兴才对，希望这次事件后，你能记取教训、严格自律。同时，你也要对本乡氏以及其他人保持应有的礼数，不要心中暗自怀恨。"

"真是封了不起的回信。对于如此宽大的处置，我实在感激不尽。"户梶在日记中这样记载道。最后，照着冈村的指示，户梶将那些照顾自己的人以及因为自己而添了不少麻烦的人全都邀请过来，一同开了一场宴会，整起事件也就烟消云散了。

这一年年底的 12 月 8 日，户梶回忆起"22 年前太平洋战争开战的那一天"；他在日记中是这样写的：

> 当我在涩谷地铁站台上，听小林友一说"终究还是走到这一步了哪……"，我才头一次得知已经开战的事实。那天中午 12 点，我在陆大餐厅里透过收音机听到开战的诏敕，以及东条总理的演说，那时候的澎湃心情，以及全身激颤不已的感受，直到现在我还记忆犹新。

就在这个时候，改变白团以及户梶命运的重大变化，也开始浮出水面。有关白团存废的问题，正式搬上台面成为讨论的议题，而白团也在两年后的 1964 年年底，迎向了事实上相当于解散的结局。

根据户梶的日记记载，12月5日，蒋介石的次子蒋纬国前来拜会富田直亮团长。据他所言，关于今后白团存续等诸多问题，"父亲表示，希望能和白先生（富田）当面商谈一下"。

富田于12月7日在台北市的士林官邸和蒋介石见面。在会面中，蒋介石表示，由于干部教育已经达到一定的目的，再加上时局的考虑（亦即"反攻大陆"的目标已无法达成），因此教育的形式转换是有必要的；而他也向富田表示，为数将近20人的白团，按照计划将会削减到现有人数的一半以下。另外，蒋介石也对富田说："统率白团是件相当困难的事，因此我希望你能趁着这次削减的机会，好好把和自己同心协力的人员保留下来。"蒋介石所说的"统率白团是件相当困难的事"据富田解释，就是指"我自己并没有赏罚的权限，而和国军签订的契约，也是个人而非团体契约"。

白团内部人际关系之复杂，在户梶的日记中也多有记载。户梶和富田相当亲近，算是富田团长心腹中的心腹。富田和资深干部本乡健之间则几乎已经到了互不交谈的地步。而团内也分裂成富田派、本乡派及中立派。不管是吃饭或是宴会，乃至于和台湾方面的交流，各个派系之间全都泾渭分明。

富田希望能够将户梶挽留下来，不过户梶对此却显得有点冷淡。据他在日记中所述，这时候的他，其实正在静候一个适当的归国机会：

白团的工作还能持续到什么时候，这是一个大问题。我把蒋介石"总统"的退职当成最后的时限，暗自进行观察，可是，因为这是禁忌话题，所以我从来没对任何人提起过。只是，在掌握主导权的情况下，选择适当的退场时间，这应该也是指挥官该尽的责任才对。

12 月 28 日，在联合战术班的毕业典礼过后，白团和参与训练的军官们一起吃火锅；这时，现身席间的蒋介石忽然说出了这样一番话，让在座的户梶等白团成员全都大吃一惊：

随着国军教育组织的完备，石牌（实践学社）的教育和这套体系之间，产生了种种矛盾与摩擦。因此，联合战术班将在第 12 期告一段落；自明年起，石牌将改制为高级军官的研究机关。外籍教官在"国家"艰难的时代，对"我国"的教育做出了极大的贡献……

简单说，蒋介石所要表达的意思就是，白团在台湾的任务已经结束了。

1964 年（昭和三十九年）

1 月 11 日，蒋介石正式向富田直亮表示，要在这年年底之前完全解除白团的契约。据户梶日记所述，接获蒋介石的通知后，富田立刻召开紧急会议，向全体成员做如下说明：

到今年年底为止，"中国政府"要完全解除和外籍教官之间的契约。若是在本地的公务已经终了者，可以陆续返国；奖金等相关事宜，可以和富田团长商议。如果本人还有意愿继续为"中国政府"效力的话，"中国方面"表示，依照需要协助的情况，可以重订5到6个月的契约。

"真的年底就要解散吗?""有谁最后会留下来?"在富田团长的发言之后，白团内部便充满了这种互相猜忌、疑神疑鬼的氛围。至于户梶自己，因为以前曾经犯下过施暴案件，所以他对于留下并不抱期待，只是抱持着淡然的心境处之。

"坦白说，今后再继续留在'中国'（作者注：台湾），对我的一生不会再有加分了。现在回想起来，我这一生最重要的壮年期，全都埋没在这块土地上了。就算再留下来，一两年之后也还是要面临解散的命运；那，既然如此，还不如现在就回去吧!"户梶在9月4日的日记中，如此表达着自己的心境。

另外，户梶在这个时候，也面临另外一个私人问题的困扰——在台湾居住的这段漫长时间里，他和某位女子之间发生了一段婚外情。

这位女子似乎是在台北市内经营酒吧，她经常会到户梶位于北投的宿舍。户梶似乎也给她提供经济上的援助。

这年9月，户梶在女子位于台北市的家中，目击了她跟别的男人同床共枕。以此为导火线，在返回日本几乎已是确定事实的状况下，户梶下定决心，要和这名女子分手。

只是，从日记中可以推察出，他似乎对于这名女子仍然恋恋不舍。在 9 月 7 日的日记中，户梶如此写道："她是善人、美人，也是珍贵的；她的意志薄弱，虽然说不上令人讨厌，但确实很不负责任。在我想来，未来她很有可能会被人利用，而饱尝辛酸吧！一个守护者对她而言是必要的；但愿在我之后，她能遇到一个善待她的人。"

户梶在日记中，如此坦然地写下自己的情感问题。事实上，他在提笔的时候，早已想过家人有一天会看到这些内容：

　　若是家人将来读到这本日记，发现我所写的这件事情，虽然显然有失身为父亲的颜面，但是我还是希望孩子们能够理解，他们的父亲也是一个有血有肉的人。

读到这段话时，我忍不住露出了微笑。

11 月 7 日，户梶从富田团长那里直接收到了非正式的归国通知。留下来的成员，包括富田在内只有 5 人，是当时白团成员人数的五分之一。这 5 人名单中，并没有户梶。根据户梶在日记中所述，富田告诉他，当时与富田关系一向不睦的本乡曾经批评说，"你不把户梶留下是个错误"。不过，富田却说："如果大家事事都要反对团长的意见，那我身为团长的面子往哪儿搁？更何况一年之后，我自己也要跟着返国，如今他只不过是先回去而已，不是吗？"最后，户梶写下了这样一段话："如此一来，一切就都尘埃落定了。只是，面对境遇如此的变化，我一想到回国之后的种种事情，就不由得感到心头一阵沉重。"虽说对此早已有了准备，不过要离开生活了10多年的地方，果然还是会让人感到踌躇不前吧！

11月9日，举行了兵棋演习的最终实际推演。户梶担任讲评，对"蓝""绿"两军的形势进行判定。就在户梶满怀感慨地心想，"这大概是我在石牌的最后一次公开发言了吧"的时候，"蓝军"的指挥官曹杰①对于户梶的判定表示异议，结果被户梶用充满怒气的声音吼了回去："我刚才不是已经说过判定的理由了吗！"

事后，户梶在日记中这样写道："到最后都还是在怒吼，我自己都不由得苦笑呢！"

户梶等人归国的时间定下来了，是在年底的12月7日，从那时候开始，他们便连日不断地辗转于各式各样的送别会当中。只是，由蒋介石主持的送别宴，时间却迟迟没有定下来，因此他们的归国也跟着暂时延宕下来。直到12月13日，蒋介石终于在士林官邸，举办了白团成员的送别宴。

"总统"的态度，明显流露出深深的惋惜与不舍。论起展现出的人格魅力，除了蒋"总统"以外，还有人能达到这样的地步吗？……之后，在"总统"的提议下，

① 国民党军将领，八二三炮战时担任69师师长，负责金门防卫的机动支援。

我们一起拍摄了纪念照。如此一位波澜万丈的伟人，却连
"光复大陆"一角的希望都无法实现，便要归于尘土，实
在是千载恨事。只是，对于台湾人民而言，这其实或许是
一种幸福也说不定……

户梶在日记中这样写道。

12 月 16 日，户梶早上 7 点便起床，没有梳理头发便出了
门。9 点 15 分，他挥别了长期居住的北投温泉宿舍，到台北
市内买完东西之后，便在松山机场搭乘 10 点 40 分起飞的班
机，朝着羽田机场飞去。当他出发的时候，有许多台湾的同僚
来送行。所谓旅途的终点，大概就是这样一回事吧！当户梶到
达羽田机场的时候，他写下了这样一句话："回来的速度太快
了，一点真实感都没有。"于是，就在这句说潇洒也未免潇洒
过了头的话中，户梶为他在台湾这些年所写的日记，画下了一
个句号。

第七章

秘密军事资料

"国防大学"内保存白团资料的书库（熊谷俊之拍摄）

一　东洋第一军事图书馆

前往"国防大学"

这里是台湾北部的地方都市——桃园。天空中乌云密布，阴郁的感觉仿佛要让人喘不过气。在灰色云层的缝隙间，不时可以看见朝着天空飞去的喷气式飞机消失在云端的景象。

从台北市内驱车前往，车程大约 1 小时左右的桃园，是台湾的大门——"桃园国际机场"的所在地。大概 10 年前，这座机场还因为蒋介石的缘故，被称为"中正国际机场"。"中正"是蒋介石的名，"介石"则是他的字；在日本一般都以"介石"称呼他，但在台湾的官方文件上，则都是使用"中正"。

在台湾，对蒋介石有好感或是对他抱持一定尊敬的人，通常都会使用"蒋中正"或者"蒋公"之类的称呼，而反感蒋介石的人，则倾向以"蒋介石"称呼他。至于在大陆，称呼"蒋中正"的人则非常少，基本上都是使用"蒋介石"。

1990 年代，当搭乘从日本飞往台湾的飞机时，机内广播都会传出英语的"Chiang Kai-Shek International Airport"；"Chiang Kai-Shek"，也就是"蒋介石"三个字的英语发音。

按照标准汉语的拼音，"蒋介石"应该拼成"Jiang Jie-shi"才对。事实上，"Chiang Kai-Shek"是粤语的发音；据说，由于当时从事革命运动的以孙文为首的很多人都是广东人，因此在用英语向海外介绍的时候，才会使用"Chiang Kai-Shek"这种发音法。

从桃园机场出发的出租车行驶没多久，便抵达了离桃园市中心有一段距离的"国防大学"大门口。

"国防大学"是台湾军事教育的最高机构，也是陆海空军精英进修深造的教育场所。

"国防大学"校园（作者拍摄）

门口的警卫反复检查了我的护照和名片。当我从车上下来后，警卫便指示我先在门边的会客室暂候；过了大概 30 分钟后，一位身穿军服的女军官出现在我面前。

"实在很抱歉，因为过去没有媒体要求采访那里，所以准备花了一点时间……"

担任向导的女军官急忙对我低头致意。我跟在她的身后，穿过"国防大学"巨大的正门；一会儿，在她的带领下，我来到了"国防大学"附设的图书馆。我们走进地下室，在一间没有任何铭牌标记的房间前停下了脚步。

因为这里全都是日文资料，所以究竟要怎样有效使用它，就连我们自己也不太清楚。也正因如此，里面的资料，想来也是处于未经整理的状态吧？虽然时间相当有限，不过还请您尽量自由阅览；两小时后，我会来这里迎接您。

女军官用标准军人作风的利落语气传达完相关事项后，便立刻离去了。

走进房间之后，出现在我眼前的是整整三排书架，以及滑轨式的书库。这些完全没有人碰触过、长眠于此的资料，似乎是以书籍和文件两种形式保存下来。

极度值得夸耀的功绩

在这间静静的资料室里，我想起了白团的幕后推手、在日本担任"事务局长"一职的小笠原清的文章。

小笠原清在 1971 年的《文艺春秋》8 月号上，就白团的真实情况，发表了一篇名为"协助蒋介石的日本军官团"的手记。那时候，白团刚解散两年多而已；这是有关白团此一团体的直接当事者首度公开发表的文章。

在这篇手记中，小笠原这样写道：

> 富士俱乐部自昭和二十八年起，一共存续了 10 年之久。在这 10 年间，我们总共运送了 7000 多册军事图书，以及 5000 多份文件到台湾，创造了东洋第一军事图书馆，我在私底下也为此感到满足不已。

小笠原是侍奉白团的创设者冈村宁次、以"冈村大将的勤务兵"自任的男人。正因如此，他在《文艺春秋》上面写的这篇白团实录，也仅止于对基本事实淡淡的陈述，至于触及机密的部分，则都巧妙地加以回避了。

只是，唯独在读到介绍"富士俱乐部"这一节时，我对其间的内容产生了相当的兴趣。毕竟，一向以严格坚守幕后立场自诩的小笠原，在这里居然会写出"东洋第一"、"满足不已"这样极度夸耀的用语，这本身就是件让人极感兴趣的事。

富士俱乐部作为白团的后方支持组织，于 1952 年在饭田桥正式挂牌营运。俱乐部的成员每周会召开一次研究会，一部分成员则是以正职人员身份，负责相关资料的搜集。这些资料的油印版都会送到台湾，按照小笠原的说法，"简单说，就是按照台湾当地的需求，针对相关课题进行暗中研究"。只是，我虽然到处找寻富士俱乐部在饭田桥的事务所旧址，却已经找不到任何踪迹了。

当撤退到台湾之际，国民党几乎可以说是从大陆狼狈出逃，不管是军事教育还是军事作战所需的相关资料，全都付之阙如。就算白团在推行军人教育时，资料不足也是最大的问题。正因如此，国民党和白团全都对日本发出了这样的求救信号："不管怎样，请送一些在军人教育方面派得上用场的资料过来吧！"因应这样的要求而成立的，正是所谓的"富士俱乐部"。

"国防大学"公开展示的白团相关资料（熊谷俊之拍摄）

根据小笠原的说法，"富士俱乐部"活动的结果是，"总共运送了7000多册军事图书，以及5000多份文件到台湾，创造了东洋第一军事图书馆"。不过说真的，小笠原自豪的"东洋第一"究竟根据何在，我实在不明白。尽管在亚洲其他地方，或许真的没有类似这样专业收藏军事资料的资料馆或图书馆，但我们也无从确认富士俱乐部的收藏真的就是"东洋第一"。所以，或许我们可以把这句话当成是一种夸张的表现手法，但至少就小笠原本人而言，自己主导下的这项计划毫无疑问已经在台湾留下了明显可见的成果。

来自日本的庞大军事资料

在我前往"国防大学"访问的半年前，我曾经造访台湾的档案馆"国史馆"。

尽管"国史馆"的本部位于远离台北市区的新店山区，不过在屹立于台北市中心的旧台湾总督府，也就是现在的"总统府"的正后方，还有一间已经数字化的计算机档案室。

从 2010 年开始，我便一直在这里阅览众所瞩目的新发表资料——《蒋中正"总统"文物》（大溪档案）。2011 年冬天，我再次造访"国史馆"，连日埋首于有关"富士俱乐部"的文书档案之中。

我在认为可能与白团有关的数百件文献当中，逐一调查其中的内容。最后，终于让我找到了一份名为"资料整理及调查研究实施概况"的文件。

这份档案的相关信息上写着："昭和二十八年（1953 年），冈村宁次向蒋中正'总统'提出。"当我看到这行字时，忍不住在心里大喊："Bingo，就是这个了！"

当我打开档案的封皮时，开头出现的是一份表格。

这是 1953 年 10 月到翌年 9 月，作为整体纲要的计划表。因此，这份资料很有可能是展现日本方面为了配合白团的活动将资料送往台湾这一活动的重要史料。

资料整理及调查研究实施概况表

期别	月份	资料相关	调研相关
前期	10	中共相关 朝鲜相关 苏联相关 美国相关 兵学相关 船舶兵器相关 战史相关 军事图书 作战资料	情势判断
	11		战争样态、新兵器
	12		世界战略(美苏)、国力判断
	1		战略兵要地理(远东地区)
	2		远东基本战略(总体战)
	3		远东基本战略(武力战)
	4		远东基本战略(冷战)
后期	5		防卫作战基本大纲
	6		防卫作战基本要目
	7		反攻作战基本大纲
	8		反攻作战基本要目
	9		建设大纲

表格中央的"资料相关",指的是已经刊行的书籍与文书,"调研相关",则是"富士俱乐部"独自调查研究后做成的资料。就书籍类与调研资料分开这点看来,其跟"国防大学"内的资料库显然也是一致的。从这里我们可以清楚得知,富士俱乐部的活动内容,除了书籍和战前资料的搜集,同时也包含了研究资料的独力调查与制作。

继续阅读这份文件,映入眼帘的是一行又一行排列整齐、为数高达数千册的书名和资料名称。这些都是富士俱乐部当作资料送往台湾的图书目录;同时,毫无疑问,它也是小笠原引以为傲的"东洋第一军事图书馆"收藏的详细清单。

在这份列表中,"希望资料处置现状一览表"(至昭和二

最后的大队： 蒋介石与日本军人

十八年五月二十五日为止）里面的"已送出"（已运送完毕）
项目里，列举的书名有以下这些：

● 已送出（已运送完毕）

《命运的山下兵团》

《原爆的广岛及长崎》

《英国空军战史（四卷）》

《中国各作战之兵团及指挥官姓名》

《参谋》

《缅甸战记》

《西洋史（全，附图）》

《东洋史》

《支那革命外史》

《企书院参考资料》

《昭和四年施行　资源调查法相关资料》

《西伯利亚铁路输送状况》

《港湾相关资料》

《上海的谋略》

《谋略相关资料》

《新闻缩印本（朝日、经济)》

《日本无罪论》

《给日本人的遗书》

《中国式的思考》

《纽伦堡大审判判决记事》

《步兵操典》

《剑术教范》

《相互扶助论》

●已送出相当数量（部分送出）

《第二次世界大战资料》

《亚历山大大帝战史及附图》

《腓特烈大帝》

《总动员资料》

《第二次世界大战英美德法国家总动员资料》

《支那沿岸兵要地志》

《扬子江方面地志》

《苏联及苏联远东地区地图》

《西伯利亚、中亚方面资料》

《宪兵资料》

《特务职》

《兵图相关》

《细菌战资料》

《陆军航空部队空中勤务者采用基准　海军同（特别是身体检查规格及身体检查要领)》

●未送出（含搜索中）

《福建省兵要地志》

《比例五十万分之一以下之朝鲜地图》

最后的大队： 蒋介石与日本军人

《欧洲一般地图》

《中野学校教材》

《幕僚必携》

《对苏战门法》

《对苏作战要纲》

《坑道阵地之编成设备》

《山地师之编成装备》

《保安队典范令》

《美国典范令》

《交通教范》

《保安队自动车编成部队运用研究资料》

《大阪国际新闻》

《东亚通信》

《神户架桥文化》

《*Popular Science*（科技新时代)》①

● 第一次请求支持资料中（大致已满足需求者）

《陆军补充令》

《召集延期实施要领》

《兵役法详解》

《特务战参考资料》

《动员兵力统计》

---

① 美国老牌科普杂志，创立于一八七二年。

《物资动员统计》

《生产力扩充计书》

《军需动员计书》

《防空战史》

《英德空战资料》

《胡康河谷作战史》

《诺门罕战役资料》

《第二次世界大战资料》

《野战宪兵队之编成装备及其活动史》

《日本保安机构之具体内容》

《陆军补充令》

《兵役法详解》

《特务战参考资料》

《统帅参考书》

《科学的搜索资料》

《动员兵力统计》

《陆军补充令》

《关于电波的杂志》

《关于气象的杂志》

《大陆问题》

《曙》①

---

① 日本自卫队第一代国产护卫驱逐舰（DE），1955 年下水。

最后的大队： 蒋介石与日本军人

《防卫与经济》

《工业年鉴》

《中共治下之综合国力》

《中共民心动向》

《中共治下之三民主义解释及具体之施策》

《中共政治及思想方面之弱点》

《中共地上军之战力配置、指挥官及编成装备》

《中南支（中南半岛）兵要地志》

● 送出资料一览（沙盘推演相关）（至昭和二十八年六月一日为止）

1. 二式高射装置（陆上用）之图面及机构说明书

2. 十厘米炮弹制造相关资料

3. 点的机（瞄准练习机）之构造

4. 五十三厘米（鱼雷）连装发射管之计书资料

5. 航迹自书器二型之使用说明书

6. 驱逐舰用电波装置雷达、定位仪、LORAN（无线电导航）各种收发信机、声呐、音响测探机

7. 使用练习弹进行轰炸训练之相关资料

8. 渔船（一五〇吨等级）用电波（音响）装备相关资料

9. 红外线瞄准装置

10. 旧日本海军侦察机之成果及将来发展

11. 蛟龙（甲标的）设计资料、驱动装置（及入手之可能性）、齿轮罗盘、潜望镜、发射管（筒）及发射装置

构造等相关资料

　　12. 驱逐舰主炮用模拟射击演习机及设计资料

　　13. 驱逐舰用五十三厘米四连装鱼雷发射管（六年式鱼雷用）

　　14. 丹扬雷达装置相关资料

　　15. 无线电探空仪（radiosonde）相关资料

　　16. 刺猬炮相关资料

　　基本上，"已发送"的内容，多是以一般刊行的书籍为主，主要是将在日本比较畅销的军事书籍运往台湾。不过在这当中，其实也夹杂着官方资料与军事机密资料。

　　紧接着"已送出"项目之后，记载的则是"已送出相当数量（部分送出）"这一项目。

　　关于这份书目中曾屡次提及的"兵要地志"①，我在后面会加以详述。不过此处可以说的是，它是军事上绝对不可或缺的事物，因此毫无疑问属于军事机密资料。其他列在"部分送出"项目中的，还有包括"宪兵资料""细菌战资料""总动员资料"等明显机密度甚高的资料。

　　再往下看到"未送出（含搜索中）"这一项，除了"兵要地志"以外，也包括了"中野学校教材""幕僚必携"等明显

---

　　①　指从军事需要出发，对有关地区的军事、政治、经济、地形、交通、气象、水文等现实和历史情况进行调查而编制的资料。

属于日军内部流通文件的书籍。

接下来，在"第一次请求支持资料中（大致已满足需求者）"这栏中，列了大约10册相关文件；这些文件明显都属于军事资料。

再接下来是"送出资料一览（沙盘推演相关）（至昭和二十八年六月一日为止）"。这一栏里面的目录，几乎全部是机密资料；当这些名单跃入眼帘时，我不禁大为惊讶。

另外还有一份表单，名为"调研资料一览表"，编纂日期是"昭和二十七年十月"。（请参照"调研资料一览表"）

这份所谓的"调研"资料，既不属于一般书籍，也非战前留下的军事资料，而是由"富士俱乐部"一手独力编纂而成的资料。所谓"调研"，大概就是"富士俱乐部"的别名吧！

从这份庞大的资料清单中，我们可以清楚看出，"富士俱乐部"并不只是搜集资料，而是不愧"调研"之名，拥有极为优秀的"调查与研究"能力的一个组织。

调研资料的内容不只限于军事，还旁及国际情势以及思想、哲学的领域。仅建构出这份清单这一点，就足以说明当时的"富士俱乐部"麾下，必定是英才济济吧！

二　"调研第〇〇号"

竭尽方法的探寻

尽管我根据小笠原的手记获知所谓"东洋第一军事图书

馆"的存在，并且透过台湾"国史馆"内保存的资料，判明了它的详细内容。可是，当我为了更进一步调查这些资料如今是否仍存在于台湾，而和台湾"国防部"反复接触时，相关人士的响应几乎都是"因为实在是太久以前的事了，所以我们并不清楚"。

最后，给了我重要提示的人是曾经担任台湾大报《中国时报》记者、著有《覆面部队——日本白团在台秘史》一书而目前已辞去记者职位、在大学执教的林照真小姐。

当我打电话到林小姐执教的大学向她询问时，林小姐这样对我说：

> 以前，曹士澄将军曾经告诉我"三军大学持有相当多白团的资料"，可是，当我表达希望前往采访的意愿时，对方却以"军事机密"为由拒绝了。

三军指的是陆海空军，"三军大学"已经改称为"国防大学"。

尽管"国防大学"是"国防部"的下属单位，但当我向对方的公关部门提出采访申请时，对方只回答说"我们会调查一下"，然后就无声无息了。因为担心催促过度，反而徒增对方的警惕心，于是我前去拜托一位对"国防部"有影响力、过去我曾经"帮过一点小忙"的台湾资深政治家，请他惠予协助。

结果，我确定了白团的相关资料确实存放于"国防大学"。之后，透过那位政治家的斡旋，又过了好几个月，我终于得到"国防大学"的许可——在"两小时之内"接触白团资料。这就是本章初始，我前往"国防大学"访问的来龙去脉。

"富士俱乐部"的别名

"富士俱乐部"的真正面貌，终于呈现在我的眼前了——和我这样的心境成对照的，是寂静无声的资料室，以及那些仿佛在书架上沉默不语、由小笠原等人竭尽心血编纂而成，源源不绝送往台湾的资料。

正如前面所述，这些资料大致上是分成两类加以保存，其中一类是书籍，另一类则是文书资料。

书籍被保管在三列朝着房间深处不断延伸的书架上，其中日本发行的一般书籍占了大多数。这些书籍的刊行时间主要是战前到战后初期，主题包括了军事资料、战史、海外情报、中国情势、俄国情势等，相当引人注目。其中也有《朝日新闻》和《读卖新闻》的缩印版。

在这当中，和战争有关的书籍自然是占压倒性多数。我的目光停驻在参谋本部编纂的《明治卅七八年日露战史》上；深邃的茶黑色封面，就这样并列在书架上。

被派遣到台湾的白团人员，以国军新锐与作为中坚力量的干部培训人才为对象，每天担负着军事教育的重责大任。我想，这里的资料应该有很多都经过他们之手翻译成中文，并且有效使用在教育之上了吧！

另外，在隔着走廊与摆满书籍的书架遥遥相对的另一端，则是几排移动式书架，上面摆满了大量白色卷宗。在这些卷宗的封面上，没有任何字样；我试着抽出其中一份档案，打开封皮，一行连续的编号顿时出现在我眼前：

"调研第〇〇号"。

白团书库内收藏的日文军事书籍（作者拍摄）

如前所述，"调研"正是"富士俱乐部"的别名。这些编号从 1950 年代前期的 1 号开始，最终结束于 1960 年代的 2000 多号。由于档案处于未经整理的状态，因此编号并没有按照顺序排列下去，比方说有时候前面是 100 号文件，再下来却是

1500号之类的。看样子，它们应该是有很长一段时间没有被
整理了吧！

除了架上这些，究竟还有多少没有写上编号也没有摆放在
这里的档案？对于这一点，我完全无法想象。我所能确定的只
是，若是把 1 ~ 2000 号全都摆进这个书库的话，那么上面的档
案总数绝对不止于此；恐怕，在这个书库里所收藏的，不过是
全部资料的三分之一而已……

兵要地志

我一一打开装着资料的白色卷宗，令人深感兴趣的资料便
陆续出现在眼前。在这当中，战前参谋本部盖上"秘"字圆
印的机密文件也不在少数。

"东粤地方（广东省汕头）兵要地志参谋本部"（调研第
141号 A 昭和二十八年三月二十七日），是一份大约 50 页的油
印文件，上面盖着红色的"秘密"大印。

兵要地志，亦即和"军事地理"相关的种种资料；这些
兵要地志是战前以陆军参谋本部为中心，为了预先了解可能用
兵的各地情势而编纂的资料。在这当中，除了用日语与当地语
言发表的公开资料以外，还加入了派遣到最前线的情报员所传
回来的情报，可以称得上是"军队的用兵指南"，因此自然也
是极其重要的机密资料。

除了东粤地方外，调研资料中也有"赣湘地方（江西省、
湖南省）兵要地志概说参谋本部"（调研第 183 号昭和二十八
年五月八日）的兵要地志。

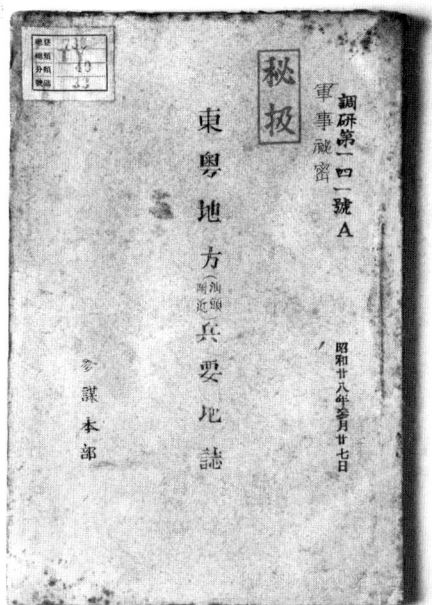

富士俱乐部交给台湾的兵要地志（熊谷俊之拍摄）

这些应该都是由战前陆军参谋本部编纂，然后被"富士俱乐部"透过某种渠道弄到手，再送来台湾的资料吧。它们除了供作白团教育之用外，毫无疑问也被期盼着能在将来"反攻大陆"之际，作为蒋介石与国民党军的贵重作战资料而发挥作用。

紧接着，我的目光又移向另一批档案。在这批档案中，包括了"本土防卫作战概史"（调研第137号昭和二十八年三月二十七日）、"以空降部队奇袭敌机场"（调研第 127 号 A 昭和二十八年三月十三日）等军事资料。

和兵要地志不同，这批资料无疑是透过"富士俱乐部"之手，将战前的记录以及相关人士的记忆还原并加以汇整的产物。

特殊船舶记录，"旧陆军特殊船舶记录昭和二十三年二月八日记内山铁男"（调研第 227 号 A 昭和二十八年六月二十六日）这份资料，显得尤其详尽。内山铁男是一位战前的陆军技术专家，同时也是活跃于船舶开发领域的人物。

旧陆军特殊船舶记录（部分）

鱼雷艇及炮艇（联络艇巴一型及巴二型）

1. 略

2. 技术诸元及构造

全长，7.00mm，最大长度 2.20m，吃水深度 1.092m

排水量，（满载）2900 吨

动力，汽车用 G.E.（汽油发动机）3 座　3 轴

速度，27～30 节

构造，耐水性合板制成之木造船

V 型船底，半滑水型快艇，详细构造请参阅其他设计图

舰载鱼雷，采用三研①制造之火箭鱼雷或海军之简易

---

① 经查日本并没有名为"三研"的机构，故此处应指湾"中科院"第三研究所。

鱼雷

火箭炮口径7.5，四连装，共安装两门，安装位置大致如下图所示。

火箭炮的发射采用电力点火，从操纵室内发射。

举例来说，在这份资料第42页论及"雷击艇及炮击艇"（联络艇巳一型及巳二型）的部分，就收录了有关旧日本陆军开发的高速战斗艇"力口艇"① 的详细情报，甚至还附有实物图样的精密描绘。

根据这份极其详细的资料，我们可以轻易推断出，台湾方面必定想过要以此为基础开发自己的高速快艇。事实上，在战后，台湾确实曾经用小型船舶不断对大陆沿海进行袭扰。既然如此，在这方面他们是否运用了"富士俱乐部"所提供的资料？关于这一点，我们实在无法轻易排除这种可能性。

顺便一提，我曾去过日本国会图书馆调查有关内山铁男的资料。当时，我针对战前内山曾制造过的战斗艇（快艇）进行相关书籍的检索，结果发现我所索取的书目当中，唯独有关内山的部分全都遗失了！内山在战斗艇制造方面的知识当时是世界一流的，因此我也不能排除或许是与"富士俱乐部"有关的某人从国会图书馆里偷偷将这些资料带走了这种可能性。

---

① 一种用来保护潜艇码头、反潜、反敌方鱼雷艇的多用途快艇。

最后的大队： 蒋介石与日本军人

构筑台湾的防空体制

接下来，其他令我大感兴趣的资料又陆陆续续出现在眼前。

在"昭和二十年五月，本土防空组织之概要"这份手写文件当中，刊载着一幅巨大的组织结构图。

大本营下辖陆军部及海军部，陆军部下面又分为第一总军、第二总军、航空总军 3 个部分，海军部则分为各镇守府、各警备府司令部、联合舰队 3 个部分；接下来，第一总军的下面是第十一方面军（东北）、第十二方面军（关东）……透过这样的方式，当时日本全土防空体系的运作形势，在这幅图上全都一目了然。

后半部分的备考栏里，则记载着这些资料：

（一）昭和二十年五月之防空兵力为"飞机约 970 架（陆军 460 架海军 510 架），高射炮约 2950 门（含海军 935 门）"。

（二）当时防空之重点依次如下：

（1）帝都，特别是皇居之防卫；

（2）交通干线上之要点；

（3）重要生产设施；

（4）重要机场；

（5）主要军需储存地。

毫无疑问，将这些资料送到台湾的目的相当明确，那就是研究当台湾遭到大陆攻击时，应当布置怎样的防空网，所以要以此为辅助资料，以供检讨参照之用。

三　服部机关之影

对上了!

接下来，在这些堆积如山的资料中，我发现了某个日本人的演讲记录。

资料的标题是"国防史论"，编号是"调研第 322 号 A"；日期是"昭和二十八年七月四日（土）"，讲师的名字是"服部卓四郎"。

看到服部的演讲记录时，我忍不住在心底大喊一声："对上了!"

服部卓四郎，可以说是在整个战后史中，具体呈现旧军人"黑暗面"的代表性人物。

他生于 1901 年（明治三十四年），作为陆军精英，和辻政信①一起主导了对华战线的扩大路线。后来他就任陆军参谋本部作战课长，在被称为太平洋战争转折点的瓜岛战役中也担任指导的工作。然而最后却因为失败究责被贬为步兵连队长，左迁到中国东北的抚顺，最后在那里迎接了战争的结束。

---

①　日本军人，活跃于中国、东南亚等地的地下阴谋活动之中，被昭和史家半藤一利称为"绝对之恶的存在"。

最后的大队： 蒋介石与日本军人

战后，服部摇身一变成为亲近占领军的人物；他成功赢得了 GHQ 参谋第二部（G2）威洛比等人的信赖，从而开始推动日本战后的再武装路线。根据最近美国中央情报局公开的秘密文件显示，据说他和暗杀吉田茂首相的阴谋之间也有所牵连。

当时，日本的陆军改名为"复员省"，受 GHQ 掌控。

根据保阪正康《昭和陆军的研究》（朝日新闻社）一书所述，自战争结束后不到一年，也就是 1946 年开始，复员省似乎就已经开始有前大本营的参谋不时出没其中。

这时候，曾经担任大本营参谋、军司令官，或是在陆军省以及参谋本部担任要职者，为了逃避 GHQ 的追放，纷纷隐姓埋名，躲回故乡过着沉潜的日子。至于佐官以上的军人，则全部从公职当中被扫除一空。暗中将这些参谋和复员省联系起来，目标直指复活陆军的人，据传言就是服部卓四郎。

服部表面上的职位是复员省的战史编纂室长，但这一部门的办公地点并不在复员省的大楼当中，而是在日比谷的一间邮轮公司大楼里。不仅如此，这座邮轮公司大楼，还正好就和作为 GHQ 总司令部的第一生命大楼比邻而居。据保阪所述，"这间编纂室的预算，乃是直接由 GHQ 内部的 G2（参谋第二部）负责人威洛比少将支出。换言之，编纂室虽然表面上看来是复员省的下属单位，但实际却是受 G2 培养的旧军组织"。

服部原本就算成为公职追放的对象也不足为奇，但很有可能是因为他和威洛比之间建立了某种形式的联系，所以最后竟然得以免于被驱逐的命运。而从另一个角度来看，威洛比此举似乎也有利用服部等旧日本军参谋的意思。

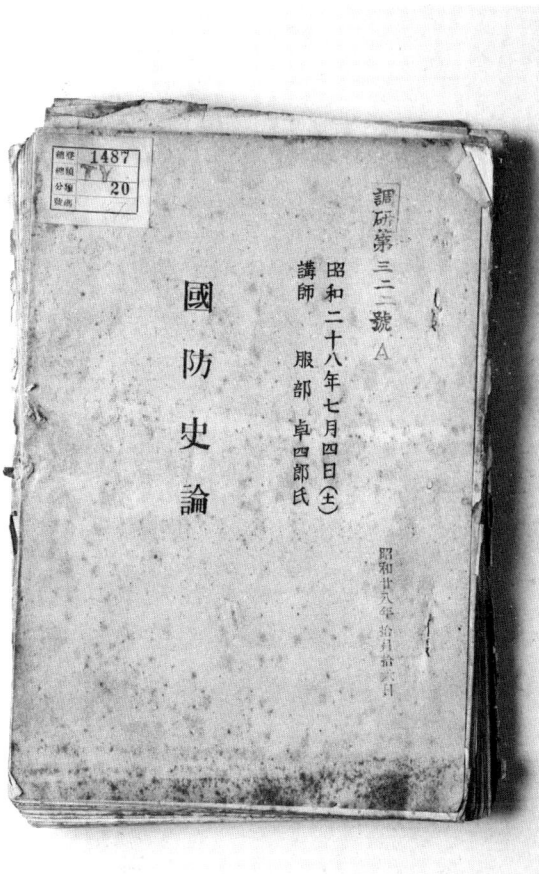

服部卓四郎授课所用的调研资料（熊谷俊之拍摄）

威洛比接到 GHQ 最高司令官麦克阿瑟的指示，奉命进行太平洋战史的编纂。于是他任命服部担任战史编纂的相关职务，并给予了服部等编纂室人员运用 GHQ 所扣押的大批旧日军资料的权限。

我所关注的重点正是这些资料是否有被挪用到白团方面？

堀场一雄

服部的团队被称为"服部机关"；他们和旧日本军的军官频频接触，从这些人那里听取相关的战史资料。服部机关的成员大多出身陆军士官学校，包括了稻叶正夫、堀场一雄、井本熊男、今冈丰、藤原岩市、原四郎、桥本正胜、西浦进，杉田一次等人，而这些人之后都成了研议日本再武装的小团体成员。

另外，据小笠原清《协助蒋介石的日本军官团》一文所述，在富士俱乐部的协助者当中，"陆军有服部卓四郎、堀场一雄、西浦进、今冈丰等大佐，榊原正次、都甲诚一等中佐，新田次郎少佐；海军方面则有高田利种少将，大前敏一、小野田舍次郎，长井纯隆等大佐"。这些人每周会参加一次研究会，其中的一部分人则任职于俱乐部，承担资料搜集的任务。

仅在这两份名单中，就有以服部卓四郎为首，包括西浦进、堀场一雄、今冈丰在内的四人，是横跨富士俱乐部与服部机关两边的。

服部、西浦、井本都是前首相东条英机的秘书官；同时，服部、堀场、西浦也都是陆军士官学校 34 期的毕业生，在同期中有"三羽乌"的美称。换言之，这些成员间的共同点也相当多。

堀场是位在"七七事变"中力主不扩大事端，甚至不惜与军队指导部冲突而闻名的骨鲠之士。

在描述堀场一生的传记《某作战参谋的悲剧》中，也可以发现有关白团—富士俱乐部与服部机关之间联系的记述。

根据这本传记所述，白团成立之后，"曾经再三邀请堀场前来台湾，但是堀场却以健康不佳为由拒绝了，仅在研究调查方面给予协助"。

战争结束之后，国民党政权的林熏南中将也曾经和堀场接触，请求他的协助。林熏南也是有日本留学经验的知日派军人，在陆大时和堀场是同期。

面对林熏南邀请他协助在和共产党的内战中陷于苦战的国民党，堀场则以"我无法介入他国的内战"为由拒绝了。林熏南自 1945 年起担任中华民国驻日代表部顾问，不久之后退役，最后在日本过世。①

接着，这本书又这样提及关于白团的事情：

昭和二十七年秋，以及川古志郎这位原海军大将和冈村宁次这位原陆军大将为中心，汇集了陆海双方的原任名参谋，组成了专门研究国际情势与国防问题的富士俱乐部（东京资料班）。就像之前一样，陆军方面的三羽乌也一

---

① 林熏南的政治立场事实上倾向国民党左派，亦即蒋介石的政敌邓演达一派。

起参加了这项活动。

堀场虽然没有进入白团，但在白团的后方支持上有着颇为重要的影响力。

西浦进

另一方面，"三羽乌"的另一人西浦进，则是出身于东京的军人世家。西浦的父亲也是陆军士官学校 7 期的毕业生，至于他自己则是在完成陆军士官学校学业后，又在陆大以第一名的成绩毕业。离开陆大后，他被分配到陆军军事课；不久之后，军事课的课长永田铁山因为军队内部的路线之争而遭到暗杀，而同一时期的九一八事变也引发了剧烈的冲突。在这之后，西浦依旧一帆风顺地继续累积资历。在中日战争末期的 1945 年 1 月，他以中国派遣军参谋的身份被派往中国，并在南京迎接了战争的结束。我们可以说，作为战史研究家的西浦，他的人生从这时才算正式开始。

西浦于 1946 年撤回日本，受命担任第一复员局史实调查部的成员。之后当防卫厅成立时，他也继续走在战史研究的道路上，担任防卫厅战史室第一任室长。

西浦和富士俱乐部的关系，在西浦死后由友人集结而成的《西浦进回忆录》中有着更加详尽的记载。

根据此书所述，随着复员局的缩编，由服部主导成立的史实调查部也跟着解散了，于是西浦和服部、堀场一起成立了民间机构"史实研究所"。关于"史实研究所"的具体活动，目前并无形迹可寻，很可能是在三人与"富士俱乐部"合并发展之后，便自动取消了。

在西浦的回忆录中，陆军士官学校 45 期的桥本正胜做了这样的回忆：

> （西浦）和服部机关分道扬镳，加入了以冈村大将为中心、针对国民政府问题设立的军事研究会。

此处所指的"以冈村大将为中心的军事研究会"，毫无疑问就是富士俱乐部。

不只如此，陆军士官学校 37 期的今冈丰，同样在西浦的回忆录中，对于富士俱乐部有着相当详尽的记述：

> 战后让我印象最深刻的一段时光，就是身处富士俱乐部的那个时候。富士俱乐部是在昭和二十七年的秋天，为了针对国际情势与国防问题、战争论、战略论、战史等方面进行广泛的研究，而由及川、冈村两位海陆军大将为中心，海军的高田少将，小野田、大前、长井等大佐，以及陆军的西浦、服部、堀场等几位大佐为主要成员所共同成立的。在那里，我受到了 34 期、人称"三羽乌"的 3 位前辈的指导……在富士俱乐部持续的这大约 10 年间，先是堀场先生病故，接着是服部先生突然逝世，而西浦在他们两位过世的时候，都没能来得及见上最后一面。三羽乌

最后的大队：　蒋介石与日本军人

　　只剩最后一羽，仿佛孤影孑然般被独自留在世间，然而没过多久，西浦先生便像是要连先行离世的盟友们的责任也一肩扛下般重振精神，把所有的心力与灵魂，全部投注在《大东亚战史》的编纂之中。

　　身为白团成员的都甲诚一，也是《西浦进回忆录》作者当中的一员。都甲在所写文章中，如此描述自己与西浦初次见面的情况："我记得那是昭和二十七年的秋天，那时候我正好从台湾返国，由于身为'富士俱乐部'发起成员的这一层缘分，我得以和西浦先生头一次碰面。"在他印象中的西浦进，是位"始终默默保持着端正的坐姿，思绪井然清晰，不用任何笔记便能流畅阐述自己想法的人"。

　　另外，白团指导者冈村宁次的夫人，在偕行社刊行的《"白团"物语》中，对于西浦与冈村，以及他们和富士俱乐部之间的关联，有着如下回忆：

　　　　由于冈村所热爱的中华民国在大陆败北撤退到台湾，因此为期解放大陆，许多有志之士便渡海前往"中国"，对"中华民国"政府进行援助。冈村是这项工作的中枢，经常在和"中国"的要人会谈，而西浦先生则时常和他一起出席，帮他照料这方面的工作。

　　　　在这之后，在海军的及川大将协助下，他们集合了陆海军的精英，创立了富士俱乐部，进行有关战史以及日本防卫等方面的研究；特别是得到西浦、服部、堀场这3位有名的"三羽乌"的鼎力相助，实在是件让人值得引以为傲的事。

在西浦回忆录当中，对白团与富士俱乐部间的关系阐述得最为清楚者，是当初以白团海军领袖身份到台湾，中文姓名"帅本源"的海军少将山本亲雄。

战争期间，山本任职于参谋本部海军军令部，因为一些林林总总的联络与调整事项，经常和西浦碰面，结果两人便因此结成了至交。

山本是这样说的：

　　战后，在冈村宁次前大将的努力奔走之下，从旧陆海军的军人当中，编成了"国府"蒋介石"总统"的军事顾问团并前往台湾。虽然我也是在途中才加入，不过负责提供顾问团所需参考资料的，是设立在东京的一处机关。当时西浦先生是该机关负责陆军方面事务的主任，在这段战后的时间中，我在这一方面，也多蒙西浦先生的关照。

行文至此，我们几乎可以明确断定，富士俱乐部与以服部机关为中心的前陆军参谋团体之间，确实有着极其密切的关联。

相互联结

服部机关的战史编纂任务在 1955 年左右大致告一段落，而 GHQ 则在 1951 年旧金山和约正式签署后宣告解散。

富士俱乐部的活动则是自 1953 年开始，大致持续了 10 年；换言之，我们可以相当自然地认定，服部机关的一部分功能与情报，事实上是被富士俱乐部吸收承继了。

富士俱乐部制作的调研资料（熊谷俊之拍摄）

在收藏于"国防大学"的资料中，编号"调研第 521 号 A"的文件，其标题为"支那方面作战记录　第六方面军之作战（其之二）"，编纂者则为"复员局资料整理部"。

正如前述，复员局是旧陆军的后继组织，同时也是服部在战后所属的机关。因此，这类资料乃是透过服部的帮助，辗转来到白团手中。这种可能性相当高。

服部和自卫队的成立也有相当关联：一直以来，他都被视为战后日本防卫策略的幕后设计师之一。

在前面提到的白团演讲录中，服部从"借由日本的再武装，形成日、台、韩、菲反共同盟军的可能性"这一角度出发，做了相关的陈述。

毫无疑问，冈村和服部是以共同战线的形式，为了支持蒋介石，透过富士俱乐部将资料不断送往台湾。服部机关与富士俱乐部即使不是表里一体，至少也是构筑了相当紧密的协作关系。

早稻田大学教授有马哲夫根据美国政府收藏的 CIA 档案所写成的《CIA 与战后日本》（平凡社新书）一书指出，服部机关等暗地里活跃于战后初期日本的情报机关，其存在的理由大多不脱以下几点：

①以组成集团的方式，从东京大审判以及敌对人员（包括旧日本军占领地的敌对人士）手中守护自身性命。

②不是为了谋生，而是以相互联结的集团形式经营事业。

③为了占领结束后的再武装而预做准备。

在这当中，白团与服部机关的结合，②和③或许是主要原因吧！透过相互联结，亦即人脉和资料的结合，他们共同向台湾提供军事情报，从而换取对方给予的报酬。富士俱乐部的活动之所以能够持续 10 年以上，毫无疑问，在它的背后，必定有着蒋介石以及台湾当局的资金支持。若非如此，这么多有识之士耗尽心力进行分析与论文的写作，这样的行为显然就相当不可解了。而另一方面，我们也可以推断，这样的举动，很有可能是为了重建前军人在战后的生活基础而推行的一大计划当中的一部分。

只是，事情并不仅止于此。透过"富士俱乐部"将资料送往台湾这件事，理应存在着某种目的意识，那就是希望这些资料在将来日本再武装及陆军重新集结时，能够派上用场。就服部等人对世界的理解而言，他们认为共产主义阵营与反共产主义阵营间的第三次世界大战必将再起，因此支持身为反共的前哨堡垒、和中国共产党不断作战的蒋介石，在理由上来说自是相当充分。

就这样，这些被送往台湾的庞大资料群，不只是被当成了从中共统一台湾的军事威胁中保护蒋介石政权的工具而加以充分运用，同时也被有效使用于"反攻大陆"的作战准备等诸多方面。

这些贵重的资料，如今仍然沉眠在"国防大学"一间没有名字的地下室当中。若是能够从历史研究的视角，对这些资料进行再整理，并汇整数据的内容进行详尽的分析，那么关于"东洋第一军事图书馆"的成立，以及白团的后方支援团队——富士俱乐部的实际状况，想必一定能够更加明朗吧！我衷心期盼着这一天的到来。

第八章

"白团"究竟是怎样的一段历史?

富田直亮遗骨（作者拍摄）

一　白团的存在应当被摊在阳光下吗？

日本乡友联盟会长

在白团的活动画下句号之后，那些曾经属于白团的人，又是过着怎样的生活呢？

迄今为止，有关白团的书籍，纵使对于他们在台湾时的种种有着详尽的记述，但对于他们回到日本之后的情况，则几乎从未触及。然而，身处战后日本的我，对于拥有白团这般特殊经历的人后来究竟是过着怎样的生活，却相当渴望能够加以了解。

白团，是有如旧日本军私生子般的存在。这些军人，将自己本应随着 1945 年败战燃尽的尊严、梦想与知识，尝试着移植到名为台湾的新天地；从这层意义上来看，对白团而言，1945 年，并不是战争的终局。

我想，一定能够找到某位参加过白团的旧军人，将自己真正的战后人生，也就是从在台湾的任务告终时起的种种，娓娓道来。于是，我试着从这方面着手，去探寻这一 "战后" 的身影。

当我在阅读白团相关文件时，其中隐匿其名、仅以 "四谷先生" 屡屡称之的人物，正是旧陆军大将、中国派遣军最后的总司令官冈村宁次。身为白团创设者同时也是其精神支柱的冈村宁次，就像是要亲眼看着白团走到最后一般，在 1965 年白团活动大幅减少，事实上等于任务告终的第二年，也跟着撒手而去。

战后，冈村一直过着避人耳目的低调生活。他很清楚若是自家的住址被共产党获知，必定会引来示威抗议人群在家门前摇旗呐喊。所以，冈村在四谷的老家并没有挂上门牌，而他也从不曾接受任何媒体的专访。

然而，他的低调并不等于无所事事、碌碌而为。事实上，冈村用其他的形式，扛起了自己身为败军之将的责任，并且不断为尽这份责任而奔走。

战后的冈村，致力于将全国各地旧日本军人结合为一。自1954年起，他就任为"全国遗族等援护会"（后来的全国战争牺牲者援护会）顾问。自1957年起，他开始担任全国性质的战友会组织——"日本乡友联盟"的会长。

日本乡友联盟是以旧军人为中心组成的亲睦团体，同时也是以反共为宗旨的团体。1955年，它以"樱星会"的名称组成，并于次年（1956年）改名为日本乡友联盟。它主要是以要求增加军人退休金的压力团体形式而活动着，会员人数达到大约30万人。

冈村因为坚信旧军人团结互助乃是必要之事，所以走遍全国，不断致力于将散落各地的旧军人关系网络统合为一。

某位以匿名为前提接受采访的冈村家人，对于这点是这样回忆的：

在我的记忆当中，那个时候，他几乎都不曾回家。只要听说哪个地方的前军人在举办葬仪，他就一定会飞奔过去；若是有人邀他担任来宾或是演讲，只要身体状况许可，他也一定会应邀前往。在协助前军人就职方面，他也是尽心竭力。当时包括岸（信介）、佐藤（荣作）、吉田（茂）等政治家，经常会打电话到家里来，大概是希望争取旧军人的选票吧！他也常和那些人谈及工作方面的话题，只是他对那些人却从来不曾露出仿佛友人般的亲昵表情。

若说身为隐隐保有相当影响力的前军人统合者，是冈村显露在外的一面，那么，将白团送往蒋介石身边，便是冈村隐藏在背后的一面。

就算冈村自己，也完全不想让家人察觉自己在台湾做的这些事情。前面的那位家人也说："虽然小笠原清先生会来四谷的家里造访，但是他们究竟在做什么，我们这些家人完全不了解。"

因蒋介石的意旨而得以免于战犯处分，持续对社会做出贡献，还培育了白团这个团体，最后一直活到 82 岁寿终正寝，对于这样的冈村，报道文学作家佐藤和正在著作《妻子们的太平洋战争》中评论说"没有比冈村更幸运的男人了"。对此，我深有同感。只是，冈村在家庭生活方面，就不是那么幸运了——大战之前，他的次子武正就已经不幸过世，第二年，他的第一任妻子理枝也跟着撒手人寰。然后在 1962 年，他任职于经济企划厅的长子忠正，也先他一步而去。

"共存共亡"

在白团的 83 位成员当中,最后只有一位选择继续留在台湾,那个人就是团长富田直亮。1968 年白团解散时,富田原本也打算回到日本。据说,当时乡里的友人已经计划要推举他出马竞选国会议员,而富田本人也希望将故乡作为自己人生最后的舞台,做出一番事业。因此,他也相当认真积极地在考虑出马。

然而,蒋介石却恳求富田说,"希望你能够留在台湾"。任谁都心知肚明,蒋介石的生命已经接近终点。当时台湾先是退出联合国,接着又陷入与美国、日本断交的困境中,国际环境日益恶化。在这种情况下,面对蒋介石的请托,富田实在没有办法狠下心拒绝他,自顾自地返回日本。

虽然富田在这之后严格说来并没有参与什么具体的谋划,不过只要一有机会,蒋介石还是会请富田前来,听取他的意见。1972 年蒋介石遭逢交通事故卧床不起后,频频出没于富田在台北市内宅邸的,便换成了蒋介石的次子蒋纬国。

和白团的解散几乎如出一辙,日本和台湾的关系自 1968 年起迈入了一段低迷期。

台湾当局视中华人民共和国为叛乱团体,拒绝与之在国际社会共存,也就是所谓的"汉贼不两立"。1971 年 10 月,联合国决议让中华人民共和国加盟;当时,蒋介石拒绝了美国和日本所提"中华民国应当留在联合国内①"的劝说,退出了联

---

① 即所谓双重代表权。

合国。

翌年 2 月，美国总统尼克松访问中国，实现了和毛泽东之间的美中高峰会谈。另外，受到 5 月"冲绳归还"事件的影响，佐藤荣作内阁下台；7 月，由田中角荣取代佐藤坐上首相的宝座，同时外务大臣一职也由大平正芳接任。

受尼克松访华的冲击，日本掀起了一股"赶搭北京巴士"的热潮。于是，就在台湾方面还来不及做出因应调整的情况下，田中和大平访问中国，并和中华人民共和国闪电般建立了外交关系，而台湾也因此和日本"断交"。

面对这种状况，台湾出现了一种对未来充满悲观的论调，因此蒋介石也深陷苦境当中。就在这时，虽然白团已经解散，除了富田直亮以外的人员也已全部返回日本，但在富田的召唤下，1972 年的 11 月 16 日，一封由前成员共同署名的意见书，送到了蒋介石的面前。

这封意见书的题名为"共存共亡"，意指"共享荣耀，也共同面对灭亡"。

这个词原本一般都写作"共存共荣"，但此处却特意写成"共亡"。之所以如此，大概是为了激励困境中的蒋介石吧！

上面的署名所使用的全都是成员的中文姓名，领衔的自然是"白鸿亮"，其次是帅本源，再来是范健……依序下去，最后是蔡浩美（美浓部浩次）。总计有 58 人在上面署名。

对这个时期的蒋介石来说，要说他没有被这份决意书深深打动，那是绝不可能的。

蒋介石的身体状况急剧恶化,在 1975 年终于走向生命的终点。在这之后,富田再次开始考虑回国的时机,于是他向蒋介石的后继者——蒋介石的长子蒋经国,表达了自己想要归国的意思。富田心想,自己的请求应该会毫无疑问地被接受才对,可是蒋经国却对富田表示:

父亲的遗命说,要我继续接受白将军您的指导。因此无论如何,还请您务必留下,好吗?

虽然自己始终无法舍弃归国的念头,但在报答蒋介石的恩义这层意义上,既然对方提出了这种类似于"托孤"的遗言,那么自己又怎能背叛对方的期待呢?富田如此思索着。最后,他终于点头答应留在台湾,前提是给他足够的时间,让他也能多多在日本的家乡驻足。

在这之后,富田被台湾的"国防部"授予"上将"(大将)军衔,这是第一次有外籍人士获得如此殊荣。对于在日本的资历仅止于少将的富田来说,这应该是最弥足珍贵的一份赠礼吧!

富田就这样在往返台湾与日本之间,度过了他的晚年。在蒋介石死后四年多的 1979 年(昭和四十五年),他在东京以 81 岁的高龄辞世。就在去世的两个月前,富田在台湾"国防部"的首脑面前做了一场演讲。在演讲中,他说:"当中共准备对台湾掀起战端的时候,反过来说也正是'反攻大陆'的良机；攻防是一体两面的，最重要的是消耗敌人的战力。"

"这是我能为大家做的最后一点贡献。"富田在留下这最后一句话后，便离开了台湾。他的遗骨有一半被安置在台湾新北市的"海明禅寺"，直到现在依然在那里。

我在 2013 年的春天拜访了那座寺院，也见到了安放着富田遗骨的骨灰坛。骨灰坛上面也刻着"白鸿亮（富田直亮）灵骨"的字样。我试着询问寺方，为何富田的遗骨会安置在此，但寺内并没有人知晓当时的状况，也没人知道详细的来龙去脉。不过，后来富田的儿子重亮告诉我说，将一半遗骨安置在台湾，是富田自己的遗愿。

"冈村宁次同志会"与都甲诚一

回到日本之后的白团成员，后来组成了名为"冈村宁次同志会"的亲睦会。冈村还在世之际，会长是由冈村本人担任，而当冈村过世之后，便由都甲诚一（任俊明）接任会长。

都甲出身于九州岛大分县，曾经以陆军军官身份参与过中国战线的战斗。战争结束的时候，他正以中佐身份，在日本的陆军省内任职。他的个性是出了名的一丝不苟，不过从反面来说，就是顽固不听人言——也正因如此，他和其他成员之间总是屡屡产生摩擦。

他既非陆士也非陆大毕业生，为何会加入白团，直到现在仍然是个谜。另外，他待在台湾的时间也只有 1950～1952 年这 3 年，相对而言并不长。不过，由于都甲主要是承担人事、总务方面的工作，因此在需要整合众人时，他自然就成了最适合的人选。或许也正因如此,从他回国、在富士俱乐部参与白团的后方支持活动起,他就一直担负着统合白团 OB (老队友)的任务。

1990 年代前期,在冈村宁次同志会内,对于是否应当公开有关白团活动内容的详细记录一事,产生了激烈的论争。

相对于主张记录公开化的一群成员,都甲则坚决站在反对的一方。两派之间的激烈对立,导致冈村宁次同志会陷入分裂为二的危机当中。

主张公开的是直到 1968 年最后留在台湾的大桥策郎、岩坪博秀、系贺公一等人。在我想来,他们应该是期望自己所做的长期支撑着白团的这一切,最终能够流传后世。

可是,都甲却这样主张:

> 我们身上背负着太多必须带进棺材的机密了;若是我们就这样轻易地把这些事情公之于世,万一使台湾的"国防"遭受打击,那一定会成为无法挽回的憾事。

在白团当中与陆军派有隔阂的海军派,也都站在都甲一边,对于公开情报抱持着消极的态度。

尽管如此,在大桥等人强烈主张公开的声浪下,冈村宁次同志会还是非得做出最后的裁决不可。就在这时候,都甲特地写了一封信,向蒋介石的次子,既是军人,同时也是白团活动负责人的蒋纬国询问,是否应当公开白团的活动。

最后的大队： 蒋介石与日本军人

当我在保管着白团一部分资料的靖国神社资料室里调查白团相关的资料时，偶然发现了当时冈村宁次同志会的会议记录。这份被保留下来的档案，日期是 1990 年 9 月 11 日，在这当中也记载了蒋纬国对于都甲来信的回应。在信中，蒋纬国是这么写的：

> 当时白团前来协助"我国"军事教育一事乃是机密，因此一旦公开，有可能会引发国际社会中某些人要求究责的声音；若是如此，那么对于各位前教官，恐怕将会带来种种意想不到的困扰。因此，我的提议是：请各位先以日本语写下记录，然后由我们这边翻译，并将之保管在某个秘密的场所，等待时机成熟之后再公开，不知诸位意下如何？

或许是蒋纬国的反对意见产生了效果，最后在 1991 年 3 月的会议上，冈村宁次同志会对公开在台活动一事予以否决。

根据都甲的笔记，当时的冈村宁次同志会是这样决议的：

> 我等冈村宁次同志会之会员，及会员之遗族家族等，对于在"中华民国"之秘密活动，自当时乃至今日，莫不在言行上采取极其慎重之态度；特别是有关杂志、报道、演讲等公开形式之发表，不只违反我等访华时崇高之使命目的，同时亦是背弃蒋介石"总统"阁下及冈村将

军对我辈之深厚信赖。故,为恐引发不测之灾,此事尤当格外戒慎恐惧,切不可行。

"公开派"的想法

只是,那些坚决希望将白团的活动流传到后世的"公开派",他们的期盼还是渐渐得以实现。1992 年,由旧陆军·陆上自卫队 OB 所组成的亲睦团体"偕行社"①,在该社的会报《偕行》10 月号上,开始了一篇以"'白团'物语"为题的连载。

这篇连载的作者署名为"'白团'记录保存会",一共连载六回,其内容主要是以出席者对谈的形式,对白团从成立背景至活动内容等各方面的情况进行记述。

当我看到该保存会的会长"加登川幸太郎"的名字时,不禁微微吃了一惊。加登川是位以战史研究者闻名,同时也曾担任过电视台干部的另类人物——身为前军人,他曾经就有关中日的历史认识问题,发表过一些相当果断明晰的言论。

特别是关于南京大屠杀,针对日军杀害人数从 3000 人到 13000 人之间的数字问题,他发表了以下看法:

> 13000 人自然不用说,但就算是 3000 人,也仍旧是令人难以忍受的庞大数字……身为旧日本军相关人士,我

---

① 成立于 1877 年的陆军军官亲睦组织,社名"偕行"来自《诗经·秦风·无衣》:"修我甲兵,与子偕行。"

必须在此对中国人民深深致歉；对于这场残酷的杀戮，请容我在此再次致上最深的歉意。

加登川的这段文章，在社会上引起了广泛的关注。

《"白团"物语》连载时，加登川担任《偕行》的总编辑。在专题的"序言"部分里，对于白团相关人士亲睦团体（意指冈村宁次同志会）主要负责人（指都甲）的态度，他感叹地这样说道："不知为了什么，该团体对于偕行社的报道，再三表明反对的态度……正因如此，偕行社在采访过程中遭遇了相当大的困难，而企划也曾一度陷入触礁的窘境之中。"

不过，这项企划最后还是在附带以下两项但书的情况下，获得了有条件的同意：第一，本项企划与冈村宁次同志会无关，而是部分有志成员所共同组成的"'白团'记录保存会"自发性的行动；第二，对于反对者的姓名与行动，在报道中一律不予公开——加登川在序言里，又做了这样的说明。

大桥策郎

这群有志成员的核心人物之一是1968年白团解散时最后留下的成员之一大桥策郎。

虽然大桥已经在1999年（平成十一年）过世，不过我和他的儿子、现居东京都世田谷区的大桥一德见了面。一德长年以来一直在五十铃汽车任职，现在已经退休，过着悠游自在的生活。根据一德的说法，大桥是位个性相当一丝不苟的人，他所留下的大量资料，对于《"白团"物语》的完成发挥了很大的作用。

　　父亲非常喜欢看书，总是会从图书馆借一大堆书回家。虽然他并不很常提及自己在台湾的事情，但是他也会不时将自己的回忆——比方说张学良在台湾的情况，或是二二八事件等，告诉身为孩子的我；只是那时我还很年轻，对于这些事情并不感兴趣，因此从父亲那边听来的事情也不是很多。

台湾当局颁赠感谢状给大桥策郎与糸贺公一（大桥一德提供）

　　白团成员其实也包含了许多并非深受中文教育熏陶的"陆军中国通"。比如说大桥，他在军队里面专攻的就是俄罗斯方面的知识。然而，性格相当认真的大桥到了台湾之后，就每天不断苦练中文，到最后，他的中文造诣据说已经到了相当高的程度。

直到现在，一德仍然相当珍惜地保管着当年大桥寄来的家书，不过在信里面大桥所提及的都是一些像是接受台湾军人的招待，结果在席间遭到对方的干杯攻击；接到日本家人送来的书，于是写信表达感谢之情；又或者是叙述一下台湾的天气，诸如此类让人不禁心头一暖的日常内容。

大桥家族中，有很多人都担任军职。大桥的父亲大桥顾四郎曾是陆军中将，并且担任过陆军省的兵器局长。除此之外，在战争结束时制压住青年军官的反叛企图，之后自尽身亡的田中静一大将，也与大桥家有亲戚关系。只是，前面所说的一德并没有加入自卫队，而是选择了在五十铃汽车任职。

据一德的说法，大桥也曾接获自卫队的邀请，但他还是选择了留在台湾。当他回国的时候，已经年近 60 岁了。事实上可以说，他将自己的职业生涯，全都奉献给了台湾以及白团。回国之后，他一边担任日本扑克协会的顾问，一边不时和交情甚好的白团老友岩坪以及糸贺聚首，一起小酌一番。大概是为了不让自己学到的中文荒废吧，大桥去参加了 NHK 文化中心举办的汉语讲座。除此之外他还去学了中国料理，用另一种方式，继续保持着他和台湾之间联系的那条纽带。

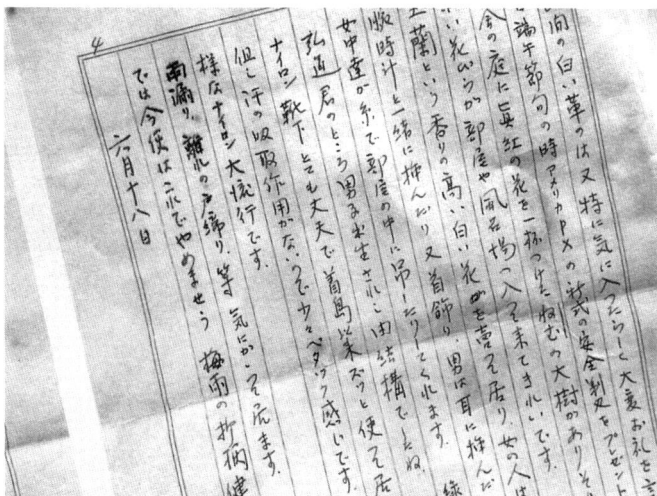

大桥策郎亲笔家书（大桥一德提供）

二 杨鸿儒的悲剧

说不出口的禁忌

白团，改变了许多军人的命运。

（台湾）现任的星星（将军）当中，多多少少都有受过白团教育的经历。

白团前成员糸贺公一，在生前的访谈中这样说道。

事实上，和白团有关的军人，日后飞黄腾达者辈有人出，而蒋介石本人也经常会任命前途看好的军官去担任和白团有关的职务。

后来成为"驻日大使"的彭孟缉，就曾经担任过圆山革命实践院军事训练团以及实践学社的教育长。蒋介石的次子蒋纬国，在 1960 年代担任白团的台湾方面联络人，并且也曾随着白团的团长富田直亮前往日本参访。后来历任"参谋总长"、"行政院长"的郝柏村，在白团解散的 1968 年、蒋介石与白团进行最后的餐叙时，也曾受蒋介石之命，担当负责餐宴安排的"重任"。

只是，相当不可思议的是，这些"重量级军人"，对于自己受过白团训练一事，几乎全都缄默不语。而且，他们似乎都把谈论这件事当成一种禁忌。

之所以如此，不只是因为白团的存在乃是秘密，同时也是因为在台湾，对于究竟该如何看待"日本"这个国家的存在，其实也有微妙的心理纠葛。

宛若面对着名为"日本"的踏画一般①

在台湾，只要一提到关于"日本"的话题，似乎马上就会像一面镜子一样，不由分说地映出这个人的过去与现在。之所以会如此，是因为所谓日本问题，其实是与台湾人的认同问

---

① 踏画（踏绘），指的是日本江户禁教时期，用以辨别天主教徒的一种手段。当时幕府的官员会将刻有耶稣或圣母像的石板放在地上，让被怀疑是天主教徒的人踩上去，如果踩上去就证明无罪，反之则会遭受重罚；从此之后，"踏画"便被引申为用以清楚识别支持与反对者的手段。

题,亦即"什么是台湾人?"之间,彼此互为联结的。

日本在 1895～1945 年的半个世纪间,曾经是台湾的统治者。

1945 年,当日本在战争中败北时,台湾也不再是日本领土的一部分。脱离日本之手的台湾,成为战胜国中华民国的一部分,而曾经遭受日本统治的台湾民众,也随之摇身一变,成了中国人。然而,作为新支配者、从中国大陆前来统治台湾的国民党,他们对台湾的初期统治却是相当失败的。

尽管他们透过恐怖统治的威胁以及对民众残酷的镇压,勉强维持住了局面,但"台湾人"还是用"狗(日本人)去猪(中国人)来"这样的话,来形容他们对于国民党的憎恶。或许也正是出于这样的反弹吧,被称为"本省人"的本地台湾人,反而比 1945 年之前更加眷恋日本。

对于这些"台湾人"的亲日情结,"国民政府"的"中国人"(外省人)感到相当不满。毕竟再怎么说,日本都是在战争中败给他们的一方,但台湾人却如此喜爱日本人,这点实在让他们难以理解。于是,在将与日本相关、受日本影响的众多事物抹去的同时,他们也禁止了民间对于日语的使用。

对日本文化的压抑,在蒋介石于 1975 年死去以后仍然持续着。虽然就现实层面来说,以蒋介石为首的"国民政府"干部明显很重视日本的存在意义,也非常重视和日本之间的交流,但和已经将"日本"这一存在内部化的日语世代比较起来,双方的对日观念仍然有极大的根本性差异。

最后的大队：　蒋介石与日本军人

于是，宛若面对着名为"日本"的踏画一般，在这座台湾岛上，围绕着"日本"这个概念，每个人都清楚表现出自己在政治和社会光谱中所处的位置。不只如此，随着这样的站位，每个人也都清楚表现出，自己对于"我是什么人？"这个认同问题，究竟抱持着什么样的立场。

那些被视为态度过于"亲日"的人，经常会被贴上名为"日语世代"的标签。在国民党一党独裁的时代，这种称呼事实上包含着某种轻蔑的意识。至少在 1972 年"断交"之前，日本和"中华民国"一直保持着"外交"关系，对于身陷国际孤立处境的台湾来说，日本是仅次于美国的重要盟友。因此，"知日"这件事，在台湾是被允许的，但是用日语说话就得相当小心谨慎。白团也是在这种亲日与知日的夹缝间透过微妙的平衡而诞生，并且一直维持下去的。

"拜我在白团的学习所赐……"

就在这种复杂的纠葛当中，有一名台湾军人因为在白团学习被无端逮捕，并且坐了 8 年牢。

这个人的名字叫作杨鸿儒。

我记得自己和杨鸿儒初次见面，是在 2007 年的冬天。

当时，我以新闻社特派员的身份前往台北赴任。在赴任前，为了更加理解有关台湾的安全保障问题，我前往位于富士山麓的松村宅邸，和出身自卫队、写有多部军事相关著作的优秀军事评论家——松村劭先生见面。

那时候，松村先生敦促我说：

> 你到台湾的话,一定要去见见杨鸿儒。他和我是指挥幕僚课程的同学。

眼见我对"为什么他在自卫队的时候会和台湾人同窗"这件事还是一头雾水的样子,松村先生又告诉我:

> 杨鸿儒是第一位在自卫队学习幕僚指挥课程的外国人。他不只日语说得很好,同时也的的确确是一位相当优秀的人才。

只是,当我在台北和杨鸿儒取得联系后,他一见面开口告诉我的,却是件令人惊讶的事实:

> 拜我在白团的学习所赐,我成功进了自卫队,参与了幕僚课程的进修;可是,也正因如此,在日华断交之后,我因为身为日本通军人的关系遭到了逮捕。

我不想就此埋没一生

在开始叙述杨鸿儒遭逮捕的详细经过之前,首先我想介绍一下杨鸿儒和白团之间的关系。

杨鸿儒 1930 年(昭和五年)生于台湾南部的台南大内乡。当时的台湾还处于日本统治之下,台南也还是名为"台南州"的行政区。杨鸿儒从小受日语教育长大,高中因为对机械与科学感兴趣，所以选择就读台南工业学校。他的同学，一半是台湾人，另一半则是日本人。

1945 年，也就是杨鸿儒 15 岁的时候，日本人退出了台湾。高校毕业后，杨鸿儒通过了教员资格考试，在台南国民学校一间木头地板的教室里，开始教起了数学。

可是，我并不想就此埋没一生；于是我拼命学习北京话，最后终于进入了军官学校。

在自大陆渡台的外省人占压倒性多数的军中，杨鸿儒是第一位台湾土生土长、被称作"本省人"的预备军官。

生来好强的杨鸿儒，因为向往光彩夺目的战斗机驾驶员，于是转入了空军。然而，当进入驾驶员训练课程时，他却被告知："由于我们发现你在飞机俯冲时，会有目眩与昏厥的情况产生，所以很抱歉，你必须放弃成为驾驶员的想法。"于是，他在 20 岁出头的时候，又回到了陆军当中。

经由"实践学社"前往自卫队留学

当杨鸿儒在台中担任迫击炮部队的副中队长时，他在军中报纸的告示栏上，注意到了"实践学社"正在招募参加者的信息。当时，"实践学社"被称为地下大学；在军中也流传着一个"传说"，即若要出人头地，就一定要有在"实践学社"就学的经历才行。

经过甄选合格之后，杨鸿儒在 1962～1963 年之间的一年半时间里进入实践学社就读。

杨鸿儒用流利的日语,回顾着当时的情况:

总而言之,当时我几乎每天都埋首于学习之中。在那里,我头一次清楚领会到"战争原来是这样一回事",整个人简直像是豁然开朗一样。在课堂上,将军和像我这样的菜鸟没有任何差别,大家都是平等地坐在一起。来自日本的老师们对战术的思维,和台湾的军队明显不同;他们一般都会先预设好几套战术方针,然后再按实际情况进行调整与修正。在实践学社里,一场作战往往需要检讨七八种作战方案,台湾的军队绝不可能进行如此大量的事先推演。也正因如此,在推演的过程中,我不禁深深觉得糸贺先生真是了不起;他不只在战术的着眼点上相当卓越,在解说时也相当浅显易懂,真不愧是位思路敏捷的人呢!

杨鸿儒口中的"糸贺先生",不用讲,指的当然就是糸贺公一。

"当时,我总是抱着大量的习题回到宿舍,一直努力用功到大半夜;虽然过着这种辛苦的日子,但这是我进入军队以来,第一次切实感受到自己的成长。"杨鸿儒如此描述着自己在实践学社时的日子。实践学社不只课业与众不同,在生活所需和待遇方面也特别优厚:

特别是伙食，可以说好得非比寻常。当时台湾还处在贫困时代，军队的伙食每餐能有两道菜就不错了，可是，在实践学社就学的军官，却可以享受食堂等级的用餐待遇。不只如此，学员还被允许每两周返家探亲一次。一般士兵在返家时，都必须搭晚上的公交车不断转车回家才行，可是实践学社是用军用直升机，将军官一起送到离家很近的地方。

从白团"实践学社"科学军官班毕业的杨鸿濡，就这样以极为罕见的台籍精英军人之姿，开始迈向出人头地的道路。

他先是在独立第四师 30 团担任作战主任参谋，随后便接到了副师长的征询，问他是否有意愿参加陆上自卫队干部学校的指挥幕僚课程。应该是在实践学社受教育的经验，让自己获得了前往自卫队留学这个更上一层楼的机会吧！杨鸿儒如此想着。于是，日语相当优秀、亲日感情也很强烈的杨鸿儒，二话不说便答应了副师长的邀请。

位于东京都目黑的陆上自卫队干部学校，主要教导的是以培养上层指挥官为目标、有关战术战略方面的知识及判断，可以说是将实践学社的所学，更进一步升级为足以和现代战争接轨的内容。杨鸿儒在当时所结识的好友，就是前面所述、同样修习指挥幕僚课程的松村先生。在日本留学的时候，他也不时会和曾在白团教导自己的教官见面，重温旧谊。

急转直下的命运

到 1960 年代为止，杨鸿儒的人生始终一帆风顺，可是仿佛跟白团的解散（1968 年）走上同样的道路般，进入 1970 年代之后，他的命运也随之急转直下。

1971 年 12 月 16 日深夜，杨鸿儒的某位同事忽然冲进他在"国防部"的宿舍里，告诉他说：

> 有紧急情报进来，上面命令你立刻前去处理。

当时杨鸿儒的任务之一就是情报分析，因此不疑有他，马上跟着同事一同驱车前往"国防部"。

在那里等着他的，是一名情报单位的"颜姓军官"。杨鸿儒一到那里，立刻被带到某个隔离的房间之中，然后在他还完全搞不清楚状况的时候，便开始进行侦讯。

那时候，杨鸿儒在工作之余会利用空闲时间帮忙将一些中文新闻翻译成日语。他主要是帮一份为旅居台湾日本人办的月刊翻译台湾的经济情报，但正因为该月刊社长写的一篇社论，杨鸿儒被卷进了风暴当中。

那位社长有一天将一篇社论拿给杨鸿儒过目，征询他的意见。当时的台湾，在中华人民共和国加入联合国已是无可避免的形势下，究竟应当如何是好？是等着联合国除名呢，还是自行退出？又或者是采用某种手段，设法留在联合国内呢？等待着台湾的，是一个极端无解的难局。

最后的大队： 蒋介石与日本军人

社长写的社论内容，据说是这样的：

> "中华民国"应当变更国号为"台湾民国"或者"大中华民国"，并且设法留在联合国内。若是不这样做，台湾就无法在国际社会中生存下去。

在当时威权主义体制下的台湾，提出这种有违蒋介石主张的想法，是极危险的。因此，杨鸿儒忠告社长说：

> 你的想法我能够理解，但是这样的文章不适合公开发表；一旦发表的话，你会马上被逮捕的。

结果，社长最后并没有发表这篇文章，但那是个鼓励同事或邻居告密的黑暗时代。因此，相当不幸，这篇文章的内容被有关当局获知了。同年 12 月上旬，社长遭到了逮捕，并供出了杨鸿儒也曾看过这篇文章的事。

因为曾经劝告那位社长不要刊载这篇文章，所以杨鸿儒矢口否认自己的罪嫌，但他"知情不报"，所以仍然被认定涉嫌犯罪。翌年 8 月，军事法庭以"预备叛乱罪"判处杨鸿儒 10 年有期徒刑，之后杨鸿儒提出的上诉也遭驳回，全案就此定谳。当时律师安慰杨鸿儒："你的案子其实是政治问题。军事审判是统帅权的一部分，因此我也无可奈何；不过，服刑的时间应该不会太长吧！"

然而，事情并没有就此告一段落。

间谍嫌疑犯

在这之后没多久，拘禁中的杨鸿儒又被加诸一条"涉嫌将军事机密交予日本"的新罪名。

罪状中所指的"军事机密"，是某份"海军"于 1970 年编纂的潜水艇相关资料。尽管杨鸿儒根本连见都没见过这份资料，但军事检察官却以"被告与日本武官有师徒关系，在日本自卫队干部学校就学，并与众多日本军人持续有所交流，因此从中借机将资料交予日本"为罪状，起诉他。这里所谓"日本武官"，指的自是白团的教官们。

在这一时期，日本和中华人民共和国建交，同时也和台湾"断交"，"国民政府"本身因此掀起了一股强烈的反日情绪。在杨鸿儒想来，自己之所以遭到审判，应当是带有强烈的"杀鸡儆猴"意味吧！

虽然杨鸿儒在法庭极力辩明自己的清白，可是在一场从一开始就已经宣告有罪的审判上，不管说什么都是徒劳。当法官在宣判前问杨鸿儒有何意见要陈述时，杨鸿儒大声喊道：

> 如果我真的做了这些事的话，那么就判我死刑吧，可是我什么罪都没有犯啊！若是你要判我有罪的话，应当去向历史问罪才对啊！

判决结果是 3 年 6 个月的有期徒刑，合并前案，共计 11

年有期徒刑。在这之后，因为蒋介石过世、特赦的关系，他的刑期被减为 7 年 8 个月。杨鸿儒被送往绿岛监狱服刑。绿岛，是孤悬于台湾东部台东海面上的一座绝海孤岛，日据时代被称为"火烧岛"，在战后的台湾，这里是专门监禁政治犯的收容所。

杨鸿儒在服刑期满之后回归社会。此后，他一方面继续从事和出版相关的工作，另一方面也以台籍人士组成的俳句歌咏协会核心成员而活跃着，继续为日本和台湾之间的交流做出贡献。

我也曾经好几次被邀请参加过这个俳句协会的活动。当看到这些流利歌咏着俳句的台湾长辈们时，我总不禁感受到一种莫名的震撼。

2013 年 4 月，我再一次在台湾见到了杨鸿儒。在他的带领下，我们来到了当时实践学社所在的台北市石牌。原本的实践学社旧址，如今已变成了一所中学，完全看不出任何当时留下的残影。当时，杨鸿儒用仿佛眺望远方的眼神，喃喃说出的言语，至今仍在我心中强烈地回响着：

> 我在日本统治下学习日语，又在实践学社学习了日本的军学，可以说我这一生，都受到日本深刻的影响。尽管我比其他人都更加努力学习，但这究竟是对还是错呢？明知人生不可能重来，但我总是会不自觉地这样思索着……

杨鸿儒重返实践学社遗址 (作者拍摄)

三 日本、中国大陆与台湾,以及 蒋介石和白团

一位一位打电话联系

直到 2000 年为止,冈村宁次同志会都确实维持着一年一度的活动,但随着会员相继过世,它的活动也渐渐停止了。

我透过自己的渠道取得了冈村宁次同志会的联络簿,上面记有各成员的住所与电话号码。我从 2011 年到 2012 年,不断地一一打电话、写信,试着和成员们取得联系。上面所记载的联络方式,目前已有三分之二处于"查无此人"等音信全无的状态;尽管如此,我还是不断走访当事人的住所进行确认。

　　若是住在东京都市中心的成员那还好办，问题是成员的住所北起东北，南到四国九州岛，分散在全国各地，因此查访的工作也变得相当艰巨。虽然情况如此艰难，但在亲眼确认状况、死心认命之前，我都会咬紧牙关，一路调查下去。就这样，在 83 位成员当中，我最后和其中的 30 位成员取得了联系；然而，在这当中，还能够确认存活于世的就只剩下两位而已。

　　这两位当中，其中一位就是我在本书开始时提过，曾参与诺门罕战役的战机驾驶员泷山和，另一位则是中文姓名为"朱健"的春山善良。虽然泷山答应接受我的采访，但是春山的家人却表示"他的痴呆症日益严重，已经到了无法说话的状况"，婉拒了我的请求。

　　泷山和再回到日本的时候是 40 岁。回国之后，他和朋友一起开办了一个名为"东洋航空事业"的航空测量公司，社长是朋友的朋友堤清二①。虽然泷山担任的是管理职务，但他说，"应该说是身为飞行员的任性吧，总之我去考了一张证照，然后自己也飞上天去测量了"。泷山与援助印度尼西亚的 ODA（政府开发援助）之间也有关系。"当时日本驻印度尼西亚的大使是八木先生，当我在白团的时候，他正好在台湾担任'大使馆'参事，我们两个是很好的麻将牌友，因此

---

　　① 日本企业家、文学家、诗人，西式百货集团、无印良品的创立者。

通过向他请托,我从他那边也得到了一些工作。"泷山如此回忆道。

除了对当事人进行采访之外,我也试着采访成员的家属,探询他们印象中关于白团的种种记忆。虽然也有遭到拒绝的情况,不过也有好几位家属做出了善意的回应。

"当别人问起的时候,我就说丈夫去大阪工作了"

在冈村宁次同志会的成员当中,有好几位出身东北的仙台。当我试着和其中一位成员——中文姓名为"吴念尧"的沟口清直取得联系时,我得知沟口本人已在 2000 年时过世,但他的妻子静子现在仍然居住在仙台。2012 年秋天,我前往仙台造访静子。

沟口晚年罹患阿兹海默症,在静子与女儿的看顾下,度过了生命中最后的 15 年。现在,静子与女儿两人过着相依为命的生活。

静子虽然已经 88 岁高龄,但全身仍然散发着一种凛然的高雅气质,一举手一投足间,都可以清楚感觉到她的良好教养。静子出身于军人世家,父亲曾经担任海军中将;她从小时候起,就是在广岛的吴港①长大的。不过她说,"因为海军常常必须离开家,所以我在选择结婚对象时,还是比较希望对方能够是陆军"。

正巧静子有位亲戚是陆军干部,于是在这位亲戚的介绍

---

① 面对濑户内海,日本海军最重要的港口。

下，静子便与沟口结为连理了。

> 可是，他一去台湾就是好长一段时间，结果到头来，
> 我还是在等他回家呢！

静子有点无奈地苦笑着说道。

两人结婚的时候，沟口 26 岁，静子 20 岁。沟口虽然是仙台一中考入陆士的精英军官，可是那时候他的家境相当贫寒，甚至连结婚典礼用的和服长裤都买不起。

> 终战的时候，我丈夫人在上海，可是当我向司令
> 官——我记得那位司令官应该是 27 期吧？——询问的时
> 候，他对我说，我丈夫已经接受邀请前往台湾了。

沟口是在 1949 年（昭和二十四年）年底，动身前往台湾的。在这之后，静子才听说他搭上了一艘从神户出航的货轮，秘密偷渡到了台湾。当他到达台湾后，总会透过小笠原清寄来家书。

这些家书都是以"母亲大人、静子"为开头，告诉家人自己在台湾的生活。

> 在我们这一代的女性来说，只要知道丈夫从事的是正
> 正当当、值得信赖的工作，那就没什么好担心的。至于丈

夫工作的内容究竟是什么,我并没有多问,只知道他是在帮助台湾的人们设法返回中国大陆而已。

可是,随着丈夫在台湾生活日久,静子还是会很想知道,自己的丈夫究竟是过着怎样的生活。

当她提出请求并且很爽快地得到了允许探亲的回应后,静子便带着两个孩子,三人一起搭飞机前往台湾。当她到台湾的时候,台湾方面不只大表欢迎,还派出了政府相关人员前来迎接。静子一家人住在北投温泉沟口的宿舍里,还参观了日月潭等著名的观光胜地。

静子居住的仙台二十人町一带,是一片矮小平房群聚的老市街,现在透过改建,已经变成了一片整齐美丽的住宅区。虽然当时的邻居常会问起"你老公去做什么了?"不过静子的回答一律都是,"只要有人问起,我就说丈夫去大阪工作了"。

因为沟口在陆大专攻的是登陆作战,所以他在台湾负责教授的也是从台湾登陆中国大陆的作战方针。正因如此,比起其他成员,台湾"国防部"更希望他能够长留台湾。拜他在陆士学过的汉语所赐,他和"国防部"人员之间能够轻易沟通,也正因如此,他更被"国防部"视为至宝。

沟口回到日本,是在 1963 年(昭和三十八年)。他在一个中学学长担任社长的水泥公司找了份工作,工作了 20 年左右之后退休。或许我们可以说,沟口是以一个平凡人的身份,渡过了相当平淡的"战后"余生吧!

对于沟口的人品，静子是这样描述的：

> 总而言之，他就是个认真、勤勉、安静的人；他总是在认真学习，工作就是他唯一的兴趣。就算是得了阿兹海默症，他还是会为了保持仪容端正，努力把衣服的纽扣系好；一直到最后，他也没有表现出凌乱不堪的模样。还有，虽然他并没有说出口，但我感觉得出，他相当以自己在台湾这 15 年间的工作为傲。

"父亲相当喜欢台湾的米粉，因此母亲经常做给他吃"

同样居住在仙台、和沟口也有联系的，还有前成员之一的纪军和（大津俊雄）。虽然大津也已经去世，不过我在仙台市内，还是见到了他的妻子大津喜代子、女儿镰田荣子，以及孙子行浩。

从喜代子夫人这里，我得知居住在仙台的几位白团成员的妻子共同组成了一个"妻子会"；这几位妻子每年会聚餐几次，彼此谈天说地、闲话家常。

或许正是因为关于丈夫的"台湾出差"，不只被严格要求得对邻居和友人保密，甚至连对亲人都必须守口如瓶，所以这些共同保有秘密的妻子们才会如此团结吧！

96 岁高龄、已经卧病在床的美代子，在病榻上回想起当时的情况：

我啊，因为孩子年纪太小，所以没有去台湾探视过丈夫呢。作为替代，我拍了许许多多的照片，然后将加洗的照片，连同家书一起寄往台湾。虽然他有告诉我自己去了台湾，不过却从不曾对亲戚提起过这件事，因此就连老家那边的人也完全不知情。每年年底亲戚聚会的时候，我们只说他去东京出差了。

大津的女儿荣子今年63岁；在从日本回来的父亲所说的台湾经验中，令她印象最深刻的是这件事："父亲说，'从洗脸的时候用毛巾擦脸的方式，就可以轻易分辨出某个人是台湾人还是日本人'。"

据父亲的说法，日本人在擦脸时是把毛巾凑到脸上去擦拭，而台湾人正好相反，是把脸贴到毛巾上面。因为当时日本人在台湾任职是秘密，所以据说有一次，当宪兵看到父亲这样擦脸时，还曾经大感怀疑，上前盘问呢！

的确，当我问起认识的台湾朋友时，他也说自己擦脸的时候是"把脸贴到毛巾上"呢！

大津出生在宫城县的古川。他是通信专家，对于航空方面的知识也相当丰富。他是陆士47期毕业，在同期的同学中是成绩最好的；据说同学们经常很不甘心地说，"为什么老是赢不了大津呢！"

最后的大队：　蒋介石与日本军人

大津参加白团的时间是 1951 年（昭和二十六年）4 月到第二年的 7 月，总计 1 年 4 个月，在参与时间方面属于比较短的成员。因此，当他回到日本时，才 40 来岁，正是年富力强的时候。

起初他在仙台的某家一流企业就职，可是开始工作之后没多久，就有外面的人批评说："雇用前职业军人好吗？"在当时的日本，主张积极追究战争责任的自由主义势力很强，因此前军人仍旧是经常遭到歧视与鄙夷的一群人。

大津在军队的最终军阶是中佐，按法律并不属于公职追放的对象，因此对于究竟该如何处理这个问题，公司方面似乎也相当头大。结果，明了这一点的大津，只是对公司说了声"我不想再给公司添麻烦了"，然后便相当爽快地辞去了职务。

在这之后，大津在地方上的某家印刷厂找了份工作，一直做到了 70 岁才退休。他过世的时间是 1995 年（平成七年）的 9 月 15 日。那天是敬老节，大津吃完祝贺的餐宴，整理了一下房间后，忽然说了声"我觉得有点不舒服……"，接着整个人便倒了下去，然后当天就过世了。

我造访大津家是在 2011 年，那时东日本大地震才刚过去半年不到。

荣子这样对我说：

父亲很喜欢搜集古董，珍藏了许多形形色色的古董在家里，可是因为震灾的缘故，其中许多都损坏了。总而言之,父亲是一位只要热衷于某件事,就会全心投入其中的人。他很喜欢读书,每天一定要读点书才能入睡;他对家人相当温柔,一次脾气都没发过。他和母亲之间的感情也相当好,两人总是相处得和乐融融。因为父亲相当喜欢台湾的米粉,所以母亲经常做给他吃呢!

"战争结束时我才 30 岁"

最后,我想叙述一下在第六章里透过日记向我们介绍白团活动的户梶金次郎回国之后的生活状况。

户梶回到日本之后,便在妻子老家山口县的鸿城高校当起了社会科教师。曾经有些他过去的军人朋友,想邀请户梶去担任汽车公司的分店长,户梶却说:"迄今为止,我已经给妻子添了太多麻烦,因此这次无论如何,我都想听从她的意见。"于是,他便选择了执教之道。

从教师岗位上退下来之后,他自己开了个公文式补习班,直到人生的最后,都将有限的余生奉献在对年轻学子的教育之上。据说,他在学生和孩子面前,偶尔也会提起自己的战争经验。

据户梶的回忆录记载,年老的户梶曾经对家人如此回顾自己的一生:

> 我在出生的故乡生活了 15 年,从陆士到战争结束为止又是 15 年。战争结束时我才 30 岁,但我却觉得我的一

生似乎已经走到尽头了。此后的 15 年，我在台湾担任蒋介石的顾问，回到日本之后，我在高校担任了 15 年的教师，然后又在公文式补习班任职 15 年。每当这相隔 15 年的转折到来之际，我都会觉得自己接下来恐怕将会碌碌无为、毫无建树地度过余生；但事实上，我却经历了形形色色不同的体验，而且度过了相当充实快乐的一生呢！

坦白说，当我听到这段话的时候，对于能够度过如此多彩多姿人生的户梶，不禁油然而生一种羡慕的感觉。

对旧日本军的军人而言，战争结束的同时，也就等于是为自己迄今为止所积累的专业经历画上一道休止符。那些已届高龄的军人倒还无所谓，但是对于像户梶这样未来还有很长一段路得走的青壮年军人来说，在他们心里，多少会对自己究竟该如何度过往后的人生有些迷惘与苦恼吧！

在这种情况下，户梶会接受派遣到台湾这种让自己专业经历获得重生的"二次就业"工作，也就不难想象了。另外，户梶在回忆录的遗稿当中，也这样写道：

当我在广播中听见老先生（蒋介石）训诲国民"以德报怨"的演说时，我心中的震撼实在难以形容。当时的我不由自主坐直了身子，同时从心底深切地领悟到："原来我们日本不只输了战争，在道义上也远远不及中国啊！"

身为白团的一员，户梶秉持"报答蒋介石恩义"的理想，同时也以一个凡人之躯致力于这份非比寻常的工作。他就是这样度过在台的每一天，并且认为这是人生中宝贵的时刻。

当户梶于 1990 年 7 月 6 日过世之后，他在台湾的友人，同时也是"国民政府"军人的陆军中将林秀銮①，为他献上了一段以"风雨同舟"为题的文章。林秀銮是和户梶同一时期在日本陆士就学的"同窗"，同时也曾在白团受过户梶的教导。

在东京陆军士官学校同学中

在台北军官训练团同事中

在"两国"交流合作关系中

风雨同舟

同舟共济

无限景慕

无限怀念

这可以说是历史的必然吗？

蒋介石出生于 1887 年，1975 年辞世；其生卒之间的这段时间，正是中国历经无数近代化苦难的时期。

蒋介石诞生的时候，日本正在步入近代化，而中国则是清

---

① 台湾警备总部保安处前处长，彭孟缉的得力助手。

最后的大队： 蒋介石与日本军人

朝统治即将结束。因此，蒋介石可以说是在迈向强国的日本以及处于混乱的中国两者的夹缝间，逐渐长大成人的。

从对清朝的失望、辛亥革命、革命的不成功、军阀混战、在自己国土上展开和日本之间生灵涂炭的惨烈战争、内战与败北，再到台湾防卫，纵观蒋介石的一生，几乎可以说就是整个近代中国的缩影。

从另一方面来说，日本伴随着明治维新走上了富国强兵之道；他们先是在甲午战争中取得胜利，将台湾纳入手中；接着又将势力延伸到朝鲜半岛，在中国东北建立了傀儡国，然后又和中国展开全面性的战争。在这过程中，不管个人的好恶如何，在所有日本人中，日本军人无疑是最必须要面对中国的人。因此，回顾过往，蒋介石与日本军人之间产生交集并从而促成白团的诞生，这样的发展若说是"历史的必然"，大概一点也不为过吧！

年轻时候的蒋介石先在日本学习军事，然后才投身革命。不只是蒋介石，当时中国的年轻人，不论是谁都期盼着能前往日本学习。当蒋介石不断深思该如何让因列强蚕食而残破不堪的祖国重新站起来的时候，他一方面必须学习身为近代化模范的"日本"，另一方面却又必须打倒身为列强之一的"日本"，因此，对于所谓的"日本"，他心里其实相当矛盾。

从这里来看，若是要对蒋介石与日本的关系下结论，我们或许可以说，蒋介石之于日本，就是一种把日本当成学习模范加以接受，接着又加以克服，反复产生矛盾对立的辩证过程。

然而，这样真的就能概括蒋介石的一生了吗？

确实，对于日本的"学习与克服"是贯穿蒋介石一生的反复辩证历程无误。但是，这样的辩证历程并不只限于蒋介石，事实上在中国迈向近代化的过程中，这是同时代的人所共同拥有的经历。

军官学校对蒋介石的意义所在

在此，我们应当从另一个视角去思考：蒋介石经常用以启蒙人民并且希望创造出崭新国民的方法，其实是立足于中国革命传统的"代行主义"这一思想之上。所谓"代行主义"，依山田辰雄的定义，即是由少数精英集团代替人民设定改革目标，并扶植人民政治意识的一种主张。国民党和共产党双方都从孙文手中承继了这种代行主义的观念。以此为出发点，为了培养出足以自我觉醒的精英，蒋介石终其一生不断致力于在自己的羽翼下培养出新一代军人的教育工作。

1924 年 6 月，在距离广州 40 公里远的黄埔，中国第一所真正意义上的军人教育专门机构——黄埔军官学校正式成立，校长是孙文所任命的蒋介石。在我看来，从黄埔军校中，其实可以明显看出白团的原型。

历经辛亥革命的挫折后，国民党逐渐蜕变为"革命政党"，同时也清楚认识到革命军，亦即国民军的必要性；于是，在不到两年的时间里，他们便培育出了 2300 名军队干部。在当时中国那种由军阀或有力者掌控，私兵、佣兵性质强烈的军队当中，黄埔军校以不畏生死的革命军精神为基础，教育出

最后的大队： 蒋介石与日本军人

大量截然不同的年轻军人。

黄埔军校的重要性，只要看看和该校有关的人便可一目了然。

除了担任校长的蒋介石外，廖仲恺担任国民党驻校代表、李济深任教练部主任、王柏龄任教授部主任、戴季陶任政治部主任、何应钦任总教官；在共产党员方面，则有叶剑英担任教授部副主任、周恩来任政治部副主任、毛泽东也曾担任过入学面试官。在黄埔的毕业生中，我们也可以看见国民党的胡宗南、汤恩伯，共产党的林彪、徐向前等鼎鼎大名的人物。

这些军人在之后的国共内战中，在实际的战场上分属双方阵营激烈交锋；因此，我们可以清楚地说，黄埔军校所扮演的正是"近代中国军人的摇篮"。

黄埔军校的设立直接促成了蒋介石在军人事业上的成功。就在黄埔军校设立数年后，在国民党展开的北伐中，这支实际上以黄埔军校毕业生为核心组成的国民党军，导引着一向被视为艰巨任务的北伐一步步走上成功之路。

对蒋介石而言，黄埔在他掌握党内与军队大权的过程中，可以说是具有划时代的效果。更重要的是，蒋介石从此对于所谓"黄埔式"的教育系统（或说军官学校），从心底里产生了无限的信赖。

关于黄埔军校教育的特征，请容我在此借用一下中国近代政治研究者野村浩一在作品《蒋介石与毛泽东》（岩波书店）中所做的细致分析："（所谓黄埔军校的教育），其根本原理即是家长制的运作方式以及极其严格的组织规律与军规要求。"在蒋介石到台湾后透过白团实施的军事教育中,明显可以看得出两者之间的关联。

蒋介石认为,假使军校是一个大家庭,那么长官便是父母兄长,而身为校长的蒋介石自己所背负的,则是身为家族中一家之长的重责大任。据说蒋介石在黄埔的时候,每周一定会亲自对学校全体成员训话,训示的内容从重要事务到日常生活琐事,林林总总无所不包。即使到了白团主持的圆山军官训练团时代,蒋介石还是会在开学与毕业典礼上进行训示,并且和"毕业"的学生共同用餐,就像在黄埔的时候一样。从这里不难看出,浙江省保守的家庭教育,以及在日本接受的军事教育,对于蒋介石的人生影响有多大。

1933 年,蒋介石在江西的庐山成立了另一所军官学校。相对于以提供军人初等、中等教育为目标的黄埔军校,庐山军官学校则是以指挥官层级为对象,其目的是要成功完成对共产党的"清剿"作战。庐山军官学校的开课时间是该年 7 月到 9 月,一期的学习时间为 3 个月,参加者据说达到了 7500 人之多。

这所庐山军官学校,与白团(实践学社)开设的高级班,在形式上颇有类似之处。

值得注意的是,在黄埔和庐山两所军官学校中,黄埔得到了苏联的协助,至于庐山,则获得了德国军事顾问团的帮助。关于这一点,除了在当时客观的情势上清楚展现出中国近代化仍然无法摆脱外国的协助之外,就蒋介石本身而言,这种

最后的大队： 蒋介石与日本军人

"想要达成某种目标，就会从海外借重外国智慧"的做法，也相当符合他一贯的行为模式。"打破军队再教育的困难"→"导入外国人的智慧"，这一模式在撤退到台湾之后，以白团这一形式开花结果。这里所说的"困难"，在黄埔指的是"打倒军阀"，在庐山则是指"共产党的歼灭"；前者大获成功，后者也获得了一些成果。至于以"反攻大陆"和"台湾防卫"为教育目标的白团，虽然他们无法实现"反攻大陆"的意图，但在防卫台湾这个目标上，则明显获得了成功。

超越逻辑和理性，对于"中日携手"的渴望

只是，仅从"外国人的能力"这个技术性观点出发或许并不足以解释蒋介石何以对白团如此推心置腹。和同一时期驻扎在台湾的美国军事顾问团比较起来，蒋介石和美军之间，虽然在"军事技术的提供"方面彼此合作，但是他并不曾像对白团这样，把干部的"精神教育"委托给对方。

从这里，我们可以看出蒋介石在感情与思想上对中日携手合作的特别重视。说得更精确一点，在"学习与克服"的辩证过程中，除了将日本视为近代化的范本加以"接受"之外，还理应更进一步，不以否定和报复的方式，而是以同心协力、携手合作的"善意"行动，来对日本进行克服。这就是深受儒家伦理熏陶的蒋介石的思考原则。

反过来说，经常以日本为师的蒋介石，为了证明自己的正确，必定也会认为中日之间的携手合作乃是理所当然、必须达成之事。在蒋介石的言行举止中，有不少地方都可以感觉得到一种超越逻辑和理性的对于中日携手的渴望。

蒋介石在日本投降之际所发表、后来被称为"以德报怨"的演说,其内容可以说是极端的理想主义;和其他同盟国的领导者如丘吉尔、斯大林和罗斯福等人相比,他对日本的这种和睦态度,也是相当突出的。因此,在这篇演说中,蒋介石已经超越单纯的政治谋划,将自身的思想彻底投射在其中。

蒋介石在大陆败北之后,又在台湾复制了一个一模一样的"中华民国",并且成功地再次站稳了脚跟;可是,与此同时,"中华民国"的复苏也就意味着台湾已然加入了人称"无殖民地帝国"的美国霸权体系中,成为该体系反共的最前线堡垒之一。蒋介石为求安全获得保障,不惜放弃了"反攻大陆"的自由,但唯独在白团存废问题上,他硬是扛住了美国要求撤废白团的压力。之所以会如此,也只有从蒋介石所呈现的那份对日本近乎理想主义式的执着着眼,才有办法理解吧!

要理解蒋介石的对日观,并不是件简单的事情,不过,我们或许可以从 1934 年发表在杂志《外交评论》、由蒋介石自己执笔的《敌乎?友乎?——中日关系之检讨》一文中,寻得一些蛛丝马迹。

作为对无意停止侵略中国的日本"最后的忠告",蒋介石一开始原本为了考量"当时之政治关系",借用别人的名义发表这篇文章,不过之后他则清楚表明,自己乃是这篇文章真正的作者。①

在这篇文章中，蒋介石做了如下陈述：

> 首先我敢说，一般有理解的中国人，都知道日本人终究不能做我们的敌人，我们中国亦究竟须有与日本携手之必要。这是就世界大势和中日两国的过去现在与将来（如果不是同归于尽的话）彻底讨论而得出的结论。

在这篇文章中，蒋介石以令人惊异的清晰理路，对日本侵略中国的问题点做出了分析。有如预言一般，所有日本对华战争失败的原因，全都被包含在这篇《敌乎？友乎？》之中。走笔至此，我不禁感叹：若是当时的日本人能够确切接受这篇文章的话，那么战争的结果或许就会截然不同了吧！

亚洲近代史所诞生出的"怪胎"

学习日本，并从学习之中超越日本；蒋介石所致力的这一课题，在他于二战以及中日战争中压制了日本之后，大致上已经算是达成了。可是，蒋介石的战争并没有因此画上句号。击败帝国主义后，他就必须直接面对共产主义这个新兴的大敌；紧接着，他在这场战争中遭到了惨痛的失败，失去了中国大陆，并逃亡台湾。就在面临这个人生最大危机的时刻，蒋介石

---

① 蒋介石明白揭露此事是国民党撤退到台湾之后的事。他选在撤退台湾并积极筹组东亚反共联军之际，重新发表这篇呼吁"中日应当携手共进"的文章，应该也有其用心在。

做出了选择,决定再次向日本军人学习。

充满变化的近代,造就了蒋介石这样的政治家;也因为这样的时代,使得蒋介石必须借助日本军人的力量,而白团也因此应运而生。

可是,从另外的角度来看,假使蒋介石在对共产党的战争中获胜,那么这一切都不会发生;如果朝鲜战争没有爆发,那么台湾有可能早就与大陆统一,而白团的下场大概不出变成俘虏,或者被遣送回国吧!又或者说,假使蒋介石成功"反攻大陆",那么白团当中的一大部分人员,或许都将真正地以反共联军一员的身份,在中国大陆作战吧!

蒋介石身为台湾领导者活跃在第一线的时期,几乎与白团的活动时间是一致的。就在1968年白团解散后的第二年,蒋介石遭逢严重的交通事故,导致其身体状况严重恶化。紧接着在1971年,台湾退出了联合国,第二年"断交"更使得台湾与日本的关系进入了一段冷却期。说起来或许像是巧合,在蒋介石与日本人相互亲近的这段时间中,白团就宛若奇迹般地诞生了;但是,当蒋介石健康出问题时,白团也随之消失。

如此看来,白团能够在台湾活动长达20年,其实是诸多偶然要素汇聚之下的结果。这样一想,若是我们将白团的存在视为在错综复杂的近代亚洲孕育下犹如奇迹般诞生的"怪胎",或许一点也不为过吧!

毫无疑问,在蒋介石重建军队以及对抗大陆的过程中,白团发挥了很大的作用。关于这一点,身为日本人的我,的确为他们感到自豪。他们从作为战败国的日本来到台湾，对身处第一线的军人进行军事教育；还不只如此，他们还是在没有政府援助下以非公开方式秘密进行着这样的教育。为了这种史无前例的任务，他们居然持续奉献了 20 年之久，对于这一点，我除了感佩之外，再无其他话可以说了。

为了完成这项任务，蒋介石与台湾方面都付出了很大代价；同时，参与白团计划的军人们所付出的巨大努力也是不可磨灭的。因此，白团的功绩在历史上理应获得更加公开与正面的评价才对。

1998 年，当台湾大报《中国时报》的记者林照真出版《覆面部队——日本白团在台秘史》一书时，白团的生身之父曹士澄为这本书写了一篇序文。曹士澄公开署名发表的文章，据我所知这是第一篇，同时也是最后一篇。

在这篇序文中，曹士澄如此阐述了白团的意义：

（白团的）性质与一般军事顾问团大不相同，"我国"过去有的是因"邦交"或购买武器随来服务的公开顾问团，而白团则是为了报恩自动秘密而来，并且是一个庞大的三军联合顾问团，因秘密而不公开，又无详整记载，故团员们都是无名英雄。

当民国三十八年，我政府撤退来台，军队在外岛尚未集中，当时人心惶惶、士气低落，国际上孤立无援，本人发动利用外来助力，"保卫台湾"，重建国军，"反攻大陆",这就是创立白团的主要目的。

白团在台工作了 20 年（1949～1968），受训人员达 2 万人以上……（中略）其成果辉煌，使国军现代化，增进其自信力，团结一致，"保卫台湾"，安定了人心，同时为中日亲善关系做了不少贡献。

在白团解散之后不久，1968 年 12 月台湾"国防部"编纂了一份名为"日本军事顾问（教官）在华工作纪要"的文件。在这份可以称得上是白团在台活动总整理的官方文件之中，它的结论部分是这样记述的：

民国三十八年大陆沦陷、政府播迁台湾之初，随着"国内"外情势的恶化，许多人的心理与精神也濒临崩溃边缘。在这当中（……），创设了"革命实践学社"、"军官训练团"等种种革命教育训练部队，雇请日本军事人员担任教官，促使党政军中高级干部学习革命战术、理解革命思想、坚定"复国"决心、奋发革命精神，并积极推行各种政策，将台湾建设为反攻的基地。受各班训练毕业的干部，达到数万人之多。

我们特别必须感激的是，各日籍军事教官于工作期间，不计报酬与利害关系，以诚恳的态度为"我国"的作战立案做出贡献、协助"我国"完成军事教育，并使得国军干部的战术思想得以统整为一。这些日籍军事教官的功绩，将永远不会磨灭。

另外，台湾已故学者戴国辉在他所著的《台湾》一书中也指出："蒋介石在（台湾）军队重建的事务上，真正相信的(并非美国军事顾问团)，而是日本军事顾问团，这是相当明显的事实。"

也有批判的声音，这是必须严肃面对的事实……

不过与此同时，我也必须提及台湾那些对白团的批判声音。

举例来说，白团引进了动员制度，使得国民党可以将台湾社会的一切资源利用在战争之上，但这对台湾社会而言，可以说是造成了相当沉重的负担；同时在另一层意义上，也等于是让蒋介石以及国民党政权，获得了长期控制台湾社会的有效手段。对于此前从未有过"动员"这一概念的蒋介石以及国民党而言，这无疑具有相当重要的意义。

另外，我们也不能否定，经由白团训练出来的军队，有被利用来镇压台湾社会的可能性。对蒋介石抱持批判立场的评论家杨碧川，在自己所著有关白团的作品《蒋介石的影子兵团——白团物语》中，就曾做过这样的批判：

迄今为止，中国国民党一直在强行掠夺台湾的资源，但台湾的士兵却非得守护这样的"中华民国"不可。因此，白团对蒋介石的"报恩之旅"，其实反过来说，是和

（国民党）对台湾人的压迫之路彼此相连的。所以，从历史的角度来看，这群由日本人组成的影子兵团，他们在不知不觉间，成了蒋介石父子压制台湾人的工具。（……）或许他们真的是对蒋介石怀抱着恩义，可是台湾人却永远忘不了这段屈辱的经历。白团的历史已经结束了，但当他们离开台湾的时候，却也背负着台湾人的憾恨：不管这段事迹在历史中将会如何流传下去，我都希望后世的人们能够牢牢记住这一点。

台湾的历史相当复杂，短短百年之间，就经历了清朝、日本以及蒋介石的国民党三个"外来政权"的统治。在这当中，每个时代都有属于自己的光与影，每个时代也都有站在权力者身边以及不属于权力中心的人，而当时代改变，这样的立场往往也会随之发生逆转。

就以日本统治来说，随着日本战败以及日本人撤离台湾，对日本人而言，台湾已经是过去式，但台湾人却必须迎接思考与行为模式完全不同、来自大陆的国民党的统治，其结果就是造成了以1947年发生的二二八事件为代表的镇压悲剧，以及其后对人权与言论持续不断的压制，亦即所谓"白色恐怖"时代的到来。

在一般台湾市井小民眼里，白团与蒋介石之间的合作和交流除了为他们带来一段压抑自由的黑暗时代以外，几乎就再也没有别的了。而白团访台的理由，对他们而言，或许根本就是完全不重要的问题。这确实是我们必须严肃以对的事实。

"关于二二八事件的种种，我也略有所闻"

不过，白团成员留下的证言显示，对于从大陆渡台的"外省人"与台湾土生土长的"本省人"之间的矛盾对立，他们也并非一无所觉。

白团开始渡台的时间是 1950 年，那时候距离 1947 年的"二二八事件"不过几年，台湾社会对于当时的血腥仍记忆犹新，于是从反外省人、反蒋介石的感情中，逐渐衍生出一种怀念日本时代的氛围；对于白团成员来说，这也有鼓励他们积极工作的效果。

《"白团"物语》一书中有当时尚存成员的对谈。当岩坪秀博提起这一时期时，他说"关于二二八事件的种种，我也略有所闻"。

反共背后的真实

白团成员在谈到和蒋介石携手合作的意义时，经常会强调"反共"这一点。确实，日本军人或许存在着所谓"反共"的思想；可是，蒋介石败给共产党的原因之一正是中日战争，这也是不争的历史事实。

然而，这种战前对于"反共"的阻碍，随着日本的失败，却仿佛从白团成员的脑海里一下子消失了。自冈村宁次以下，众多白团成员都堂而皇之地高声宣扬起自己的"反共"使命；这样的姿态，老实说，确实会让人觉得有点违和感。

对"失败的战争"体验的内化欠缺

包括这一点在内，白团成员在言行举止上几乎都有一个共同点，那就是对于自己经历的"那场战争"表现出来的态度淡漠到令人惊讶的地步。对于自己渡海前来台湾的原因，白团成员除了高举"为了报答宽大政策的恩义，所以前来帮助蒋介石"的大义名分之外，完全看不见他们对于自己所应负的历史责任与意义曾经认真展现过什么深刻的省思。

白团的指导者冈村宁次，在 1956 年（昭和三十一年）发表于杂志《文艺春秋》、与访日的何应钦将军进行的对谈中，针对身为战犯的自己获判无罪这段历史，若无其事地这样说道："我之所以能免除战犯的罪名，全是托您所派来的律师的福。虽然我知道这属于私事的范畴，但还是请容我在此向您致上诚挚的感谢之意。"虽然这只是冈村对外的部分发言，不过我确实很怀疑，他到底有没有真正理解过，自己的无罪以及白团的成立，其实是一种"施与受"的关系？

然而，这并不只是白团的问题而已。在为"反共"与"美谈"感到喜悦的同时，却缺少了将"失败的战争"这一体验加以内化并省思的过程，这或许可以说是战后全体日本人共同的问题吧！

相形之下，蒋介石常常从中日携手以及军队重建等层次更高的角度，对白团存在的意义进行思索。这点在本书中也表现得相当清楚了。

至少，蒋介石是真挚地以日本为对象，全力投入"接受与克服"这个辩证的过程当中；他不只召唤白团前来台湾，让部下接受他们的教育，同时自己也向白团学习，期望能够在这样的过程中，在内心创造出某种"超越日本的事物"。

在因缘交错的三角关系之中

日本、中国大陆、中国台湾，三者构成了一段因缘爱憎交错的三角关系。

就历史上来说，中国一向是日本效法的对象；日本总是从大海东边的尽头，远远仰望着中国先进的政治体系、文化以及科学技术。

有史以来从不曾改变的这种中日间的"上下关系"，随着清朝的停滞与日本的明治维新，第一次画上了句号。日本在甲午战争中击败了清朝，并且迫使清朝割让了台湾。

于是，台湾就这样成了日本的一部分，时间持续达50年，若以世代来说，就是横跨了三个世代。这段时间说长不长，说短却也不短。尽管日本对于抵抗运动采取了残酷的镇压手段，同时日本人与台湾人之间的差别待遇直到最后也没能解决，不过日本对台湾工业与农业的发展进行了大量投资，使得台湾的生活水准远远超过同时期的大陆。

日本战败之后，台湾又再次回到"中国"的统治之下，这次的支配者换成了蒋介石领导的国民政府。可是，国民党很快就被共产党逐出中国大陆，狼狈逃到了最初只是被他们视为胜利"附赠品"的台湾岛上。

支配中国大陆的中华人民共和国，曾经高举"解放台湾"

的旗帜，试图将蒋介石的"国民政府"逐出台湾，但是最后并没有成功。至于日本，它则在冷战机制下，应美国的要求，为了协助蒋介石政权，不选择和支配中国大陆的中华人民共和国而是和仅仅掌握台湾一岛的国民党"政权"恢复"邦交"。只是，1972 年，日本和中国最后还是恢复了邦交，并且和蒋介石统治的台湾断绝了正式"外交"关系。

当我们思考有关白团与蒋介石的历史时，其实就是在思索直到如今仍然有着密切关系的日本、中国大陆及中国台湾的近现代史。在从战前一直延伸到现在的日本、中国大陆、中国台湾关系的夹缝间诞生的白团，就像是一面明镜，让这三者间复杂纠葛的三角关系，清晰生动地浮现在我们的眼前。这正是研究白团的乐趣所在。

尾　声
温泉路 144 号

在北投温泉

明明才 3 月份，气温却已经接近 30 度了。我走在陡急的坡道上，尽管路肩丛生的榕树遮挡住了直射的日光，但我的背上还是大汗淋漓。

我的目的地是位于台湾的台北郊外、鼎鼎大名的温泉疗养胜地——北投温泉。自从日俄战争期间军方为了让伤兵进行温泉治疗而在此地修建了陆军疗养所以来，这里就一直是传统上与日军有深厚渊源的场所。同时，它也是白团在台宿舍的所在地。

被称为"第一招待所"的宿舍，过去曾经是旧日本陆军军官亲睦团体"偕行社"所属的建筑物。这是一栋用桧木建成的日式两层楼建筑，在房子的周围种植着槟榔树、香蕉树以及木瓜树，整体洋溢着一股浓烈的南国风情。

北投温泉是日本统治台湾时开发的温泉区。这个温泉区的范围涵盖了整片山区，最深处的山谷是人称"地狱谷"的温泉池，时常冒出阵阵灼热的蒸气。整片温泉区充满了日本风情，让人有种明明身在台湾却仿佛像是来到了日本某地的乡村温泉般，散发着一种乡野的气息。

由于过去曾是活火山的大屯火山系的缘故，台湾北部的温泉并不少，北投温泉就位于火山带与台北盆地交会的地点上。从台北市区搭乘捷运到北投，大约需要 30 分钟的时间，每到周末就人潮汹涌。最近石川县的著名旅馆"加贺屋"在这里开幕，又为北投吹起了一阵崭新的风潮。

在有关白团的取材方面，我尽了身为一名作家的最大能力，调查了一切该调查的东西，也思考了一切该思考的地方。这不禁让我感到有点小小的自豪。只是，最后我还有一点想不透的地方：

为什么白团会持续存活 20 年之久呢？

若是"报答蒋介石的恩义"的话，那么工作 10 年也就足够了吧？

若是要在共产党的威胁下守护台湾，那么当美国介入之后，海峡两岸的形势已经固定下来，而台湾被武力统一的危机也已经成了过去式，不是吗？

一个原本是紧急措施的计划却延续了 20 年，这也未免太长了点。

怀抱着这样的想法，我慢慢走着，一步步走上了白团成员过去不知几百次、几千次搭车或者步行过的陡急坡道——"温泉路"。

糸贺公一的来访

和我一起走上温泉路的，是位刚步入老年的李姓女士。

关于白团在北投温泉的宿舍，我的朋友、对台湾历史知之甚详的驻台记者片仓佳史先生告诉我："白团成员所住的房舍，现在是由一位女士在管理。"负责管理的，就是我身边这位李女士。

2013 年春，我和李女士透过电话约定好，在最靠近温泉区的车站——捷运新北投站见面。

李女士 1932 年（昭和七年）出生在台湾北部的桃园县中坜。她的家族在清朝的时候曾经出过两位科举考试合格的"举人"，是当地的望族。虽然日本的统治在李女士 13 岁的时候就已告终，但是家族中有一位长辈说："既然日语从此就算外语了，那么多学学也算是有益吧！"于是，李女士就以自学的方式，继续学习日语。

拜这点所赐，李女士以流畅的日语为武器，和丈夫一起经营木工用品进出口事业，获得了很大成功。那位劝李女士学习日语的家族长辈，正是同样出身中坜、现任国民党名誉党主席的吴伯雄的父亲。[1]

尽管每位台湾人或许都拥有一段像这样属于自己的"历史"，然而对我来说，正是这些形形色色的"历史"令我深深感受到台湾的魅力。

最后，李女士的脚步停在了一栋挂着"温泉路 144 号"门牌的房舍前。那是一栋有着日本风格外观、木造的两层楼民居。

当打开大门，走进庭院的时候，李女士对我这样说：

> 很久以前，当再次造访北投的糸贺先生夫妇一踏进这道门的时候，糸贺先生马上脱口说出："这里一共有三种温泉喔！"当时我真的大吃一惊呢。

---

[1] 吴鸿麟，医师、实业家、地方政治家，曾在日本九州大学获得医学博士学位。

最后的大队： 蒋介石与日本军人

"糸贺先生"，指的自然是在本书开场时登场的白团成员糸贺公一。

因为不了解李女士和糸贺见面的来龙去脉，所以我试着向她询问，于是得知糸贺是于1986年（昭和六十一年）3月27日前来造访这栋宿舍的。

李秀娟女士立于白团宿舍遗址前（作者拍摄）

这栋白团宿舍在 1968 年白团解散、糸贺等最后几位成员归国后，暂时由台湾当局负责管理。之后，政府将它卖给了台湾的某位企业家。这位企业家原本打算把这里当成家人使用的别墅，但因为家人后来都移居海外，而他本人也几乎不会踏足此地，所以便将房舍的管理委托给了他的朋友李女士。

李女士是位散发着高雅气质的女性；或许正因如此，她的朋友似乎也相当多。据她本人说，"就当成是替房子定期维修保养，我每周都会像这样，来这栋别墅的温泉泡上一次呢！"

然后，她开始回忆糸贺造访那天的情景：

那天，原本是我同台演出的几位合唱团的朋友临时起意要前来造访，结果糸贺先生不知是从夫人还是谁那里听到了这个消息，于是便一同搭车过来，突然造访了这里。

环视这栋自己过去的"家"之后，糸贺用怀念的语气说："除了榻榻米之外，一切都没有改变，一点变化也没有。"陪伴在糸贺身边的台籍导游，也相当惊讶地对李女士说："从台北一路开到这里，糸贺先生为司机指路的时候，一次也没有出错呢！"

想想这也是理所当然的吧。毕竟糸贺在将近 20 年间，应该都是像这样搭乘着"国防部"安排的车子，往返于台北的教育机关与北投温泉之间吧！

最后的大队： 蒋介石与日本军人

最后的疑问也烟消云散……

当我一脚踏入房门时，一股硫黄的刺激味道顿时扑鼻而来。

浴场位于宿舍的地下室，里面有两个浴槽，一大一小。李女士说："大浴槽里面是热水，小浴槽里的温度虽然较低，但泡进去之后，身体就会自然暖和起来。两个浴槽分别取自不同的源头；原本这里还有另一道源泉，不过被引到隔壁不远处的'星乃汤'去了。"星乃汤是北投温泉老店中的老店，因为还是皇太子时候的昭和天皇曾经下榻投宿而闻名。①

"我想这里的温泉应该是台湾最好的温泉了，请你也一定要进来泡一泡！"在李女士的敦促下，我也跟着踏进了浴场之中。

我首先走进较大的浴槽当中；热水的温度比我想象的还要高，大约是 42 度、43 度吧！当身体浸入清澈见底的温泉中时，白色的汤花②瞬间扩散开来，布满了整个浴槽。这些汤花大概自很久之前就已经不断沉淀在浴槽底部了吧。绽开的汤花如此浓密，让我不禁大为惊奇。

大约泡了 5 分钟后，我觉得脑袋有点发晕发烫，于是改将身体泡进比较小的浴槽当中。不久后，一种酥酥麻麻的感觉流

---

① 星乃汤已于 2010 年因家族纠纷歇业，目前北投温泉的百年老店仅余"泷乃汤"（天狗庵）一处。

② 温泉所留下的乳白色沉淀物，又称"磺花"，据说有让皮肤滑溜柔嫩的效果。

窜过收缩的血管，我感到自己身体中积累的疲惫仿佛都随着这样的感觉消失殆尽了。

反复泡过三次热泉冷泉之后，我从浴场里站起身来，这时李女士微笑着对我说："你看，就像糸贺先生说的一样，这里果然是台湾第一温泉对吧！"

带着刚从温泉里出来的热烘烘的身躯，我环视起屋内的陈设。

虽然多少经过一些改装，不过还是可以明显看得出，这栋房子是某些日本人为了同胞而建造的。为了让印象更加深刻，我走到了窗边的檐廊下。那时候，糸贺先生他们一定也是每天晚上像这样泡完澡后盘腿坐在这檐廊下，一边下着围棋或将棋，一边小酌一杯吧！

当我离开温泉路的前白团宿舍时，在我心中关于白团那个最后的疑问仿佛也随之烟消云散了——不，或许该说，透过这次拜访，有关白团这幅画的最后一块拼图终于完整了，大概就是这样的感觉吧！

其实，他们并不想回去……

在白团已经获得了一定成果的 1960 年代，若是成员们一致表示希望解散归国的话，那么毫无疑问，白团应该会提早消失才对吧！可是，他们却没有做出这样的表态。

之所以如此，最主要的原因就是他们其实并不想回去。

虽然程度多多少少各自不同，不过旧军人在战后的日本社会中始终都是属于见不得光的一群人。糸贺这些人都是在正值

最后的大队： 蒋介石与日本军人

年富力强时便必须面对战败命运的壮年军官。对这些在战前日本受过极高的教育同时又体验过常人所未曾见识的壮烈战场的军官来说，要他们把蜷缩在社会一角苟延残喘当成自己今后一生的宿命，毫无疑问是件难以忍受的事情。

相较之下，作为白团教官留在台湾，不仅会被人当成教师敬重，同时能够将自己的知识和经验流传后世。对他们而言，这绝对是项值得一做的工作。

除此之外，蒋介石也为他们准备了十分优渥的生活环境。大概是为了感谢这些从日本远道前来帮助自己的人吧，白团成员的宿舍里不仅常驻懂日语的服务人员，对于生活的各方面也都照顾得妥妥帖帖。在成员身边负责打理他们日常生活的人，不仅有被他们称为"女侍小姐"的女职员、负责做日本料理的厨师、专用车辆与司机，在人数最多的时候，甚至还有专属的医师常驻其中。就算在语言方面，当局也安排了许多懂日语的军人担任他们的翻译官，简直可以说是体贴到无微不至的地步。

在台湾，他们能够在环境整齐清洁的宿舍里，过着每晚泡泡温泉、和意气相投的朋友欢谈的愉快日子；同时，在经济条件方面，他们的薪金比起在日本工作有过之而无不及。除此之外，他们还有每年长达一个月的长期休假，可以让他们返乡探望家人。

白团成员之所以长留台湾，想必是因为台湾所给予他们的优渥环境，让他们油然生出一种不急于回到日本的心理吧！

我的这种预感随着取材的深入，变得越发强烈。当读完户梶的日记后，这样的预感已经变成深深的确信。最后，当我亲眼见到他们度过每一天的宿舍时，原本的预感终于化成了百分之百的确信。

这个世界，是由许许多多不同的人的一举一动共同累积而成的。不管政治和战争如何改变人们的命运，最后关键的仍是那些深深左右着每一个人心弦的事物。

蒋介石之所以执着于日本军人，是出于他自己的心情，而白团的成员之所以愿意长留台湾，同样也是出于个人的心情。

这些若是留在日本可能会一辈子过着见不得光的生活的前军人，因为偶然的机缘，来到台湾这块土地；而在自尊和生活条件都得以充分满足的日子中，他们也一边带着各自的烦恼与不满，一边继续进行着"那场战争"的延长战。

虽然关于他们的故事，当然还有不少地方可以继续聊下去，不过对于以描绘白团有血有肉的真实面貌为目标的我而言，就在这里"收场"，或许也不赖吧！

后　记

　　虽然在本书中，我试着对"蒋介石与日本"这一主题提出挑战，但在战后的日本，蒋介石这个人，其实是处于一种三言两语难以轻易道尽的复杂状况之中。

　　那些高声歌颂蒋介石的宽大政策（最具代表性的，便是1945年8月战争结束时的"以德报怨"演说）、构成保守派核心的人，他们只是一味强调蒋介石的伟大，对于中日战争期间蒋介石乃是日本的主要敌人这一事实，以及战后蒋介石所率领的国民党当局对于台湾当地居民所实行的严酷镇压手段等，却几乎不曾着墨。因此，他们普遍有一种倾向，那就是把"1945年的蒋介石"这一狭隘的形象，当成对蒋介石的一切认知基准。

　　另外，战后日本的自由派势力倾向于蒋介石否定论，其中一部分人甚至抱持着"谈论蒋介石的人都是右翼"这样的偏见，从而陷入了将蒋介石从自身视野中排除的偏狭状态之中。

　　从这层意义上来说，日本的政界、学界与言论界在讨论"蒋介石"这个议题的时候，其实就等于是卷进了对冷战结构，以及国共两党隔海对峙形势的思辨当中。确实，我们无法否认，无论是"妖魔化"还是"神化"，两种极端相异的蒋介石形象对日本都产生了影响。在此前提下，不论是保守派还是自由派，他们对蒋介石的论述都有一个致命的共同缺失，那就是掺入了先入为主的意识形态判断，以至于无法充分贴近"蒋介石真正的形象"。也正因如此，当战后日本在对蒋介石这位对于日本乃至亚洲近代史有着巨大影响的历史人物进行知识性的探索时，他们对蒋介石的关注，始终无法和蒋介石真正的重要性相称。

　　然而，正如本书所述，随着冷战终结，两岸关系改善，乃至于蒋介石日记公开发表等众多要素的相互融合，在相关人士的努力下，在过去的 10 年间，有大量关于蒋介石的书籍与研究资料出版上市。事实上，本书也是踏在这些前辈的浪潮上，方得以不断前进，至于因此而对前辈们多有僭越之处，这点我自己也心知肚明。

　　如上所述，本书的目的，正是要将过往倾向于"妖魔化"或"神化"的蒋介石论述搁在一旁，重新致力于打造不同的蒋介石观点。关于此一尝试是否成功，我想只能交由各位读者来判断了；不过，若是我透过白团这一特殊素材所描绘出的蒋介石与日本之间的关系，能够为各位读者多少带来某些新的视野或是提供一些崭新资料，那就足以让我喜出望外了。

　　关于白团的真实面貌，由于能力毕竟有限，我也不敢夸下海口说，这本书就已经涵盖了全部的面相。在有关台湾的"国防部"资料，以及对于接受白团教育的台湾军人访谈方面，我认为今后还有相当多的议题，需要更进一步进行取材与研究。另外，在台湾战后的军事作战计划中，白团的建言与规

最后的大队： 蒋介石与日本军人

划究竟被采用到何种程度，又是否有被转为实际行动，这一点
也是必须再加以检验的。除此之外，有关白团对战后日本和台
湾的政治及"外交"产生的影响，我在这方面的调查，也还
不能说是相当充分。总之，这个题材仍有很多值得深入发掘的
空间，我也希望自己今后能够继续关注这个议题。

2007 年 9 月，我的日程表上写着"与家近亮子老师在六
福客栈聚餐"这样一行字。正如字面所述，这场聚餐的场所
是朝日新闻台北支局附近的旅馆"六福客栈"中一家专卖粤
菜的餐厅。

任职于敬爱大学的家近教授，是一位在蒋介石以及中国近现
代史研究领域相当权威的研究者。这时她正好受邀前来台湾访问，
于是便联系我，希望我能够让她"听听台湾最新的情况"。

正当我以为餐宴要告一段落的时候，家近老师忽然若无其
事地脱口说出这么一句话："蒋介石的日记，明年又要继续公
开发表了呢！"尽管当时我对于蒋介石以及蒋介石日记的认
知，也只不过限于一般人的粗浅常识罢了，但我却本能地感觉
到，"这会成为一个值得一做的题材！"

于是我当场便向家近老师发动了一波波的提问攻势，而家
近老师也把蒋家因为害怕民进党当局所以把日记托付给美国胡
佛研究所保管，以及日记虽然是分阶段公开，但在 2008 年公
开的部分，亦即 1940 ~ 1950 年代部分，乃是攸关重要历史转
折期的宝贵资料等事情，全都大略地告诉了我。

从这天开始，我便开始钻研关于蒋介石以及蒋介石日记的

种种。随后，在 2008 年 7 月胡佛研究所决定公开这一阶段日记的同时，我为了阅读蒋介石日记，从台北动身飞往美国。在日记里，我发现了蒋介石反复提及白团的事情，于是便将相关的内容记录了下来；这些记录之后经过不断延伸发展，最后的成果便是本书。

从和家近老师聚餐到现在，已经足足过了 7 年的时间。在这段时间中，我一边从事新闻工作，一边利用假日搜寻资料、与相关人士会面，以及现场访问等，时间就在这样的不断奔波中渐渐流逝。到了 2011～2012 年，我将这些取材的成果汇整成一篇篇幅较长的报道文学作品，在讲谈社的《G2》杂志上分成两次发表出来。本书正是以当时发表的内容为基础，大幅增添而成的一册单行本。

本书的标题"最后的大队"，是我在杂志上刊载第一回时所使用的标题。看见这个标题，搞不好会有人联想到希特勒的第三帝国，但事实上我并没有任何关于这方面的影射意味。正如字面所示，随着日本战败而解体的日军残存者，以最后的部队（Last Battlion）之姿，重新在台湾结合起来。为了呈现这一点，我才选了这样一个听起来很响亮的标题，不过如此而已。

本书在《G2》连载之际，承蒙冈本京子小姐、藤田康雄先生、井上威朗先生等诸位编辑的关照；感谢负责本书编辑的讲谈社学艺图书出版部横山建城先生，因为他的努力，本书才终于得以付梓。在此，我谨向各位再次致上深深的感谢之意。

本书的刊行比起原计划延迟了两年，其间担当的责任编辑也历经数次异动，横山先生也于今年 2 月调任到了其他单位。至于我自己，在这段时间，也从朝日新闻台北支局回到东京本社国际编辑部，并从今年 4 月开始，在周刊志《AERA》任职。

本书的刊行，承蒙各位协助取材人士的大力相助之处甚多，尽管在此无法一一列举姓名，但请容我借用这一点点的篇幅，向各位表达最诚挚的谢意。曾经接受我采访的白团相关人士，时至今日也有数人已然作古。尽管不时感到时光流逝的残酷，但我转念一想，将这段不论是新闻报道或是学术研究都隐而不显的历史重现于今日，并且一直流传下去，这不正是抵抗时光流逝，并且充分展现人类意志的举动吗？

我本身虽然任职于传媒业，但每天做新闻报道时总会有个坏习惯，那就是觉得光是报道表面的新闻信息，好像就缺少了点什么。于是，对于曾经发表过的新闻报道，我无法就这样将它当成废纸扔在一边，而是会对它背后的事实做更深一步的探讨。在和知晓内情的人不断会面的过程中，我会一边累积资料，一边将这些资料汇集整理，最后形成一部完整的书籍。和过去的著作一样，本书也是我这项工作的产物；事实上，这段研究和我这种极端糟糕的性格，可以说是极其相投，因此只要体力和精神允许的话，今后我仍然会尽可能就本书的相关议题继续进行探讨吧！

2014 年 3 月 24 日于上海

野岛刚

相关大事年表

1945 年（昭和二十年），蒋介石 58 岁。

8 月，抗战胜利，发表"以德报怨"演说。

8 月，日本接受波茨坦宣言，无条件投降。

1946 年（昭和二十一年），蒋介石 59 岁。

5 月，国民政府迁都南京，东京大审判开庭。

7 月，国共内战爆发。

1947 年（昭和二十二年），蒋介石 60 岁。

2 月，武力镇压台湾的反国民党暴动（二二八事件）。

8 月，印度独立。

美国特使魏德迈，强烈指责国民政府的腐败。

1948 年（昭和二十三年），蒋介石 61 岁。

4 月，蒋介石就任中华民国首任总统。（翌年一度辞职下野）。

4 月，柏林封锁。

8 月，大韩民国成立。

9 月，朝鲜民主主义人民共和国成立。

1949 年（昭和二十四年），蒋介石 62 岁。

1 月，蒋介石下野，李宗仁代行总统职务。

中国战犯法庭判处冈村宁次无罪。

5 月，曹士澄赴日就任。

德意志联邦共和国（西德）成立。

6 月，根本博偷渡来台。

9 月，白团缔结"盟约"。

10 月，中华人民共和国成立。

德意志民主共和国（东德）成立。

古宁头战役爆发。

11 月，富田直亮抵达台湾，转赴重庆视察。

12 月，国民党撤退至台北。

12 月，在国共内战中败北，逃亡台湾。

1950 年（昭和二十五年），蒋介石 63 岁。

1 月，白团首批成员抵达台北。

2 月，圆山军官训练团（此时仍为"训练班"）成立。

3 月，蒋介石再次就任"中华民国""总统"；冈村宁次接受 GHQ 调查。

5 月，圆山军官训练团第一期学生入学。

蒋介石于革命实践研究院圆山军官训练团发表演说。

6 月，朝鲜战争爆发，美国派遣第七舰队协防台湾海峡。

1951 年（昭和二十六年），蒋介石 64 岁。

1 月，韩国制定所谓"李承晚线"。①

---

① 　一条由韩国总统李承晚单方面制定，划分韩国领海的界线。由于范围内
包括了日本宣称拥有主权的独岛（竹岛），因此在屡屡引发日韩之间的领
土纠纷。

4 月，美国军事顾问团抵台。

4 月，《中日和约》缔约。

7 月，朝鲜战争停战会谈。

9 月，日本签署《旧金山和约》。

1952 年（昭和二十七年），蒋介石 65 岁。

6 月，根本博归国。

7 月，圆山军官训练团解散，白团成员大幅削减至 36 人。

8 月，石牌实践学社开校。"国防部"动员干部训练班开始授课。

1953 年（昭和二十八年），蒋介石 66 岁。

3 月，斯大林死亡。

7 月，朝鲜战争停战。白团成员减少到 18 人。

7 月，《朝鲜战争停战协议》缔约。

1954 年（昭和二十九年），蒋介石 67 岁。

罢免副总统李宗仁。

2 月，白团提出"光作战"计划。

3 月，奠边府攻防战爆发。

5 月，奠边府陷落。

12 月，《中美共同防御条约》缔约。

1956 年（昭和三十一年），蒋介石 69 岁。

10 月，匈牙利事件。

苏伊士运河危机（第二次中东战争）。

1957 年（昭和三十二年），蒋介石 70 岁。

与访台的岸信介会谈。

11 月，毛泽东访苏。

1958 年（昭和三十三年），蒋介石 71 岁。

3 月，实践学社开设战史研究班。

8 月，八二三炮战爆发，富田等白团成员前往战场第一线。

8 月，人民公社运动扩及中国大陆全境。

1959 年（昭和三十四年），蒋介石 72 岁。

1 月，古巴革命。

6 月，实践学社开设科学军官储备训练班。

8 月，庐山会议，彭德怀失势。

9 月，中苏对立激化。

1962 年（昭和三十七年），蒋介石 75 岁。

10 月，古巴飞弹危机。

1963 年（昭和三十八年），蒋介石 76 岁。

4 月，实践学社开设高级兵学班。

11 月，美国总统肯尼迪遭暗杀。

1964 年（昭和三十九年），蒋介石 77 岁。

4 月，战术教育研究班开班。

10 月，东京奥运会开幕。

1965 年（昭和四十年），蒋介石 78 岁。

2 月，美国开始轰炸北越。

8 月，实践学社解散。白团剩余的 5 名人员，以"实践小组"的身份转入指挥参谋大学，继续从事教育的工作。

1966 年（昭和四十一年），蒋介石 79 岁。

5 月，中国爆发"文化大革命"。

9 月，冈村宁次去世。

1968 年（昭和四十三年），蒋介石 81 岁。

8 月，捷克事件（布拉格之春）。

12 月，白团活动停止；除富田直亮外，其他成员在翌年 1 月全数归国。

1969 年（昭和四十四年），蒋介石 82 岁。

2 月，白团在东京举行解散仪式。

3 月，中苏在国境爆发武力冲突。（珍宝岛事件）

9 月，蒋介石遭遇严重交通事故。

1971 年（昭和四十六年），蒋介石 84 岁。

9 月，林彪事件。

10 月，中华人民共和国加入联合国。

"中华民国"（台湾）退出联合国。

1972 年（昭和四十七年），蒋介石 85 岁。

2 月，美国总统尼克松访中。

8 月，蒋介石病情恶化，停止长达半世纪的日记写作。

9 月，田中角荣首相访中；日中国交正常化，与台湾断交。

1975 年（昭和五十年），蒋介石 87 岁。

4 月 5 日，蒋介石去世。

4 月，西贡陷落，越战终结。

1976 年（昭和五十一年）

最后的大队： 蒋介石与日本军人

1 月，周恩来去世。

9 月，毛泽东去世。

1979 年（昭和五十四年）

1 月，中（中华人民共和国）美建交。

4 月，富田直亮（白鸿亮）去世。

＊享年以外的年龄，皆是根据年号，单纯以实岁计算。

调研资料一览表
（一九五二年十月）

第一部分　苏联相关资料

1. 苏联的第五次五年计划

2. 苏联军备之趋势

3. 有关二次大战之苏联炮兵

4. 苏维埃关系杂报

5. 对苏联军队之深入考察

6. 有关苏军对满进攻作战中，在恢复铁道运作方面所需之必要时间、钢材，以及劳动力之检讨

7. 今日苏联之政策

8. 有关苏联的纵深攻击

9. 附属苏联的东欧各国军队

10. 有关苏联高层战争对指导方策之情报

第二部分　中共相关资料

1. 在朝鲜的共军

2. 朝鲜战乱的真正原因

3. 中共经济的展望

4. 广东省兵要地志概说

5. 东粤地方（汕头附近）兵要地志

第三部分

（1）战史兵法

1. 战史资料　希特勒对英登陆作战之来龙去脉

2. 作战记录

①胡康河谷方面，第十八师团之作战记录

②本土防空陆军作战记录（关东地区）

③中日战争·太平洋战争　支那方面陆军航空作战记录

④东南太平洋方面陆军航空作战记录

3. 统帅参考书（卷二、卷三）

4. 统帅纲领

5. 关于朝鲜作战

6. 高级将帅之将道应如何养成

7. 二战期间炮兵之发展

8. 战争论（克劳塞维茨著）

9. 指挥官与情报勤务

10. 兵术随想（饭村穰著）

11. 战争指导之原则

12. 论联合作战中之最高指挥官

13. 游击战

14. 有关登陆作战之历史综合观察

15. 深入考察现代战争

16. 二战期间，呼应盟军登陆之法国地下抵抗活动

17. 从朝鲜战场之经验，论山地战中之圆阵构成

18. 挪威陆军军官所见最近芬兰军队之状况

19. 朝鲜战乱在军事上之教训

20. 外国军事资料　其之三

21. 外国军事资料　其之四

22. 本土防卫作战概史（一）

23. 论副师团长（师团长之辅佐官）

24. 论装甲战之未来发展

（2）航空相关资料

1. 航空发动机最近之动向

2. 撞机攻击应为最后不得已之防卫手段

3. 美空军资料　其之一

4. 美空军资料　其之二

5. 美空军资料　其之三

6. 论原子弹、氢弹之威力

7. 将来的空降作战

8. 氢弹秘谈

9. 欧洲与氢弹

10. 当核弹对上防空

11. 荷顿教授的空袭防御计划

12. 第四压缩机（航空相关）

13. 对空军战略之批判

14. 第二辑论第二次欧洲大战间英国防空对策之变迁

15. 海军航空之沿革

16. 以空降方式奇袭敌人机场

17. 关于喷射机之燃料

18 论日本（主要为海军）的液体燃料储存方式

（3）海军相关资料

1. 第二次世界大战中，日本海军使用之水雷战队运动内规（摘录）

附 第一机动舰队雷爆击回避运动要领

2. 第六一驱逐队（凉月？）战斗详报 第四号

3. 爆弹鱼雷回避运动之战训与战例

4. 第二次太平洋战争之战例与战训（驱逐舰输送与潜水舰输送）

5. 第二次太平洋战争之战例与战训（登陆战与飞机）

6. 战时我方识别信号规程

7. 水雷战队作战策略

8. 潜水舰在北冰洋之使用

9. 列国海军舰艇一览表

10. 大凑警备府警戒规定

11. 第二舰队水雷战队作战策略

12. 最新之对潜兵器论

13. 诱导弹参考　其之二

14. 作为对潜兵器的飞行艇

15. 对潜防御的进步

16. 海军军备以及战备之全貌　其之一

第四部分　兵器

1. 飞机及兵器生产之现状暨今后之问题点

2. 原子弹下的防空

3. 过去、将来的兵器与战法

4. 南满兵工厂兵器生产状况暨民间利用工场之状况

5. 电子工学兵器的现在与将来

6. 最新之对潜兵器论

第五部分　美国

1. 美国相关资料

2. 论美军在战斗时师参谋部　G－2 之行动

3. 美军的三军统合问题

4. 美国国防与国家保安机构（政府机构、陆军部、海军部、空军部、独立机构及其他）

最后的大队：　蒋介石与日本军人

5. 关于艾森豪威尔之远东政策

6. 美国扩军四年计划之预算额度、美国之国家预算与安全保障

第六部分　气象

1. 大陆各方面往台湾、西日本及朝鲜各要地的航空气象统计

2. 东亚地区海洋气象概要（九册）

第七部分　情势判断

1. 国际情势判断　第一报

2. 国际情势判断　第二报

3. 以美苏为中心之国际形势长期判断

4. 国际情势判断资料（艾森豪威尔政策）

5. 国际情势判断资料（日本、中近东）

6. 西欧防卫准备之现状

7. 下一次战争的样貌

8. 洞悉美苏对立之现状及将来，以及日本之立场

9. 现下世界战略大势考察资料

10. 世界情势与日本立场

11. 令人注目的英美巨头会谈

12. 情报资料（一一九）

13. 跃进的中国钢铁工业

14. 外国军事资料　其之二

15. 自由世界阵营之资源统计

16. 中南半岛战争

17. 最近国际情势判断资料

18. 法属印度支那机场配置图

19. 欧洲之防卫

20. 对越南战乱之考察

第八部分　宪兵

1. 论野战宪兵队之构成装备

2. 论国内宪兵队之编成装备

第九部分　日本

1. 日本保安队之构成

2. 日本之防卫与电子技术

第十部分　一般

1. 唯物史观与资本主义之将来及其他

2. 论战斗群

3. 马克思主义之历史观察

4. 马克思主义之政治论批判

5. 有关资本主义普遍危机论

第十一部分　军人援护

1. 事变相关死殁军人遗族抚恤一览表

第十二部分　动员

1. 动员计划表（动员兵力统计）

2. 与兵役法相关之诸资料

3. 物资动员、生产相关资料

4. 昭和二七年度产业机械生产计划　对矿工业生产及主要商品贸易之剖析

主要参考书目

日文

黄仁宇，『蒋介石―マクロヒストリー史観から読む蒋介石日記』，北村稔・永井英美・細井和彦（翻訳）＼竹内実解説，東方書店，一九九七年。

船木繁，『岡村寧次大将｜支那派遣軍総司令官』，河出書房新社，一九八四年。

楊逸舟，『蒋介石評伝』（上＼下），共栄書房，一九七九年。

松田康博，『台湾における一党独裁体制の成立』，慶應義塾大学出版会，二〇〇六年。

横山宏章，『中華民国：賢人支配の善政主義』，中央公論社，一九九七年。

有末精三，『有末機関長の手記｜終戦秘史』，芙蓉書房，一九七六年。

有末精三，『政治と軍事と人事』，芙蓉書房，一九八二年。

阿尾博政，『自衛隊秘密諜報機関｜青桐の戦士と呼ばれて』，講談社，二〇〇九年。

最后的大队： 蒋介石与日本军人

保阪正康，『蒋介石』，文藝春秋，一九九九年。

関栄次，『蒋介石が愛した日本』，PHP研究所，二〇一一年。

家近亮子，『蒋介石と南京国民政府｜中国国民党の権力浸透に関する分析』，慶應義塾大学出版会，二〇〇二年。

家近亮子，『蒋介石の外交戦略と日中戦争』，岩波書店，二〇一二年。

中村祐悦，『白団（パイダン）｜台湾軍をつくった日本軍将校たち』，芙蓉書房，一九九五年。

秦郁彦，『日中戦争史』，河出書房，一九六一年。

湯浅博，『歴史に消えた参謀｜吉田茂の軍事顧問｜辰巳栄一』，産經新聞出版，二〇一一年。

吉田荘人，『蒋介石秘話』，かもがわ出版，二〇〇一年。

サンケイ新聞社，『蒋介石秘録｜日中関係八十年の証言』（上＼下），サンケイ出版，一九八五年。

野村浩一，『蒋介石と毛沢東｜世界戦争のなかの革命』，岩波書店，一九九七年。

黄自進，『蒋介石と日本｜友と敵のはざまで』，武田ランダムハウスジャパン，二〇一一年。

加藤正夫，『陸軍中野学校｜秘密戦士の実態』，光人社，二〇〇六年。

春名幹男，『秘密のファイル｜CIAの対日工作』（上＼下），新潮社，二〇〇三年。

スターリング・シーグレーブ，『宋家王朝｜中国の富と権力を支配した一族の物語』（上＼下），岩波書店，二〇一〇。

段瑞聡，『蒋介石と新生活運動』，慶應義塾大学出版会，二〇〇六年。

福田円，『中国外交と台湾｜「一つの中国」原則の起源』，慶應義塾大学出版会，二〇一三年。

山本勲，『中台関系史』，藤原書店，一九九九年。

戸部良一，『日本陸軍と中国』，講談社，一九九九年。

芦沢紀之，『ある作戦参謀の悲劇』，芙蓉書房，一九七四年。

門田隆将，『この命、義に捧ぐ｜台湾を救った陸軍中将根本博の奇跡』，集英社，二〇一〇年。

米濱泰英，『日本軍「山西残留」｜国共内戦に翻弄された山下少尉の戦後』，オーラルヒストリー企画，二〇〇八年。

栃木利夫、坂野良吉，『中国国民革命—戦間期東アジアの地殻変動』，法政大学出版局，一九九七年。

繁体中文（台湾、香港）

陶涵，《蒋介石與現代中國的奮鬥》（上、下），時報文化出版社，二〇一〇年。

林桶法，《一九四九大撤退》，聯經出版事業公司，二〇〇九年。

翁元，《我在蒋介石父子身邊的日子》，圓神出版社，一九九四年。

葉邦宗，《蒋介石祕史》，遠景出版社，二〇一〇年。

楊碧川，《蔣介石的影子兵團：白團物語》，前衛出版社，二〇〇〇年。

陳風，《黃埔軍校完全檔案》，靈活文化，二〇一一年。

蔣孝嚴，《蔣家門外的孩子》，天下文化，二〇〇六年。

林照真，《覆面部隊：日本白團在台祕史》，時報文化出版社，一九九六年。

呂芳上等合著，《蔣介石的親情、愛情與友情》，時報文化出版社，二〇一一年。

蔣永敬、劉維開，《蔣介石與國共和戰》，台灣商務印書館，二〇一一年。

黃克武編，《遷台初期的蔣中正》，中正紀念堂管理處，二〇一一年。

楊怡祥、楊鴻儒，《梅樹上的櫻花》，元神館出版社，二〇〇九年。

李福井，《無法解放的島嶼》，台灣書房，二〇〇九年。

简体中文（中国大陆）

师永刚、杨素：《蒋介石画传》，凤凰出版社，2011 年。

师永刚、张凡：《蒋介石自述》（上、下），华文出版社，2011 年。

杨天石：《找寻真实的蒋介石》，山西人民出版社，2008 年。

何虎生：《蒋介石宋美龄在台湾的日子》，华文出版社，2003 年。

图书在版编目（CIP）数据

最后的大队：蒋介石与日本军人／（日）野岛刚著；
芦荻译． -- 北京：社会科学文献出版社，2016.10（2020.12 重印）
ISBN 978 - 7 - 5097 - 8481 - 5

Ⅰ．①最… Ⅱ．①野… ②芦… Ⅲ．①蒋介石（
1887～1975）- 人物研究 Ⅳ．①K827＝7

中国版本图书馆 CIP 数据核字（2015）第 284696 号

最后的大队：蒋介石与日本军人

著 者／〔日〕野岛刚
译 者／芦 荻

出 版 人／王利民
项目统筹／段其刚 董风云
责任编辑／段其刚 梁力匀

出 版／社会科学文献出版社·甲骨文工作室（分社）（010）59366527
地址：北京市北三环中路甲29号院华龙大厦 邮编：100029
网址：www.ssap.com.cn
发 行／市场营销中心（010）59367081 59367083
印 装／北京盛通印刷股份有限公司

规 格／开本：889mm×1194mm 1/32
印张：13.125 字数：270千字
版 次／2016年10月第1版 2020年12月第6次印刷
书 号／ISBN 978 - 7 - 5097 - 8481 - 5
著作权合同
登 记 号／图字01 - 2015 - 0688号
定 价／58.00元